U0597581

作者简介

周　钢（1945— ），山东省东营市人。首都师范大学历史学院教授，博士生导师。主要从事世界近代史、近代国际关系史和美国史的教学和研究工作。曾兼任中国国际关系史研究会理事，中国世界近代史研究会理事、副会长和顾问。1983—1985年赴纽约州立大学柯特兰学院做访问学者，主修欧美史，获硕士学位。2009年赴美国艾奥瓦州立大学"农业和乡村史研究中心"做美国西部牛仔研究。

独自承担并完成两项国家社科基金项目，一项北京市教委项目。其中国家社科基金一般项目"美国西部牛仔研究"结项书稿并入选2017年"国家社科基金优秀成果文库"。著有《牧畜王国的兴衰》（2006）、《美国西部牛仔研究》（2018），合著《近代国际关系史》《国际关系史》（第一卷）等。在《历史研究》《世界历史》《史学理论研究》《中国社会科学文摘》《求是》《史学月刊》等刊物和《光明日报》等发表论文40余篇。参编、参撰著作、教材、教参、工具书和论文集等十余种。

周 钢◎著

美国西部牧区探研

人民日报学术文库

人民日报出版社

图书在版编目（CIP）数据

美国西部牧区探研／周钢著．—北京：人民日报
出版社，2019.4
ISBN 978－7－5115－5903－6

Ⅰ.①美… Ⅱ.①周… Ⅲ.①美国—历史—文集
Ⅳ.①K712.07－53

中国版本图书馆 CIP 数据核字（2019）第 058567 号

书　　名：**美国西部牧区探研**
作　　者：周　钢

出 版 人：董　伟
责任编辑：马苏娜
封面设计：中联学林

出版发行：人民日报出版社
社　　址：北京金台西路 2 号
邮政编码：100733
发行热线：（010）65369509　65369846　65363528　65369512
邮购热线：（010）65369530　65363527
编辑热线：（010）65369522
网　　址：www.peopledailypress.com
经　　销：新华书店
印　　刷：三河市华东印刷有限公司

开　　本：710mm×1000mm　1/16
字　　数：254 千字
印　　张：19
印　　次：2019 年 8 月第 1 版　　2019 年 8 月第 1 次印刷

书　　号：ISBN 978－7－5115－5903－6
定　　价：95.00 元

前　言

　　本书是一部个人的学术文集，汇集了作者在 1995—2018 年发表在《史学月刊》上的九篇论文。尽管这些文章的写作时间跨度很长，也构不成一个非常严整的叙述框架，但还是能够呈现出相对清晰的内在逻辑性——它们都是关于美国西部牧业开发历史问题的探索之作。

　　早在 20 世纪 80 年代末，作者受邀参与东北师范大学丁则民先生主持的美国西部史项目研究，承担了其中有关美国西部牧业历史研究的部分。此后，在丁则民先生、刘绪贻先生、杨生茂先生等老一辈专家的关心和指导下，作者克服眼疾、身体、资料等客观困难，将这一研究坚持了下来。三十年间，作者在《历史研究》《世界历史》《史学月刊》《求是》《光明日报》等期刊、报纸上，发表了三十余篇专题学术论文，出版《牧畜王国的兴衰》和《美国西部牛仔研究》两部学术专著，先后主持并高质量完成两个国家哲学社会科学基金项目和一个北京市哲学社会科学基金规划项目，产生了较大的学术影响和社会影响。这一部文集，选取的都是作者在《史学月刊》上刊发的美国西部牧业史专题文章。二十四年的时间跨度，相对集中的文章选题，使得它足以成为作者学术探索之路的一个见证和记录。而《史学月刊》和这九篇文章的责任编辑周祥森教授，是帮助着作者一路前行的无私的扶持者。出版这个文集，也算是向他们表达作者由衷的敬意和谢忱吧。

本文集总计约二十四万字，所辑的九篇文章分别涉及美国西部牧区经济史、社会史、环境史等。在编纂时，按照主题的相近性及其逻辑关系，这些文章被分辑成两个部分："美国西部牧畜王国的兴衰"和"美国历史上的西部牛仔"。"美国西部牧畜王国的兴衰"主题共收录论文四篇，分别是：《美国"牧畜王国"的兴起及其发展》《美国西部牧区妇女在拓荒时期的重要贡献》《野牛的灭绝与大平原印第安人的命运》《牧区天灾与美国"牧畜王国"的衰落》；"美国历史上的西部牛仔"主题共收录论文五篇，分别是：《美国西部牛仔的先驱》《美国西部牧区拓荒的牛仔与牧羊人》《美国"牧牛王国"里的非裔牛仔》《1878 年"林肯县战争"与"比利小子"》《美国历史上的牛仔罢工》。

在编纂体例方面，考虑到文集的特殊性，故此在最大程度上保留了各篇论文的内容原貌，只对个别的细节错漏处进行了修正。然而在形式上，还是进行了必要的统一，如注释全部统一成页下脚注，不再出现参考文献；所有中英文对译的注释全部改回英文，不再对应呈现中文翻译；等等。注释的繁简化处理则依然保持了各篇独立的方式，未做统一化调整。作者希望，这样的编纂方式或可给读者带来更舒适和方便的阅读观感。

目　录
CONTENTS

第一部分 01

| 美国西部牧畜王国的兴衰 |

美国"牧畜王国"的兴起及其发展

南北战争结束后，美国西部的牧畜业持续蓬勃发展了 20 余年。在东起密苏里河、西至落基山、南起红河、北迄加拿大萨斯喀切温的广阔地域内，迅速崛起了一个"牧畜王国"。在美国工业化不断深入和向垄断资本主义转变的进程中，西部的牧畜业成为当时合众国内获利最多的行业之一。"牧畜王国"的兴起和发展，是"西进运动"的重要组成部分。它使 19 世纪中期以前仍被称为"美洲大沙漠"的大平原地区得到开发，加速了西部美国化的进程，在美国历史上留下了深远的影响。

一

"牧畜王国"的兴起，发端于得克萨斯。在西班牙殖民者统治时期，墨西哥牧民于 1690 年已把牧牛业扩展到了得克萨斯。19 世纪 30 年代美国人移居得克萨斯沿海地区后，美国东部牛和墨西哥牛混杂在一起，产生了一种得克萨斯长角牛。以圣安东尼奥为顶点的得克萨斯的最南部地区，很快成了"得克萨斯牛王国的摇篮"[1]。那块巨大菱形绿地，不仅气候温和，牧草丰盛，而且有丛林遮荫。新的牛种——得克萨斯长

---

[1] John A. Scott, *The Story of America*, Washington, 1984, p. 20.

角牛在这有利生长的"摇篮"里，迅速繁衍起来，并广布到得克萨斯所有的草地上。1845年得克萨斯被美国兼并后，吸引着越来越多的美国人经营牧牛业。大牧场迅速在得克萨斯发展起来。到1860年，得克萨斯牧区的牧牛量已增长到300万—400万头①。内战期间，主要是受本州附近的市场需求的刺激，得克萨斯牧牛业获得了更大的发展。到1865年，得克萨斯牧场的存牛已达500万头②。得克萨斯成了美国西部牧牛业的"大本营"。内战结束后，随着"牧畜王国"的兴起，得克萨斯的牧牛人不断把牛群向北部、西部驱赶，甚至不远万里，赶到了加拿大③。牧牛业迅速扩展到整个大平原西部、北部，直到落基山区东部的河谷和草原地带。

为什么内战结束后不久在美国西部很快就兴起了一个疆域辽阔的"牧畜王国"并兴旺发达了20余年呢？

（一）美国联邦政府实行开放西部国有土地的政策和不断缩小印第安人的保留区，使"牧畜王国"的崛起有了广阔的疆域

联邦政府1862年颁布、1863年1月1日开始实施的"宅地法"，对移民拓殖密西西比河流域广大地区虽然起了很大作用，但对干旱而无树木的大平原却不适宜。因为每户分配160英亩土地的规定对小农户来说似乎显得太大，开垦、灌溉、购买设备、雇帮工，直到收获和建房等所需的费用，远非是个人的能力所能承担的；对一个牧场主来讲又实在太少，他的牧场至少需要2 000—5 000英亩④。为了鼓励美国东部居民和外来移民开拓西部，联邦政府对西部土地的分配采取了补充措施。

---

① T. R. Fehrenbach, *Lone Star*, *A History of Texas and the Texans*, New York, 1991, p. 556.

② Robert Kelley, *The Shaping of the American Past*, Englewood Cliffs, N. J. , 1986, p. 387.

③ Howard R. Lamar, *The Reader's Encyclopedia of the American West*, New York, 1977, p. 181.

④ Ray A. Billington, *Westward Expansion*, *A History of the American Frontier*, New York, 1974, p. 607.

1873 年，国会通过了"育林法"，1877 年又通过了"荒地法"。1862—1890 年，联邦政府拨出了 8 000 万英亩土地，其中为宅地移居者所购买的土地只有 60 万英亩①，绝大部分土地为冒充的定居者领取。这些人每人都以好几个姓名申请土地，随后转手卖给牧牛公司。牛仔们被其雇主鼓励利用"宅地法""优先购买权"和"育林法"等去获取土地，然后转让给牧场主。"荒地法"许可每个在大平原定居的人临时拥有 640 英亩土地，每亩土地须先交 25 美分，3 年内要将土地的 1/8 予以灌溉并补交每英亩 1 美元的地价后便可取得土地的所有权②。根据"荒地法"登记的土地达 914.051 7 万亩，而发了地契的只有 267.469 5 万亩。其中 3/4 的申请人因无力灌溉，在 3 年期满前就放弃了购买的土地③。大部分土地都落到了大牧场主手里。

美国联邦政府一直对印第安人采取排斥政策。在 19 世纪 30 年代，杰克逊政府就利用欺骗和武力等手段，把东部的印第安人驱赶到俄克拉何马、堪萨斯和内布拉斯加北部一带的保留区。由于密西西比河与落基山之间的广大地域在内战前被看作没有开发价值的"美洲大沙漠"，所以杰克逊总统在迫使东部印第安人迁往密西西比河以西时才信誓旦旦地保证：那里的土地永远属于印第安人，作为他们的狩猎场所，他们的白人兄弟不会打扰他们，也不会提出土地要求。然而，内战后，随着西部的不断开拓，采矿主、铁路公司、牧牛人和农场主都涌入大平原地区。联邦政府早就把其不"打扰"的保证抛到了九霄云外，继续推行驱赶、屠杀、掠夺和灭绝印第安人的政策，极力缩小他们的保留区。1860—1890 年，联邦政府一直持续不断地对印第安人进行"血腥"的讨伐战争，掠夺他们的土地。大平原上的印第安人被胁迫迁往极其偏僻、贫瘠的黑山保留区和已经居住了"五个文明部落"的俄克拉何马保留区。

---

① Ray A. Billington, *Westward Expansion*, *A History of the American Frontier*, p. 611.

② Ray A. Billington, *Westward Expansion*, *A History of the American Frontier*, p. 608.

③ Marion Clawson, *The Land System of the United States*, Lincoln, 1968, p. 65.

大批农民移居大平原后，牧场主又驱逐了俄克拉何马保留区的印第安人，把那里变成了"牧场主的最后的边疆"①。

联邦政府开放西部国有土地和缩小印第安人保留区的政策，使牧场主在密西西比河到落基山之间的辽阔地域内，侵占了大量草地。在印第安人消失和铁蒺藜围篱出现之前，大平原是个既无大门又无篱栅的广袤的天然放牧场。牧场主们凭借先入为"主"的"优先放牧权"，把在法律上连一英尺也不属于他们所有的广阔牧场据为己有，随意放牧着他们的畜群。广袤的西部草原地区是"牧畜王国"兴起和发展的先决条件。

（二）西部丰富的天然牧草资源为牛群提供了"不花钱"的饲料；得克萨斯长角牛顽强适应自然的生存能力使其能在大平原迅速繁衍生长

在密西西比河以东，养牛要靠在牧场上种植饲草，种植一亩草地要投资50—100美元②。然而，在大平原到处生长着甚至在1—3月份都使牲畜长膘的牧豆草。这种天然的野草茎短而硬，不仅耐旱，而且在整个冬天都保持着甜味和营养，使牛群在冬天都可在外面放牧，赖其为生。西部的牛群靠"天赐"的青草繁衍生长。它们又充当不自觉的播种者。牛蹄把草籽踩进地里，大平原经融化的冬雪或偶尔降下的春雨滋润，到处又长满任牛群随便享用的鲜嫩多汁的青草。"不花钱的青草"是西部牧场主赖以生存和发财致富的资本。这是东部牧场主无法与之竞争的。

由西班牙和美国东部牛杂交产生的得克萨斯长角牛仍然保持着野生动物适应自然、保护自己的能力。长角牛觅食的本领和消化功能都很强。在无草可食的地方，它们可以抬起前蹄，搭在树上，吃枝叶或浆果，甚至连灌木根和仙人掌都可以嚼碎、消化。母牛不仅能用长尖的双角对付狼群，保护幼犊，而且其嗅觉灵敏的鼻子可以闻出15英里外的

---

① Edward E. Dale，"The Range Man's Last Frontier"，*Mississippi Valley Historical Review*，vol. 10，1923，p. 34.

② 丹尼尔·J. 布尔斯廷：《美国人——南北战争以来的经历》，上海：上海译文出版社1988年版，第12页。

阵雨。它们善于寻找水源，躲避凶险。得克萨斯长角牛这些适应大平原自然条件的惊人优点，加上勤于产犊的特性，使它们越繁殖越多，以致在短得难以令人置信的几十年中，取代了被屠杀得几乎绝迹的野牛群。

（三）国内外市场对肉类需求的不断增长，刺激了"牧畜王国"的兴旺发达

由于内战的原因，美国拥有牛的数量在19世纪60年代减少了7%[1]。然而，1860—1890年，美国的人口却从3 100万增长到7 610万。城市人口由占全国人口的16%上升到36.1%。美国由农业国变成了工业国，现代化城市迅速崛起。城市人口的急剧增加，特别是城市人口逐渐改变的饮食习惯和食物结构——少吃面包、多吃肉，使肉类的需求量大幅度地增长。工业化使巨大的肉类市场日益集中在城市。这为美国西部牧畜业的大发展提供了天赐良机。"牧畜王国"的牧场主们不仅要向开发西部的筑路员工、矿区营地、要塞士兵、定居的移民和印第安人保留区供应肉类和马匹，更主要的是要源源不断地把牲畜和肉类运到东部的城市中去。

"牧畜王国"的牛贸易不仅有繁荣的国内市场，而且开拓了国际市场——欧洲市场对廉价美国牛肉的需求量也急剧增加。1870—1879年，美国出口到欧洲的活牛总计达542 180头[2]。冷藏车发明后，美国的包装商们则把大量牛肉运往欧洲市场。1860—1890年，美国对西欧出口的肉类和动物制品的贸易额由150万美元上升到1 730万美元[3]。欧洲市场对美国肉类日益增长的需求，无疑也促进了"牧畜王国"的蓬勃发展。

---

① Ernest S. Osgood, *The Day of the Cattleman*, Chicago, London, 1968, p. 28.

② Ernest S. Osgood, *The Day of the Cattleman*, p. 99.

③ Fred A. Shannon, *The Farmer's Last Frontier*, *Agriculture*, 1860 – 1897, New York, 1945, p. 190.

（四）横贯大陆铁路的修筑、冷藏车的发明和屠宰方法的机械化，便利了肉类和皮革的外运和加工

为了适应西部开发的需要，美国在内战后不到 30 年的时间里相继修建了五条横贯大陆的铁路，随后又修了许多支线。这五条主动脉及其支线构成了遍布辽阔西部的铁路网。西部铁路网与密西西比河以东的铁路网相连，促进了美国全国统一市场的形成与发展，也刺激了"牧畜王国"的兴旺。西部铁路网的建成，不仅加快了牛群从"大本营"得克萨斯向北部高草原地区的流动，使"牧畜王国"的领域一直扩大到加拿大边界，而且解决了牧牛业与东部市场和欧洲市场的运输问题。1866—1880 年，有 4 223 497 头牛从得克萨斯运往东部城市①。1885 年秋，从怀俄明装车外运的牛近 200 万头②。联合太平洋铁路上的夏延站不仅发展成为辽阔的怀俄明牧区的牛都，而且从 1870 年起就成了美国西部牛向欧洲出口的装运站③。

1868 年，D. W. 戴维斯发明了冰冻冷藏车。第二年，第一批鲜肉就从芝加哥装车，穿越四五个州后成功地运抵东部海滨城市波士顿。铁路公司在 1875 年后普遍采用冷藏车运输肉类。用冷藏车装运牛肉节省了运活牛的昂贵草料，避免了活牛在长途运输中掉膘的损失，省去了人照料活牛的辛苦，方便了装卸。同时，也使牧场主大大节约了运费。因为一头重 1 250 磅的牛被宰杀后的净肉才有 700 磅左右④。到 19 世纪 70 年代，古斯塔夫·斯威夫特为了把更多的冻肉运销东部，便在芝加哥建立起肉类包装工业。随后，芝加哥、堪萨斯城等都发展成为巨大的肉类包装中心。在大平原北部，也出现肉类包装业。在肉类包装加工厂里，采用现代方法屠宰，机器不断改进，还有冷库设备。所有这一切都为西

---

① Walter P. Webb, *The Great Plains*, Waltham, Toronto, London, 1959, p. 225.

② John K. Rollinson, *Wyoming Trails*, Caldwell, 1948, p. 250.

③ Robert G. Ferris, ed., *Prospector*, *Cowhand and Sodbuster*, Washington, 1967, p. 258.

④ Clara M. Love, "History of the Cattle in the Southwest", *Southwestern Historical Quarterly*, vol. 19, 1916, p. 398.

部牧场主提供了肉类和皮革加工、储藏和外运的便利条件，缩短了"牧畜王国"与国内外市场的距离，使牧区和市场紧密联系在一起。

二

得益于上述有利的条件，美国西部的牧牛业迅速发展起来，"牧畜王国"的疆域也随之日益扩大。到1868年，在南起格兰德河谷、北至大霍恩角盆地的高平原地区，到处都有牛群。这一事实证明，牛可以在大平原和落基山区的任何地区放养。牧牛业这一地方性事业变成了一种庞大的企业。

19世纪60年代末，开放牧区从得克萨斯扩展到堪萨斯和内布拉斯加州的大部分地区及印第安人保留区的部分地区。得克萨斯的赶牛人或迁居堪萨斯，或在那里设置大牧场，把牛杂交育肥后再出售。得克萨斯牛从1866年开始被赶进科罗拉多领地，3年后已有10万头长角牛在那里放牧。"牧畜王国"的边疆在1868年开始延伸到怀俄明，1871年已有10万头牛放牧在那里[1]。到1886年，怀俄明牧区的牛群猛增到90万头[2]。1871年，蒙大拿也开始大规模发展养牛业；1874年，那里的牧牛业由地方性企业向全国性企业转变。牧场主们把牛群向南赶到怀俄明位于联合太平洋铁路上的格兰杰站，运往东部市场。1878年后，怀俄明或科罗拉多的大牛群被向北赶入蒙大拿东部牧草丰茂的广阔平原上放牧。在19世纪70年代大牧场布满蒙大拿后，"牧畜王国"的疆界又扩展到达科他地区。到1880年，牧牛业已经深深扎根于整个大平原。"牧畜王国"的疆界还不断从大平原向西扩展。19世纪70年代亚利桑那牧草充足的河谷被牧牛人选作赶牛群前往加利福尼亚的途中休息地。80年代亚利桑那作为牧区进入繁荣时期。1890年，那里的草地已出现过

---

① Ray A. Billington, *Westward Expansion*, *A History of the American Frontier*, p. 589.

② Ernest S. Osgood, *The Day of the Cattleman*, p. 225.

度放牧的危险。此时，牧牛业发展到俄勒冈，并成为那里的主要经济部门。在内战后 20 余年的时间里，"牧畜王国"的疆域以令人目眩的速度和规模扩张，占据了相当于半个欧洲的土地。

为了使牧区的牛群能迅速集散出去，运往东部和国外市场，牛镇在"牧畜王国"应运兴起。从约瑟夫·G. 麦科伊 1867 年在堪萨斯太平洋铁路线上建起第一座牛镇——阿比林后，威奇塔、埃尔沃思、埃里斯、纽顿、道奇城、夏延和拉勒米等牛镇相继而起。得克萨斯的牛群被源源不断地赶往牛镇，运往芝加哥的屠宰场。仅阿比林在 1867—1871 年就装车外运了 146 万头牛①。其他牛镇也把大量牛群发运了出去。

在"牧畜王国"里，统治者是经营牧牛公司的巨商和大牧场主。他们和牧牛人以及牛仔在这个辽阔的王国里，逐渐形成了具有独特风俗习惯的牧区社会。牧场是放养牛群的固定基地，是"牧畜王国"的基本生产单位。大多数牧场选在靠近水源和牧草丰茂的地方，少数牧场围有篱栅，但更多的是既无围篱又无大门的"敞开"放牧场。在牧场里，有牧场主的住宅、牛仔的工棚和一望无际的放牧草地。在得克萨斯，一些大牧场占地极广。牛仔从住处到牧场的大门须骑行 10 英里。牧场主雇用牛仔管理牛群、放牧巡边、长途驱赶牛群到牛镇出售或到北部牧区育肥贮养。牛仔中有来自南部同盟的退伍军人、墨西哥人，但更多的是黑人。黑人牛仔不仅在人数上超过白人和墨西哥人，而且担负着野炊和夜间照看牛群等最艰苦的工作。他们是"牧畜王国"的主要劳动力，为美国西部牧牛业的发展做出了巨大贡献。

随着"牧畜王国"的不断扩大，牧牛者协会在各个牧区纷纷建立起来。得克萨斯、怀俄明、科罗拉多、蒙大拿、新墨西哥等，都相继建立起了这种牧牛公司和大牧场主的联盟组织。牧牛大王们把持了这些协会的领导权。这类协会成立之初，是作为解决牧畜业发展问题和为会员

---

① Wayne Andrews, *Concise Dictionary of American History*, New York：Charles Scribner's Sons, 1962, p. 808.

谋利的私人管理机构出现的。随着协会规模的扩大和经济实力的增强，它们不仅成为本州或领地内的主要经济支柱，而且制定有关牧畜业的各种法律和规定，强令会员和非会员一律遵守、执行。这些协会变成了阻止农民进军牧区的权威机关，左右地方政府的政策制定，力图把牧区变成牧场主们独占的王国。在所有的牧牛者协会中，"怀俄明家畜饲养者协会"发展成为最强大有力的组织。

从内战以后到 19 世纪 80 年代中期，"牧畜王国"繁荣兴旺了 20 余年。尤其在 1878 年后的七八年间，西部开放牧牛业达到了它的鼎盛时期。从格兰德河到落基山脉的深处，向北远至加拿大边境地区，到处布满牧场，数百万头牛在茫茫的辽阔草原上漫游。然而好景不长。80 年代中期以后，"牧畜王国"盛极而衰。人为的残酷竞争导致牧场主们在敞开放牧区长期进行掠夺式经营，放牧超量的牛群，放养数量比牛还多的羊群，造成"牛吃牛""羊吃羊"的现象，致使牧草遭受严重破坏，草原退化。超过市场需要的过多牛群导致牛肉价格暴跌。1886—1887 年，大平原遭遇历史上罕见的暴风雪，造成牲畜大量死亡。19 世纪 80 年代以后，火车把大量农民送到大平原定居下来，被圈占的土地逐渐增多。这更是对敞开牧牛业的致命打击。诸多因素使许多大牧牛公司和私人牧场纷纷破产。为了把养牛业保留下去，牧场主们放弃了传统的原始的游牧经营方式，采用围栏养牛。敞开经营的"牧畜王国"衰落了。牧牛业逐渐被定居式的牧场经营所取代。90 年代以后，以供应市场销售为目的的养牛业作为一项稳定而审慎的事业在美国西部被保留下来。

"牧畜王国"的黄金时期虽然短暂，但它在美国边疆编年史上写下了壮丽的篇章，对合众国的进步与发展产生了重大影响。

（一）"牧畜王国"的兴起与发展，是 19 世纪后期美国大规模西进运动的一个重要组成部分，促进了"边疆"的消失

内战后，成千上万的牧牛人进入大平原，在广袤无垠的茫茫草原上经营牧牛业，形成疆域与半个欧洲相当的"牧畜王国"。"牧畜王国"

的兴起与发展，使内战前尚被称为"美洲大沙漠"的大平原上丰茂的牧草资源得到充分的开发和利用。牧场主、牧牛人和牛仔先于农民定居在昔日无人敢问津驻足的辽阔荒野之上，使这片未被开垦的土地成了牧牛人的边疆。牧牛业成了内战后美国一个最有魅力和最赚钱的行业，在西部开创了一个"牧牛人的时代"。在内战后更大规模的西部开拓运动中，矿业边疆从加利福尼亚由东向西移动。农业边疆自威斯康星、明尼苏达由南向北，在太平洋沿岸由西往东扩展。随着"牧畜王国"的边疆由南向北、由南至西的蔓延的终止，美国西部边疆中无人居住的空白地带基本上得到了填补。西部牧业边疆与矿业、农业边疆逐渐融合，形成了别具特色的西部经济和社会结构。牧业边疆使西部各部分地域合为一体，使西部各领地相继以新州身分加入联邦，成为合众国的有机组成部分。

（二）"牧畜王国"的兴起和发展对美国西部的开拓起到了巨大的促进作用

牧畜业的大发展，有力地支援了西部的铁路建设和矿业开发。牧场主们不仅为几条横贯大陆的铁路建设供应了充足的牛肉和大量良马，而且是铁路公司的重要主顾之一。牛贸易的发展，促进了铁路运输量的迅速增加。道奇城运牛的收入由 1881 年的 62 880 美元上升到 1883 年的 134 080 美元[1]。牧牛业的迅速发展，也促使各铁路公司不断更新设备，改善运输条件。它们淘汰了容积小、卫生条件差的运牛车厢，代之以冷藏车装运。铁路的运输能力不断提高。铁路公司也因此获利更大。"铁路已成了牧畜王国必不可少的附属品。"[2]"牧畜王国"的兴起，保证了对矿区营地的马匹和肉类的供应，为西部采矿业的发展创造了有利条件。大批的牛群被赶往靠近矿区的牧场放牧，供给矿镇居民食用。牛的

---

[1] Robert R. Dykstra, *Cattle Towns*, New York, 1970, p. 82.

[2] John Morton Blum, William S. McFeely, etc., *The National Experience: A History of the United States*, New York, 1981, p. 440.

总量随着矿区需求量的增加而不断增多。临近矿区的蒙大拿九个县，1868 年有牛 29 515 头，到 1872 年则增长到 75 000 头①。"牧畜王国"的发展，使大批牛镇在铁路沿线迅速兴建起来。这些牛镇不仅解决了牛群的集散和外运的难题，促进了西部经济的发展，而且成了"牧畜王国"的政治和经济中心，为西部城市的崛起奠定了基础。麦科伊在 1867 年用两个月的时间把阿比林这个死气沉沉的小村变成了设备齐全的牛群集散中心。这个牛镇不仅有畜栏，还有一座漂亮的三层楼旅馆。4 年之后，阿比林的人口增长到近 100 人②。继阿比林之后，牛镇在堪萨斯、内布拉斯加、怀俄明和蒙大拿如雨后春笋般地出现。这些牛镇不仅是牛群集散中心，还建有旅馆、饭店、银行、学校、制铁和木材厂等，也设有赌场和舞厅。虽然一些牛镇随着"牧畜王国"的衰落被湮没在草原，但有些牛镇却发展繁荣起来，成为西部的城市，保留至今。一个多世纪前堪萨斯境内的六个牛镇，现在依然作为城市屹立在那里。1960 年人口统计时，威奇塔有 254 698 人，道奇城有 13 520 人。阿比林为 7 746 人，埃尔斯沃斯 2 361 人，考德威尔 1 788 人③。夏延既是牧区的牛都，又是怀俄明的首府，1867 年初建时，只有 4 000 人④。现在夏延成为落基山区中部的贸易和销售中心，1980 年其人口达 47 283 人，是怀俄明最大的城市⑤。

（三）"牧畜王国"的兴起，伴随着美国工业化的迅猛发展和向垄断资本主义过渡的大变革，使西部牧牛业这种传统的原始游牧经营方式同垄断资本结合在一起，具有鲜明的时代特点

"宅地法"实施以后，在美国西部确实存在过"一种最原始最粗放

---

① Ernest S. Osgood, *The Day of the Cattleman*, p. 21.

② John W. Reps, *Cities of American West*, Princeton, 1979, p. 549.

③ Robert R. Dykstra, *Cattle Towns*, p. 359.

④ Robert G. Ferris, ed., *Prospector, Cowhand and Sodbuster*, p. 257.

⑤ 《简明不列颠百科全书》第 8 卷，北京：中国大百科全书出版社 1985 年版，第 515 页。

的牧畜业和农业的发展方式",但是由于资本家和土地投机者在"牧畜王国"进行大量投资和兼并的结果,"小生产都受到排挤"①。

19世纪80年代初期是美国西部牧牛业发展的黄金时期,牧牛业成为当时美国获利最多最快的行业之一。渴望尽快发财的美国东部和外国资本家都竞相到"牧畜王国",投资建立大牧牛公司。英国、加拿大和澳大利亚的投资者还竭力同美国的公司竞争,力图控制西部的牧牛业。19世纪80年代初期,美国西部的牧牛业进入了一个投机活动猖狂的繁荣时期。在"牧畜王国",日益采用大公司的方式经营。在得克萨斯、堪萨斯、内布拉斯加、南北达科他、蒙大拿、怀俄明、科罗拉多和新墨西哥,牧牛公司风靡一时。19世纪最后20年中,蒙大拿的牧牛公司有181个,吸收资金27 141 800美元;科罗拉多的324家公司集资共102 015 000美元;新墨西哥的186家公司吸收资本61 340 500美元;怀俄明的188家牧牛公司吸资94 095 800美元②。在1883年的一年中,怀俄明就建立了20家土地和牧牛公司,资本总计达120余万美元③。在外国投资者中,英国最为突出。1883—1885年,有11家英国牧牛公司在"牧畜王国"经营。1880—1890年,在得克萨斯有13家英国公司投资土地和牧畜业,其中有9家是独资或合资经营牧场④。有些牧牛公司规模巨大。1879年在得克萨斯建立的"XIT牧牛公司"占地305万英亩,有牛16万头,篱栅1 500英里⑤。1883年组建的"斯旺土地和牧牛公司"合并了怀俄明东部的3个牧场,拥有10万头牛,占地100万英亩,

---

① 列宁:《关于农业中资本主义发展规律的新材料》,《列宁全集》第27卷,北京:人民出版社1990年版,第203、238页。

② Gene M. Gressley, *Bankers and Cattlemen*, New York, 1966, p. 105.

③ Howard R. Lamar, *The Reader's Encyclopedia of the American West*, pp. 182, 1152.

④ J. Fred Rippy, "British Investments in Texas Lands and Livestock", *Southwestern Historical Quarterly*, vol. 58, 1955, pp. 332–333.

⑤ Robert E. Riegel& Robert G. Athearn, *America Moves West*, New York, Chicago, 1971, p. 529.

掌握资本 375 万美元[1]。

"牧牛者协会"既是西部经济中的一个巨大经济实体，又是"牧畜王国"的真正主宰。"怀俄明家畜饲养者协会"在 1882 年就引进约3 000万美元的英国资本投入得克萨斯和怀俄明的牧牛业[2]。这个协会在1885 年时有会员 400 余名，拥有 200 万头牛，加上占有的房屋、设备和不动产，价值达 1 亿美元[3]。"怀俄明家畜饲养者协会"是一个强大的集权者，统治这个领地达 20 年之久。它像"帝王"一样把领地变成了一个"牧场主的联邦"，使牧牛公司在经济、政治和社会生活中居于统治地位。为了独霸牧区，牧牛大王们在这个协会的庇护下，1892 年向约翰逊县的小养牛者和拓荒农民发动了战争。1890 年以后，尽管"牧畜王国"已经衰落，西部牧牛业作为牧场主的"最后边疆的特色"已经消失，然而，以供应市场销售为目的的养牛业依然是大平原的一项重要企业。养牛业被大公司所控制，结束了原始、传统的游牧方式，开始现代化的定居经营。大企业用科学方法配种和饲养，使西部牛羊的产量仍在增加，牛肉在全国所占的比例不断上升。西部成了美国畜产品的主要基地。"牧畜王国"的兴起，使美国的肉类罐头工业不断西移。铁路、电器、制冷和机器制造业也随之发展。为满足国内外市场对肉类的巨大需求，芝加哥、圣路易、堪萨斯和奥马哈等城市成为肉类包装、加工和罐头制造业的中心。芝加哥发展起了世界上最大的肉类屠宰、加工、贮藏和运输业。

1879—1890 年是美国垄断组织发展的托拉斯运动时期。一些企业通过纵向和横向两个途径向巨型企业转化。肉类加工业是纵向合并的突出例子。19 世纪 70 年代前，西部牧区的肉类加工多是由集中在芝加哥等

---

[1]　Howard R. Lamar, *The Reader's Encyclopedia of the American West*, pp. 182, 1152.

[2]　LeRoy R. Hafen & W. Eugene Hollon & Carl Coke Rister, *Western America*, Englewood Cliffs, 1970, p. 432.

[3]　Louis Pelzer, "A Cattlemen's Commonwealth on the Western Range", *Mississippi Valley Historical Review*, vol. 13, 1926, p. 34.

城市的许多小公司分别完成屠宰、鲜肉处理和包装等生产工序。然而，销售市场却主要在东北部城市。生产分散和运输消耗造成很高的生产成本。1878年，斯威夫特建立了将各生产工序联合为一个过程的大公司，包括牲畜、屠宰、冷藏车运输和东北部城市各零售商的联合经销。他的肉类包装公司是纵向联合的托拉斯。美国西部的养牛业被置于肉类包装垄断企业的控制下，最终被纳入美国垄断资本主义发展的轨道。

（四）在"牧畜王国"各牧区建立起的养牛者协会发展了美国人的自治传统，体现了西部边疆的民主精神

地域辽阔的"牧畜王国"在美国的远西部，联邦政府远在东方。联邦政府无法对西部的牧畜业实行严格的管理和控制。"牧畜王国"的土地所有权广泛而分散。与牧牛业有关的经营管理、土地和水源使用、牧区纠纷和社区生活等诸多独特的地方问题，联邦政府都不可能制定具体政策，全要靠自治来解决。为了解决这些具体问题，牧场主们按照多数人同意的原则，建立起有代表性、有权威性和具有牧业边疆特色的自治组织"牧牛者协会"。在"牧畜王国"里，真正主宰各州、各领地牧区的是这些协会。协会制定牧区法规，强令进入牧区社会的人一律遵守，在牛群围捕、打烙印和繁殖、检疫等方面，对牧场主进行保护和监督。同时，协会也维护社会治安和审判罪犯。在"牧畜王国"里，通过牧牛者协会实行自己管理自己的方式经营牧畜业，反映出一种要求扩大民主的自治趋势。这一趋势在西部一些州草拟州宪法时得到了充分反映。南北达科他、爱达荷、蒙大拿和怀俄明等西部州在草拟本州宪法时，把诸如放牧权、土地和水源使用、联合经营牧业以及有关扩大民主要求的条款都写入其中。内战后在美国掀起的社会民主运动中，争取妇女选举权的斗争是一个重要的方面。具有首创精神的怀俄明州宪法率先写入了妇女选举权条款[①]。这不仅为西部各州相继效仿，而且在美国宪

---

① Thomas D. Clark, *Frontier America*, *The Story of Westward Movement*, New York, 1959, p. 751.

法史上也是破天荒的第一次。怀俄明州的创举推动了全美国女权运动的深入发展，使美国妇女最终在 1920 年获得了选举权。

（五）因"牧畜王国"的兴起和发展而产生的牛仔文化，不仅对美国的大众文化产生了巨大影响，而且在世界各国广为流传，成为一种国际文化现象

"牧畜王国"的兴衰史距离 20 世纪的美国恍如昨日，使许多传播媒介能够对其进行生动描写和具体报道。"牧区""牛镇"和"牛仔"在歌曲、音乐、小说、电影和电视中被充分反映。"牧畜王国"造就的众多民间传奇式的人物——牛仔，俨然成了主人。挥鞭骑马、彪悍好斗的牛仔，咆哮的牛群和那缕缕篝火炊烟构成的西部景象，成了"西部小说"和后来"西部电影""西部漫画""西部音乐"等的典型素材和经久赞颂的主题，构成了美国大众文化的重要组成部分。与历史和文艺创作不同的是，牛仔的实际生活非常艰苦，并非像西部片所描写的那样浪漫①。牛仔的勤劳勇敢和严肃认真，体现着在西进运动中开拓者求实进取的精神。这种精神对美国民众产生了巨大而深远的影响。由于文艺作品把牧业边疆浪漫化、传奇化，致使美国大众由此产生一种崇拜心理，认为边疆就是"牧畜王国"和"牛仔"。这是西部题材的文学艺术作品在美国能长久吸引众多观众的原因所在。虽然牛仔辉煌的时代早已逝去，牛仔也成了公司的工资劳动者，但以"牛仔"为主题的音乐、小说和影视作品在美国仍然十分盛行。牛仔文化也风靡世界各地。15年前，当我们刚打开"开放"的国门时，听到牛仔音乐还觉得是很新奇的事。现今，我们每日听到的音乐、看到的影视作品、读到的小说，都不乏牛仔题材。中国如此，世界上更是恐怕没有一个国家不受牛仔文化的影响。牛仔文化已同世界其他文化融汇在了一起。

改革开放以来，我国的畜牧业有了很大发展，现在也正经历着由传

---

① 杨生茂、陆镜生著：《美国史新编》，中国人民大学出版社 1990 年版，第 257 页。

统原始的游牧方式到现代化定居经营的深刻变革。一个世纪前美国"牧畜王国"的兴起和发展，是其由传统游牧生产方式向现代化畜牧业经营转变的重要阶段。它既有兴建铁路、广吸资本、采用公司经营等好的经验，也有因垄断资本家的贪婪造成的过度放牧、牧农争地、靠天为牧、不增加抵御自然灾害的基本建设等掠夺式经营的惨痛教训。研究美国"牧畜王国"的兴衰史，从中吸取经验和教训，对促进我国畜牧业的更大发展和实现现代化有重要的借鉴作用。

（原载《史学月刊》1995 年第 5 期）

美国西部牧区妇女在拓荒时期的重要贡献

内战后在美国西部迅速兴起的"牧牛王国"，因其最具边疆特色而成为史家研究的一个"热门课题"。但由于牧区是男人的世界，妇女很少，因此在大量关于"牧牛王国"的著作中，极少有对妇女的研究。其实，妇女是牧区社会的重要成员之一，她们对"牧牛王国"的发展做出了独特的贡献。本文试对美国西部牧区的妇女问题做些初步论析。

一、艰辛经营的女牧场主

美国西部牧区的牧场主多为男性，但也有少数女牧场主，她们同样为牧牛王国的兴起做出了重要贡献，但却要付出比男牧场主更多的艰辛。利齐·约翰逊是一个不可忽视的女牧场主。她的全名是伊丽莎白·E. 约翰逊。1843 年，约翰逊出生于密苏里州。1852 年其父在得克萨斯州海斯县创建约翰逊学院，不久，她也搬到了那里。约翰逊学院是科罗拉多河以西第一所高级学校。她从 16 岁开始在学校教书，还靠为《弗兰克·斯莱利杂志》写小说增加收入。她边攒钱边投资。一次，约翰逊从芝加哥的埃文思、斯奈德和贝韦尔牧牛公司买了价值 2 500 美元的股票。3 年后，她把股票卖掉后获得 2 万美元。1871 年 6 月，约翰逊投资牧牛业，在特拉维斯县印记簿上登记注册。此后，她对牧牛业投入的资本和精力也越来越大。1879 年当她 36 岁时，嫁给了一个带着几个孩子的鳏夫赫齐卡亚·G. 威廉斯。婚后，利齐·约翰逊继续在奥斯汀教书，为杂志写文章，并投资于牧牛业。约翰逊与丈夫签订了一份协议，他同意将她所有的财产留在她的名下，故利齐仍保持着对财产的控制权。她在 1879 年开始了赶牛生涯。约翰逊与丈夫至少两次沿着奇泽姆小道把牛群赶到了堪萨斯。她是西部牧区第一位自己长途驱赶牛群的妇女。在此后的几年中，她和丈夫走完赶牛小道后便待在圣路易斯度过秋冬两季。在那里，约翰逊靠为其他牧场主管理账簿取得额外收入。1881年，她丈夫开始了自己的牛贸易，但他是个穷商人且喜欢饮酒，约翰逊不得不帮助他解决财政危机。她的丈夫死于 1914 年。约翰逊在 81 岁辞世时，包括在奥斯汀的大地产在内，她所有的财产超过 20 万美元。①约翰逊始终主导着牧场的经营。她不仅管理牧场，而且还亲自长途驱赶牛群到牛镇出售。在约翰逊的牧牛业经营中，她的丈夫仅仅是个帮手而已。

那些因失去丈夫而独立经营的女牧场主与约翰逊相比更为艰难。例如，科罗拉多贝德兰茨地区的马多克斯夫人，她原先嫁给了一个野牛猎手，当她发现丈夫的恶劣本性后离开了他，而独自经营着马多克斯牧场。她有一套鹿皮装，是神枪手，也是好厨娘，靠打猎、缝补和经营路边牧场为生。②与马多克斯夫人在同一个地区的玛格丽特则是在丈夫被人杀害后挑起了经营牧场的重担的。玛格丽特的丈夫劳埃德·罗伯茨受雇于宾夕法尼亚州米德维尔的伊顿兄弟，为他们经营在科罗拉多的牧场。无畏的天性使玛格丽特在丈夫外出为雇主做生意时能独自照顾 5 个小女孩和自家的小牧场。一次，丈夫外出后再也没有返回，后来得知他在怀俄明的夏延被暴徒杀害。坚强的玛格丽特便独自挑起了经营牧场和抚养、教育 5 个孩子的重担。③

---

① David Dary, *Cowboy Culture*, *A Saga of Five Centuries*, Lawrence, 1989, p. 261.

② Lowis Atlerton, *The Cattle Kings*, Lincoln and London, 1961, p. 92.

③ Hermann Hagedorn, *Roosevelt in the Bad Lands*, Boston, 1921, p. 456.

女牧场主的情况是各不相同的。有的在婚前就是独自经营牧牛业的女强人，婚后，由于丈夫缺乏经营才干，仍是经济独立的牧场主；有的嫁给了坏人，在与丈夫分手后只能独自经营；有的是丈夫被匪徒杀害，不得不挑起经营牧场和抚养子女两副重担。在拓荒时期的美国西部牧区，男人要想立足创业也须有巨大的勇气。作为妇女，在这样艰苦的环境下经营牧场，要比男子经历更多的困难和艰辛。丽塔·希尔和贾纳洛·希尔母女两人经营一个牧场，该牧场没有一个男人。一些男人断言这母女俩不能管好牧场，但她们却经营得很好。丽塔·希尔说："有时在牧场主中需要一位女牧场主，以向他们展示妇女更人性化的经营方式。"① 她们实际表达的是女牧场主对她们饲养的小牛给予母亲般的关爱，是有别于男牧场主的、一种与家畜和谐相处的经营观念和方式。我们在研究美国西部牧区的发展史时，不能忽视女牧场主的重要作用和独特的经营方式。

二、贡献突出的贤内助

不仅女牧场主对"牧牛王国"的兴起发挥了重要的促进作用，而且牧场主的妻子做的贡献也是多方面的。

第一，不论原先的家庭社会背景和经历如何，作为牧场主的妻子，她们都是非常称职的家庭主妇。

首先，她们是早期牧场的厨娘。大多数得克萨斯牧场主有早起的习惯，他们的妻子起得更早。她们在丈夫穿衣的同时，准备好一大壶咖啡，然后去做早饭。如果某一天牧场主和牛仔一起出行或骑马到镇上做生意，饭做得更早些。妻子将做好的火腿（或香肠，或牛排）、煮鸡蛋、新烤制的软饼或玉米面包等放在厨房的一张大桌上，再摆上铁刀叉和沉重的铁石盘子、杯子和茶碟等。牧场主、工头和牛仔们都进牧屋就

---

① Stan Steiner, *The Ranchers*, *A Book of Generation*, Norman, 1980, p. 154.

座,一起用早餐。直到 19 世纪 80 年代早期,在大牧场中才由厨师取代牧场主的妻子为牛仔做饭。① 在早期的牧场里,牧场主的妻子都是兼职的厨娘。

其次,牧场主的妻子要日复一日地干着家中的各种杂活,如洗衣、熨衣和清扫等。春夏两季,她们还得照料花园。在得克萨斯潘汉德尔地区开发的早期岁月中,妇女只是做千篇一律的家务劳动。即使大牧场主的妻子也与小牧场主的妻子一样,都在忍受相同的艰辛。她们用仅有的一个盆、一把熨斗洗熨全家的衣服。因为没有晾衣绳,只好在草地上晾衣服。有些妇女到牧场来以前从来没有洗过衣服,但成了牧场主的妻子后,洗衣服就是她分内的活。在水井和风车还没有出现在大平原之前,缺水给她们洗衣造成了很大困难。洗过的衣服上都留下微黑的色泽。尽管一夜之间牧屋里的地、墙、房顶、草垫、自制的床垫和家具及一些盘子上都落满灰尘,但她们也要把家里打扫得干干净净。这些都使早期的牧场生活与艰苦和不方便联系在一起。② 查尔斯·古德奈特是潘汉德尔地区最先富起来的大牧场主,但他的妻子曾一直忙个不停地缝补牛仔们的衣服,照料那个被她称之为家的小屋。③ 牧场主康德拉·科尔斯的德国妻子奥古斯塔·克鲁泽是从小在城市长大的女孩,刚到美国西部牧区时觉得环境十分可怕,然而,作为一个德国妇女,她以履行妻子的职责而骄傲,她不仅做了牧场的厨娘,而且承担了所有家务活。大牧场主理查德·金的妻子亨利埃特·张伯伦直到 1935 年以 72 岁的高龄去世之前,一直在金的牧场上料理家务、负责餐桌和日常的生活。④

最后,她们在艰苦的生活环境中为牧场主生儿育女,抚养后代。怀俄明的大牧场主格兰维尔·斯图尔特的印第安妻子埃伦为丈夫生了 9 个

① David Dary, *Cowboy Culture, A Saga of Five Centuries*, pp. 260 – 261.

② John Clay, *My Life on the Range*, Chicago, 1924, pp. 83 – 84.

③ 丹尼尔·布尔斯廷:《美国人:民主历程》,中国对外翻译出版公司译,北京:生活·读书·新知三联书店 1993 年版,第 15 页。

④ Lowis Atlerton. *The Cattle Kings*, p. 96.

孩子。她不仅养育自己的子女，而且在丈夫的兄弟詹姆斯·斯图尔特去世后，还抚养了他的两个孩子。① 牧场主科尔斯的妻子是在没有任何专业医生在场的情况下生第一个孩子的。在他们第二个孩子出生时，科尔斯才付得起 1 000 美元的出诊费，请一位大夫来牧场对妻子照顾一周。②在西部牧区，许多成功的牧场主正是有了他们的妻子作为贤内助，才得以克服拓荒时期的种种困难，在荒野的环境中坚持下来，并最终取得了事业的成功。

第二，大多数牧场主的妻子在丈夫的牧场经营中做出了很大贡献。

在美国西部牧区，妻子活跃于丈夫的生意中是很平常的事。在帮助丈夫取得事业的成功方面，最引人注目的是约翰·B. 肯德里克的妻子尤拉·肯德里克。他们共同由贫至富的经历，震撼着每一个崇尚个人奋斗的美国人，尤其是那些认为边疆最易获得成功而前往西部的人们。肯德里克早年是个身无分文的孤儿，他从一个牛仔变成了怀俄明的大牧场主，进而成为该州州长和美国国会的参议员。他的成功，得益于妻子的大力相助。尤拉的父亲也是一个由身无分文的孤儿发展为拥有自己牧场的成功者。父亲的经验使女儿深受影响。她年仅 17 岁与丈夫经过到芝加哥、纽约和华盛顿的蜜月旅行后，就去了怀俄明牧区定居。他们在距谢里登 50 英里处的地方经营一个牧场。那里几乎是一个与世隔绝的地方，甚至还没有正常的邮政服务。③ 在丈夫的经营中，尤拉负责为他保管牧场的账簿，掌管大部分经商往来的信件，也陪他去遥远的城市做生意。如果赶拢季节需要时，她还亲自为赶拢的牛仔们做饭。肯德里克夫妇从不放过学习的机会。尤拉向厨师学习德语、语言和科学知识。她还和孩子们一起去简陋的学校里听课。尤拉与丈夫有着共同的社会背景，具有相同的奋斗雄心，这使她与丈夫共同体验着怀俄明牧场经济与政治

① Lowis Atlerton. *The Cattle Kings*, p. 83.
② 丹尼尔·布尔斯廷：《美国人：民主历程》，第 88 页。
③ Lowis Atlerton. *The Cattle Kings*, p. 89.

生活中的艰辛与乐趣。在丈夫不断迅速扩大的政治和社会活动中，她都积极参与，并予以全力支持。

第三，牧场主的印第安妻子在接受白人文化、促进民族融合方面做出了重要的贡献。

牧场主的印第安妻子也和白人妇女一样要生儿育女，当好家庭主妇。更为可贵的是，她们为了家庭的稳定和幸福，不断改变自己多年形成的生活习惯，学习、接受白人文化。突出的例子是威特康博夫人。E. W. 威特康博在19世纪50年代到了美国西部，60年代早期，他开始在楚格沃特河上经营牧场。威特康博娶了一位苏族印第安女子为妻。后来，在经营牧场致富以后，他在夏延以外几英里处建了一座砖结构的大住宅。随着这一地区发展成聚居区，东部的文化开始传入进来。然而，威特康博的妻子仍然保持印第安人的习俗，脚穿软皮便鞋，头上和肩上披着毯子。威特康博给妻子两种选择：要么回到她部落的保留区去，为此她可以得到许多矮种马；要么留下来，但他希望她改变印第安人的装束。他妻子决定回到她的人民中去。丈夫给了她曾答应过的许多马和供应品，她便离去。然而，那天晚上在印第安人的帐篷里，她的朋友们鼓励她回到丈夫身边。次日清晨，她又回到丈夫身边，同意改变装束。威特康博在夏延的"牧场主大街"为妻子建造那所大房子时，在前院设一个圆形帐篷，以取悦妻子和她的家人。威特康博夫人成了怀俄明最体面的妇女中的一员，她按照"白人家庭主妇的标准把住宅保持得很漂亮"①。

约翰·W. 鲍尔斯的印第安妻子从1861年婚后一直保持印第安妇女的习俗，梳着辫子，在家里还说着部落的语言，但多年以后她学会了英语。鲍尔斯对她的家人一直很好，他们来拜访时，他还赠送一些礼物。他教育孩子，成功地经营着牧场，成为当地银行的行长，还担任一些公

---

① Anges W. Spring, *Cow Country Legacies*, Kansas City, 1976, pp. 18 – 19.

职。① 在这种白人与印第安人通婚的牧场主家庭里，只要妻子能逐步接受白人文化中好的东西，改变自己原有文化中落后的东西，只要丈夫在改变妻子的原有习俗时不强制实行并尊重她的一些文化传统，那么这样的家庭不仅可以保持稳定，而且牧场主的事业也能不断取得进展。这样的家庭不论住在牧场还是住在牛镇，都会受到人们的尊重。牧场主不会因娶了印第安妻子而蒙受"耻辱"。

第四，在一些白人组成的牧场主家庭中，有教养的妻子使牧场变成了文明友好交往的社会活动场所。白人妇女以好的素养在改变着自己丈夫的同时，也传播东部的优秀文化，改变着牧区封闭孤独的生活和社会风气。

亨利埃塔·张伯伦的丈夫理查德·金在成为牧场主前做过水手、船长、船主、投机商、下等旅馆和酒吧的经营者，婚前过着粗野的生活，整日从威士忌酒中寻找安慰。他们的第一次相遇是因理查德·金咒骂她家的"船屋"阻碍了他的汽船靠岸。亨利埃塔指责了他的粗野言行。她坚定的宗教信仰使金陷入了对她的迷恋。为她，他第一次参加了祈祷会，以此得以被介绍与她相识。4 年之后，当她 21 岁时嫁到了金的牧场。他们一直是忠诚的伴侣，成为"牧牛王国"婚姻稳定的典范。亨利埃塔完全遵照她父亲的道德和宗教信仰处理所有的事情。除了向朋友施舍外，他将宗教施舍金和慈善施舍金全交给妻子处理。金为妻子的家庭背景和道德标准而自豪。她对宗教的虔诚和处事的谦恭，帮助丈夫建立起了他的家庭和后代的未来。

在牧区社会交往方面，牧场主的妻子们做出了重要贡献。埃贝尔夫人和格雷戈尔·朗夫人等在这方面起着突出的作用。

"斗牛士牧场"经营者坎贝尔的妻子利齐·邦迪被人称为是一个漂亮、能干又高贵的女人。她真心喜欢到他们牧场做客的人们。"斗牛士

---

① Lowis Atlerton, *The Cattle Kings*, 1961, p. 83.

牧场"的雇工们也欣赏她的和善。在潘汉德尔拓荒时期，她与古德奈特夫人是邻居。通过 1882 年的圣诞节舞会，坎贝尔夫人打开了潘汉德尔地区的社交之门。此后，直到 1890 年她丈夫脱离了与"斗牛士牧场"业主的联系前，这一舞会形式成了该地区每年庆祝圣诞节的固定节目。坎贝尔夫人对社交和与牛仔们打交道很感兴趣，由"斗牛士牧场"扩展到与相邻牧场的交往。1882 年，"斗牛士牧场"第一次举办了圣诞节舞会，使方圆 50 英里的 6 位妇女聚到了一起，还有该地区的 50 个男人来参加。每年的圣诞舞会，坎贝尔夫人都准备 50—100 人吃 3 天的食物。① 她欢迎每个人来"斗牛士牧场"参加圣诞节舞会。这个地区的很多人都渴望这样的舞会年复一年地进行下去。坎贝尔夫人还热心于赞助宗教机构，资助那些需要帮助的人。

格雷戈尔·朗夫人虽然来自英国中产阶级家庭，但她很快就适应了牧区荒原的环境。她的到来使丈夫的牧场里诅咒声少了，养的马多了。雇工的伙食有了更多的变化，牛奶、黄油和应时的蔬菜都有。朗夫人通过示范行动，将她那高于周围环境的社会行为标准推广开来。她接待客人得体周到，使人们心甘情愿地接受她的礼数。因为在待人接物的方式上谁也比不上她。不论是牧场主还是牛仔、捕兽者或印第安人，在朗的牧场吃饭都不感到拘束。他们家的钢琴成了牧区谈话的话题。一天晚上，有 25 名牛仔来到她家，请她女儿弹琴演唱。晚会临结束前，所有来客都加入进来，一齐歌唱。②

一些成功牧场主的妻子因为有仆人照看城里的家，便有充裕时间参与包括艺术课、读书，特别是音乐等社会和文化活动。拓荒时期小提琴在整个牧区非常流行。随着牧场主致富和东部文化的传入，包括钢琴和管风琴在内的更先进的乐器也在牧区逐渐流行起来。怀俄明的第一架钢琴是 1864 年由公牛队从密苏里州穿越平原运进的。它的主人是早期的

---

① Lowis Atlerton, *The Cattle Kings*, pp. 97 – 98.

② Lowis Atlerton, *The Cattle Kings*, p. 182.

牧场主比尔卡特。19世纪70年代晚期，许多钢琴出现在其他牧屋。莫尔顿·弗莱温建造的牧屋是北部平原最精美的牧屋之一。1879年，在他前往纽约市与克拉克·杰罗姆小姐结婚前的两年，一架钢琴被运进了牧屋。他的牧场位于现今怀俄明州凯西以东鲍尔河的中支流处。这架钢琴先由火车从东部运到距他的牧场还有两百余英里的罗克克里克车站，从那里再由马车运到他建在河流转弯处高地上由36间房子构成的牧屋中①。在客厅中，钢琴与书相配形成另一种文化格调。

毫无疑问，美国东部文化对西部白手起家的牧场主及其家庭产生了重要影响，尤其是在大平原北部牧区表现得更为明显。然而，它从未真正使西部社会的风味消失，也未完全改变旧时的牧场主。大多数白手起家的牧场主似乎从东部文化中吸取了他们所需要的东西，而抛弃了其他与西部不相适的东西。在这一方面，他们的妻子发挥了重要作用。

三、疾恶如仇的牛镇妇女

随着以长途驱赶为特点的牛贸易的发展，西部牧区在铁路沿线兴起了一些牛镇。妇女也在牛镇出现。牛镇的妇女有常居的良家妇女，也有从各地涌来的妓女。

最初，牛镇是作为集散和装运牛群的牛市出现的。来往于牛镇的主要是牧场主、赶牛人、牛仔和买主等。随着牛贸易带来的牛镇繁荣，一些农民和诸如医生、律师、牧师和教师等也到牛镇定居。一些大牧场主还把家搬到了牛镇。著名的牛镇夏延城的弗格森大街就是一些大牧场主的聚居区，素有"牧场主大街"之称。这些人是牛镇的常住居民，通常他们住在较寂静的地方，远离喧嚣的牛市区。每个牛镇的常住居民大约有几百人。

在牛镇兴起时，一些投机商、赌徒、恶棍和妓女等社会另类也被吸

---

① David Dary, *Cowboy Culture*, *A Saga of Five Centuries*, p.261.

引到那里。他们带来犯罪、邪恶，败坏着牛镇的社会风气。

常住居民中的妇女对牛镇社会风气的净化产生了重要影响。

普通牛镇居民的妻子都是贤妻良母，她们饱经大平原的日晒风吹之苦，艰苦的劳作和过多地生儿育女导致了她们的过早衰老。当她们看到欢乐被邪恶者所垄断时，多日都难以扫除心中的痛苦。她们呼唤新的、良好的社会秩序，使通常的社会价值观念受到尊重。在牛镇建立新秩序的拥护者中，"居民的勤勉妻子们是重要的力量"[1]。

首先，她们使自己的丈夫抵御了酒的诱惑。在内战后的美国西部开拓中，饮酒逐步由一种消遣时尚变成危害社会治安和人民生活的危险因素。因为醉酒和酗酒常常导致毁坏财产、偷盗和抢劫等社会恶习的蔓延。酒精麻醉被视为城镇道德沦丧的表现之一。美国西部牛镇有很多酒吧，卖着大量的劣质威士忌。堪萨斯的阿比林是西部牧区建立最早的牛镇，到1871年牛贸易的高峰期，居民约为一千人。[2] 然而，在赶牛季节，每天进入阿比林的牛仔都有三四百人。[3] 在阿比林的得克萨斯街竟开设了10家酒吧[4]，吸引着大量的牛仔，酒后的争吵、打斗和粗暴行为时有发生。阿比林的男居民都避开了得克萨斯街的诱惑。究其原因，除他们口袋里没钱和家住在窝棚里之外，更重要的是他们想着"妻子在辛勤地工作着"[5]。

其次，在"公牛头酒吧"有辱妇女的宣传画事件中，妇女促使居民与该酒吧老板进行斗争并取得胜利。"公牛头酒吧"由两个得克萨斯人经营，该酒吧在阿比林很有影响。店主为了招揽生意，在酒吧外墙上画满了公牛。有一头雄公牛如同家畜杂志封面上那样画在墙上，呈配牛

① Robert E. Riegel, Robert G. Athearn, *America Moves West*, New York, 1971, p. 478.
② John W. Reps, *Cities of American West*, Princeton, 1979, p. 54.
③ Laurence I. Seidman, *Once in the Saddle: The Cowboy's Frontiers*, 1866 – 1896, New York, 1973, p. 87.
④ David Dary, *Cowboy Culture*, A Saga of Five Centuries, p. 211.
⑤ David Dary, *Cowboy Culture*, A Saga of Five Centuries, p. 211.

状。在自然界中，牛当人的面确实有此行为，人们眼见也不足为怪。然而，把牛的这种自然状况画在墙上，却引起居民的震惊，特别是激起妇女的强烈不满。她们把它与不道德、下流和憎恶联系在一起，认为"这是对镇上所有妇女的一种侮辱，是儿童眼中的可耻行为"①。居民们要求店主抹掉这幅有损道德尊严的画，店主拒不接受，得克萨斯牛仔也对镇民的抗议抱讥笑的态度。双方的对立越来越尖锐。两周后，在激烈争论有可能引发暴力冲突的情况下，店主才不得不把公牛画像涂掉。这一胜利是在全镇良家妇女的强烈抗争下取得的。

再次，妇女们希望创造一个有利于儿童成长的良好社会环境。在阿比林，孩子们能够看到得克萨斯街上可耻的人——赌徒、醉鬼和妓女等。尽管他们的家长教育他们信仰上帝，要过一种正确的生活，然而，这些孩子却看到得克萨斯街上的男男女女穿着时髦的衣服，大手大脚地花钱，似乎每个人天天都在尽情享受。这些很容易对儿童产生诱惑。特别是1869年秋季，得克萨斯街附近的学校开学后，很多孩子在上学往返的路上都要穿越这条街道。②阿比林的妇女不愿孩子们受到得克萨斯街不良社会风气的影响。作为母亲，她们希望自己的孩子有很好的成长环境，远离粗野和无法无天的地方，免受恶习的污染。在居民的强烈要求下，阿比林政府不允许酒后的牛仔在学校附近逗留。③阿比林等牛镇居民的妻子们，以她们优良的品德呼唤一种良好的社会秩序和风气。由于牛镇常住居民的努力，一些牛镇都加强了市政管理和治安措施。

最后，牛镇妇女强烈地反对妓女四处游荡，她们促使政府采取了一些限制和惩罚妓女的措施。一些妓女来到新建的牛镇，带来了卖淫嫖娼的社会丑恶行为，牛镇的居民对此极为不满。良家妇女害怕这种丑恶现

---

① Stuart Henry, *Conquering Our Great American Plains*：*A Historical Development*，New York，1930，pp. 82－85.

② David Dary, *Cowboy Culture*, *A Saga of Five Centuries*, p. 212.

③ William H. Forbis, *The Cowboys*, Alexandria, 1977, p. 202.

象的蔓延败坏社会的风气，不利于她们的孩子健康成长，她们鄙视妓女，希望政府采取措施加以限制。各地的报纸也以最难听的名字称呼妓女，诸如"脏鸽子""放荡的女人""坏名声的女人"和"夜召女郎"等，由此可见牛镇居民对妓女厌恶和鄙夷的程度。牛镇妇女的强烈不满促使地方政府进行干预。在第一个典型的牛镇阿比林，政府限制妓女到酒吧活动，把她们集中到"红灯区"，市长麦科伊曾下令把妓女赶出阿比林。堪萨斯州规定：卖淫是犯罪行为，要处以 1 000 美元罚款和 6 个月的监禁。①

牛镇是美国西部牧区的经济和政治中心。牛贸易的繁荣在促成牛镇经济迅速发展的同时，也带来了犯罪和不道德行为。牛镇居民，特别是妇女，强烈要求市政府加强城市管理和治安措施。阿比林率先进行了市政改革，其他牛镇也随之进行。1870 年，阿比林制定了控制牛仔不法活动的《市民条例》，② 雇用了第一任警察局长巡逻逮捕罪犯和保卫该镇安全，威士忌和手枪都属于被控制范围，政府限制老鸨和妓女的活动区域。在得克萨斯街上酒吧的对面，政府还用石头修了第一座监狱，用来关押罪犯。③

可见，牛镇的良家妇女不仅是社会新秩序的坚定拥护者，而且在促进牛镇以法治理、建立良好的社会秩序和净化社会空气方面，发挥了积极而重要的作用。

四、牧区妇女多贡献的原因

与农区、矿区和皮货贸易地区的妇女相比，牧区妇女的贡献更全面、更突出。原因何在呢？

---

① Joseph W. Snell, *Painted Indies of the Cowtown Frontiers*, Kansas City, 1965, p. 97.

② Howard R. Lamar, *The Readers' Encyclopedia of the American West*, New York, 1977, p. 184.

③ Laurence I. Seidman, *Once in the Saddle: The Cowboy's Frontiers*, 1866 – 1896, pp. 96 – 97.

第一，"牧畜王国"的兴起是大平原开发的第一步，牧区妇女比后来的农区妇女更早经受了艰苦环境的考验和创业的艰辛。

内战后的大平原基本尚属未开发地区。大平原到处是一望无际的草原，偶尔在弯曲的河畔才能见到一些稀疏的树木，牧场没有林带遮盖。草原夏季烈日炎炎，冬天寒风凛冽，北部牧区更是暴风雪肆虐。人畜饮用的水源只能在河中找到。到枯水季节，河中不是剩下很少的泥汤就是断流。大平原的雨水总是不足。因为人畜用水的不洁和缺乏，所以才有牧场女主人洗过的衣服上留下黑渍的无奈。

在拓荒农场主止步大平原东部边缘时，牧场主首先占据了大平原。牧牛边疆的走向大体是由南向北。内战以后，大平原的牧牛业从它的"摇篮"得克萨斯南部的菱形地区向北扩展到该州的全境。19世纪60年代末，牧区又向北扩展到堪萨斯、内布拉斯加。70年代初牧场进入达科他、怀俄明和蒙大拿。80年代初牧牛边疆从得克萨斯西部干旱地区推进到亚利桑那和新墨西哥。最后，牧场主又把印第安人的保留区俄克拉何马变成了他们的最后边疆。①

在拓荒农场主还无法进入大平原并且探矿者还在落基山寻找金矿时，牧场主率先进入了大平原。在10余年的时间里，这片未开垦的辽阔荒野变成了"牧牛王国"的领地。然而，直到19世纪70年代前，从密苏里河至落基山之间辽阔的大平原地区仍然是农场主无法逾越的障碍。农场主的妻女也只能在大平原的东部边疆等待。大平原自然条件恶劣，先到的牧区妇女要想在那里立足，必须克服生态环境的诸多不利因素。

1873年的经济危机使古德奈特在科罗拉多经营的牧场破了产。次年，他决定到得克萨斯潘汉德尔地区中部的帕洛杜罗峡谷建立一个新牧场。古德奈特夫妇与投资者英国人约翰·阿代尔夫妇在抵达目的地的当

---

① Edward E. Dale, "The Range Man's Last Frontier", *Mississippi Valley Historical Review*, 1923, No. 10, p. 46.

天，就经历了一个可怕的暴风雨之夜。两位夫人体验了什么是真正的恐怖：倾盆大雨使河水暴涨横溢，到处闪电雷鸣，无数闪电映在马车的薄板上，炸群的野牛在暴风雨中疯狂地奔窜。几天后，在帕洛托罗峡谷"JA 牧场"方圆数英里之内，只剩下古德奈特夫人一个妇女。①

　　在美国西部牧区，即使是兴旺发达的大牧场主之家，也不能避免孤独之感。古德奈特夫人在一个距她家 80 英里的另一个牧场主的妻子到来之前，有半年时间没有见到其他女人。只有风和孤独困扰着她。一个牛仔给她带来了 3 只小鸡，它们很快就学会了跟着她跑，她也可以在孤独时与小鸡说话。② 得克萨斯的"马刺牧场"被认为四周都有邻居，但离它最近的邻居是位于它北面 35 英里处的"斗牛士牧场"。在"牧牛王国"里，"邻居"这词的含义就是几十英里。在"马刺牧场"所在的牧区，有 4 个大牧场，除"马刺""斗牛士"外，还有"利亚诺土地和牧牛公司"及"肯德里克土地和牧牛公司"，该牧区还有一些小牧场和其他定居者。虽然按照合作协议四大牧场控制着牧区，分享社区利益，但它们的主人也感到十分孤独。他们渴望招待外来的客人，有时甚至写信催促友人在狩猎季节来牧场访问。③ 富裕的牧场主为了减轻家人的孤独感，在小城镇安了家；也有些牧场主抽暇携家人外出旅游，以减轻牧区生活的孤独寂寞。然而，这些还不能从根本上解决牧场与牧场之间彼此孤立、隔绝的状态，也难以促进牧区的相互交往。牧场远离城镇，牧区妇女难以得到她们的生活必需品，这种与世隔绝的社会生态环境必须靠她们的努力去改善。她们在险恶的自然条件中战胜无数困难，从而为西部的开发做出了突出的贡献。

　　第二，婚姻和家庭的稳定是牧区妇女贡献多的重要原因之一。

　　与皮货商和矿主相比，在"牧牛王国"中，婚姻表现出高稳定性。

---

　　① 　Lowis Atlerton, *The Cattle Kings*, p. 86.

　　② 　Lowis Atlerton, *The Cattle Kings*, p. 86.

　　③ 　Lowis Atlerton, *The Cattle Kings*, p. 92.

在皮货贸易地区，皮货商家庭中很少有白人妇女的妻子。北美的皮货贸易在殖民地时期就已经开始，法国、英国等欧洲的皮货商那时就对与印第安妇女结婚很有热情，后来的皮货商也显示出与印第安人后裔女性成婚的兴趣，特别是乐意娶印白混血的妇女为妻。

皮货商以印第安妇女为妻是多种原因造成的。首先，在皮货贸易活跃时期，几乎没有白人女子到达美国西部，密西西比河以西基本上是印第安人居住的地区，长期活动在印第安人区域中的皮货商，只能以印第安女子为妻。其次，如果皮货商不找一个印第安妇女为妻，就难以开展皮货贸易活动。按照印第安部落的规定，皮货商如果不找他们的一个女子为妻，他们就不同他进行皮货交易，他也必须离开该部落的控制区。① 皮货商在印第安部落中收购皮货，要在不同的部落和不同的地区活动，他必须有一个贸易关系网，这种关系网通常是由与皮货商娶的印第安妻子有家庭和血缘关系的很多人织成的。许多印第安部落鼓励皮货商与其妇女的婚姻，以此作为加强两者之间社会和经济联系的纽带，把皮货商拉入部落的家庭圈。通过婚姻的形式，印第安妇女成为皮货商的性伴侣并给他提供各种家庭服务，她所属的部落可以巩固其自由通过贸易站和给皮货商供职的贸易公司提供货物及各种供应品的特权。②

印第安妇女同皮货商的婚姻不同于与牧场主的婚姻。印第安妇女与牧场主结婚以后，要离开原来的部落，随丈夫去从事固定牧场的经营。而皮货商则四处流动，印第安妇女与其结婚后不能随其去涉溪流，闯山林，她要留在原来的部落里，参加很多部落的活动。更为重要的是，作为部落酋长或是印第安女子的父母不是通过与皮货商的婚姻把女儿远嫁出去，而是希望这种婚姻纽带能把皮货商纳入其家族血缘体系，扩大与

---

① Bruce M. White, "The Woman Who Married a Beaver: Trade Patterns and Gender Roles in the Ojibwa Fur Trade", *Ethnohistory*, 1999, No. 46, p. 129.

② Sylvia Van Kirk, "The Role of Native Women in the FurTrade Society of Western Canada 1670 – 1830", *Frontiers: A Journal of Women Studies*, 1984, 7 (3), p. 9.

欧洲人、美国人的皮货贸易，为本部落服务，因此，印第安妇女成为皮货商妻子之后担当着双重的角色：她既要为其本族和本部落效力，又要为丈夫的生意提供帮助。

皮货商与印第安妇女的婚姻是松散和不稳定的。首先，印第安妇女只是被动地接受这种婚姻安排。在这种婚姻的利益安排中，只有皮货商和土著妇女的父母参与，印第安妇女同在皮货贸易中的毛皮、食物和商品交换一样，只是被动的被选物品。这种妻子，实际上是皮货商的"雇佣之妻"①。其次，有的皮货商并不是只与一个印第安妇女"结婚"。皮货商们无论以土著印第安妇女为妻，还是同印欧混血的女子成婚，其婚姻都不稳定。这不只是因为皮货贸易带有很大的流动性，而是因为这种婚姻是经济利益的结合，是一种商业合同。男女双方的婚姻家庭关系是松散的。特别是到 19 世纪 40 年代以后，海狸因大量捕杀而濒临灭绝，很多皮货商的婚姻、家庭破裂，遗留下了许多财产分割和子女抚养的难题。

在美国西部采矿区，婚姻和家庭同样是不稳定的。在 1849—1878 年的"淘金热"浅层采矿阶段，采矿者从加利福尼亚到内华达，再至南达科他，具有很大的流动性。职业的流动性，决定了婚姻和家庭的不稳定性。在采矿营地和矿业城镇，矿主找白人女子为妻，矿工则多与妓女交往。

矿区是男人的世界，妇女极少，她们显得格外珍贵。加利福尼亚是非常典型的例证。在 1847 年，圣弗朗西斯科有人口 459 人，其中女性为 138 人。但在"淘金热"的冲击下，1849 年有 6.5 万男人被吸引而来，而前来的妇女只有 2 500 人。甚至到了 1880 年，到该城镇的男女移民比例仍为 3∶1。这就意味着在当地出生的人成长起来改善男女比例失衡以前，将有很多男人不能结婚。在其他矿业城镇，如西雅图、丹

---

① Bruce M. White, "The Woman Who Married a Beaver: Trade Patterns and Gender Roles in the Ojibwa Fur Trade", p. 130.

佛、莱德维尔等地，也少有女性。① 因此，短期内云集西部矿区的下层普通矿工很难有在那里成家的机会，妓女是他们主要交往的对象。到矿业边疆的女性很少，愿意下嫁工头以下的女子更少。对大多处于矿区社会底层的普通矿工来说，他们只能去找妓女做异性伙伴。有一首非常流行的淘金热歌唱道："49 年先到的矿工，招来了 51 年纷至的妓女，当他们结合在一起时，有了当地出生的儿子。"② 在 1850 年，加利福尼亚的妓女占女性的 20%。③ 在丹佛等矿业城镇都建有"红灯区"。④ 妓女除在妓院接客外，有的还出没于酒吧、赌场和剧院等场所，寻觅性交易的伙伴，充当求偶者的"一夜之妻"。也有的妓女应召到男人家中充当"临时妻子"。在美国西部矿业城镇男性与妓女的交往中，充斥着赤裸裸的金钱交易、互相倾轧和暴力犯罪。

总之，矿区的婚姻和家庭远没有农区和牧区的家庭稳定。矿业大王以巨额财富把他所喜欢的女性当作隶属物来拥有，其妻子连皮货商之妻那种经营伙伴的地位都没有。大量矿工与妓女的交往只不过是一种金钱与性需求的交易，不可能建立稳固的家庭。虽然跻身矿业城镇和采矿营地服务业的妇女做了很多工作，她们也力图在矿区这个原始的男人占主导地位的世界中建立美国传统的社会和文化价值观念，但在矿区这个追求一夜暴富的实利主义环境中，她们对社区生活的影响和改造效果甚微，远远比不上农区和牧区妇女所起的作用。

美国西部的牧场主与皮货商和采矿者不同，他们有稳定的婚姻和家庭。到 19 世纪 70 年代，大多数得克萨斯牧场主都结了婚。大平原上其他牧区的独身牧场主很少。因为牧场主的背景情况千差万别，所以他们的婚姻和家庭组成也呈现出明显的不同特点。牧场女主人的出身背景、

① Howard R. Lamar, *The Readers' Encyclopedia of the American West*, p. 973.

② John Boessenecker, *Gold Dust and Gunsmoke: Tales of Gold Rush Outlaws, Gun fighters, Lawmen and Vigilantes*, New York, 1999, p. 134.

③ *Encyclopedia America*, Vol. 13, Danbury, 1997, p. 366.

④ Howard R. Lamar, *The Readers' Encyclopedia of the American West*, p. 973.

受教育程度、宗教信仰、职业、种族和国籍也各有很大差异。尽管如此，牧场主的婚姻和家庭有一个突出的共同特点，那就是它的稳定性。

有些牧场主在投身西部牧牛业前已经成婚。得克萨斯大牧场主丹·瓦格纳于 1850 年携妻子在怀斯县沿登顿河初建牧场时，只带去了 242 头长角牛。到 1895 年，他成了富翁，拥有 4.5 万头牛，2 500 匹马。1904 年瓦格纳去世时，其牧场覆盖了 100 多万英亩的土地。[①] 这是他们夫妻多年辛勤经营的结果。大多数到美国西部经营牧牛业的欧洲人也都带去了他们的妻子。有些牧场主是在经营牧场多年后才建立家庭的。查尔斯·古德奈特在 1870 年回肯塔基娶他的第一位妻子之前已经在科罗拉多建立了一个牧场。是年，古德奈特 34 岁，他的妻子 31 岁。[②] 外国出生的牧场主在"牧牛王国"早期的发展中多保持独身，他们倾向于在事业成功时回国娶妻。康拉德·科尔斯是蒙大拿的一个牧场主兼商人，他于 1835 年出生于德国的一个中产阶级家庭。因为讨厌继父，科尔斯在 15 岁时离家，在一艘从南美跑非洲的轮船上当服务员。1854 年，他家的大部分人移居美国。科尔斯去加利福尼亚淘过金，也投身于其他矿业开发，后来做了肉类批发和零售商，拥有了自己的牧场。此后，他去欧洲娶了儿时就认识的奥古斯塔·克鲁泽为妻。[③]

美国西部牧场主的妻子不仅有白人妇女，而且有印第安人妇女，特别是印第安人妇女在早期牧场主的婚姻中还占了相当大的比例。因为早期的牧场主娶妻不易，所以他们娶印第安妇女就不足为奇。蒙大拿的牧场主詹姆斯·斯图尔特和格兰维尔·斯图尔特都娶了印第安女子为妻。科罗拉多牧场主约翰·W. 鲍尔斯的妻子是印第安人夏延部落酋长的女儿阿玛彻·奥切尼。[④] 早期牧场主与印第安女子的婚姻经受了严峻的考

---

① David Dary, *Cowboy Culture, A Saga of Five Centuries*, p. 252.

② Lowis Atlerton, *The Cattle Kings*, p. 91.

③ Lowis Atlerton, *The Cattle Kings*, p. 83.

④ David Dary, *Cowboy Culture, A Saga of Five Centuries*, p. 272.

验，因为他们之中的少数人做这种结合只是为了饮食、居住方面的舒适和方便。当东部文明传入西部牧区时，这些人赚了钱或取得一定成就后，往往害怕他们的生意和社会地位受到影响而结束婚姻。然而，大多数娶了印第安女子为妻的牧场主是忠实的，并不考虑后果。像斯图尔特兄弟和鲍尔斯等，不论环境发生多大变化，都以忠诚于家庭为荣。牧业边疆不同种族的通婚没有陷入皮货贸易地区夫妇之间令人头痛的危机或孩子归属问题那么多的麻烦。为什么大多数牧场主与印第安妇女的婚姻比较稳定？一是他们想在赚钱的地区留下来，相信在这种环境中只会孕育着这种通婚；二是由于牧区生活的规范化减轻了对那些不愿抛弃印第安妻子的牧场主的压力，如怀俄明早期的牧场主 E. W. 怀特康博为他混血的妻子和孩子在夏延的"牧场主大街"安了一个家，他们在当地受到尊重。① 更重要的一点是，在一些牧场主创业的过程中，他们的印第安妻子也做出了重要的贡献。

　　牧场主们的妻子来自各种不同背景和家庭。牧场主格雷戈尔·朗的妻子离开了富裕的英国中产阶级的家庭和朋友，在美国西部牧区生活了40 年。牧牛大王爱德华·斯旺与凯瑟琳·安·贝尔斯成婚时，他岳父给女儿的礼服只是一双手工缝制的棒球鞋和一身花布衣服。斯旺认为这样的礼服与她的新娘不太相称，只得为她去商店买了一套结婚礼服，但婚礼还是在她父亲的小屋中由县治安官主持进行的。怀俄明的大牧场主、后来当了州长和参议员的约翰·B. 肯德里克娶的是牧场主尤拉·伍尔芬的女儿。得克萨斯大牧场主理查德·金的妻子亨利埃塔·张伯伦出身于一个宗教家庭。她的父亲是牧师，一个长老派的传教士，毕业于米德尔保学院、普林斯顿和安多佛神学院，因为被灌输了强烈的宗教责任，他离开家乡佛蒙特到西部边疆传播福音。出生在这样的家庭中，亨利埃塔在密西西比州的霍利斯普林斯女子学院过了两年无忧无虑的学习

---

① Lowis Atlerton, *The Cattle Kings*, p. 83.

生活。她17岁时成了其父教学中唱诗班的成员，4年后成了与她没有共同兴趣、粗鲁、喜欢喧闹生活和"玫瑰伙伴"威士忌的金的夫人。①

　　一些牧场主的妻子在成婚之前已是独立的职业妇女，从事着各种不同的工作。得克萨斯牧场主卢克·布斯特的妻子艾迪·安德森是一位来自密苏里州的女教师。J. P. 怀特娶了新墨西哥州利特菲尔德的罗斯维尔·卢·明托森小姐，罗斯维尔婚前曾在一家商业公司任职。约翰·W. 艾利夫的妻子伊丽莎白·萨拉弗雷泽来自芝加哥，曾住在加拿大，后来在丹佛开了一家专营"鸣禽缝纫机"的零售店。

　　牧业经济和农业经济一样，是一种家庭企业。对于那些找到妻子的西部牧场主来说，他们是幸福的，而稳定的婚姻和家庭是他们事业成功的根本保证。不论牧场主夫人的社会背景、受教育程度、宗教信仰和婚前经历多么不同，但一旦成为牧场主的妻子之后，她们都能与丈夫同甘共苦、艰苦创业，成为家庭和丈夫事业的重要支柱。家庭是社会的基本单位。由于在皮货贸易地区和采矿区婚姻的不稳定性，家庭在社会生活中未能充分发挥重要的作用。由于牧场主婚姻的稳定，他们的家庭像在农垦区一样，成为牧区社会的基本单位，家庭生活成了牧场主社会和经济活动的中心。牧场主要在"牧牛王国"长期待下去，需要稳定的家庭。在这种家庭中，牧场主的妻子扮演着重要的角色，并发挥着重大的作用。

　　第三，进入牧区的妇女能否做出贡献，取决于她能否努力适应牧区环境，能否面对困难、危险和创业的艰辛。在早期的牧场主中，除有人与印第安女子组成家庭外，有些人娶白人女子为妻。通常，他们的妻子来自与他们相同的社会阶层。这是"牧牛王国"婚姻稳定的一个重要因素。这种白人家庭的组成，或是在牧场主决定投身大平原牧牛业时携妻子同行，或是牧场主只身前往，有了立足之地后再回原来的家乡找一

---

　　① Lowis Atlerton, *The Cattle Kings*, p. 91.

个儿时的熟人。西部牧牛业发展多年之后，在牧区找妻子渐渐变得容易
了。新娘们通过直接经历或耳闻得知牧业边疆的情况，愿意与她们的丈
夫共同面对困难和危险。牧场主的妻子至少要学会适应牧区的环境和生
活，这一点非常重要，像斯旺夫妇等大量这类婚姻就是最好的证明。除
了那些仍沉浸于战前种植园传统的南方人外，无论是白人还是印第安
人，大多数牧场主都愿意娶之为妻，他们的条件是只要她们具有独立
性，能自己照顾好自己。古德奈特夫人是一个很好的榜样。古德奈特是
在得克萨斯与她一见钟情的，随后几年他便展开了求爱攻势。她见科罗
拉多的牧场生活很具刺激性，能满足她冒险的欲望，便做了古德奈特夫
人。① 正是有了不畏艰险和与丈夫共同创业的决心，古德奈特夫人在丈
夫位于科罗拉多境内经营的牧场破产后，随同丈夫到艰苦的潘汉德尔地
区中部重新创业，建立新的牧场。虽然新牧场所在的帕洛杜罗峡谷是荒
野之地，条件艰苦，但她坚持了下来。尽管在半年多的时间里，那里只
有她一个妇女，但为了成就丈夫的事业，她甘耐孤独和寂寞。②

　　与上面所论述的那些成功例证相反的是"马刺牧场"经理洛马克
斯夫人的离去。她长得高大、苗条，为人随和，说话轻柔，办事漂亮。
她既有良好的教养，又周游过许多地方。这一切使周围的许多人都感到
相形见绌。然而，洛马克斯夫人不喜欢孤独、贫穷的牧场生活。她在
"马刺牧场"只待了很短的一段时间就无法忍受，而搬回沃思堡去住。
因此，"马刺牧场"的雇工就不如"斗牛士牧场"的雇工那样幸运，他
们不能指望从雇主那里得到一点参与正式社交活动的乐趣。韦德夫人是
另一个失败者。在与他人的交往中，韦德和他的东部妻子因为把他们自
己的举止准则强加于人而激怒别人，因此他得了"迪王"（D. King 的
绰号。韦德夫人是个很有才艺的女人，她总想让牧区社会上层的人们尊
重她的习惯、礼仪，甚至在邀请不同背景的客人时也是如此。一次，牧

---

① Lowis Atlerton, *The Cattle Kings*, p. 91.

② Lowis Atlerton, *The Cattle Kings*, p. 86.

场主格雷戈尔·朗、西奥多·罗斯福和其他一些人在她家共进晚餐，她批评罗斯福穿衬衣用餐不合体统，硬是拿出她丈夫的一件上衣让他穿上。罗斯福穿着不合适的上衣吃饭，感觉很不舒服。虽然罗斯福的牧场离韦德的牧场仅有 4 英里，但后来他很少与他们往来。[1] 韦德夫妇发现西部不是他们所喜欢的地方，便离开了牧区。阿代尔夫妇随同古德奈特夫妇经历了抵达帕洛杜罗峡谷当天的暴风雨之夜，体验了什么是真正的恐怖。之后，阿代尔夫妇离开了牧场，返回了文明之地。[2]

因为在牧场上的雇工大多是未婚的男子，所以牧场女主人们决定着牧区有组织社交活动的范围和方式。这种活动是否开展得起来、是否成功，这在很大程度上取决于牧场女主人的性格和兴趣爱好。从上面论述的成功者和失败者的例子中，我们可以看出，妇女要在西部牧区社会生活和传播文明方面有所作为，必须热爱开拓荒野的艰苦生活，并克服一切困难坚持下来；她们必须以平易近人的方式影响和感染周围的人们。这样，她们就能赢得人们的尊重，形成以她们为中心的社区社会交往活动的氛围。反之，厌恶荒原牧场生活、待人接物居高临下和把个人的意愿强加于人的女性，很难在牧区社会立足，也就谈不上有所作为了。

（原载《史学月刊》2008 年第 5 期）

---

[1] Lowis Atlerton, *The Cattle Kings*, 1961, p. 82.

[2] Lowis Atlerton, *The Cattle Kings*, p. 86.

野牛的灭绝与大平原印第安人的命运

美国内战结束时，其西部的大平原仍是数百万乃至千余万头野牛栖息和漫游的场所。那片辽阔的土地亦是很多印第安人部落游猎和生活的家园。随着战后西部开拓新高潮的兴起，大量白人拓居者涌入大平原地区。伴随大平原开发的是白人拓居者对野牛的大屠杀和对印第安人的残暴与不义之举。其后果是导致野牛群的灭绝和置印第安人于种族生存的严重危机之中。

一、野牛的灭绝

美国西部大平原的一些特有动物，多数被东部移居者叫错了名字。[①] 之所以产生这样的错误，完全是由于东部美国人对西部大平原缺乏真正了解造成的。本文论及的野牛便是典型的一例。"野牛"（Buffalo）实属"駮犎"（Bison）的误称。初次见到"駮犎"的东部人见其形状既相似又有别于他们饲养的"牛"（Cattle），故将其称之为"野牛"。将"駮犎"误称"野牛"造成的影响已很深，流传已很广，故我们在大量的英文美国西部史论著中多见的是"Buffalo"而非"Bison"。因此，我们在下文也只能用"野牛"而不用"駮犎"。

---

① Walter P. Webb, *The Great Plains*, Waltham, Massachusetts, Toronto, London, 1959, pp. 41 – 42.

野牛是一种最重要的大平原动物。它浑身长满粗毛，有像骆驼一样的隆峰、狮子般的毛发。[①] 一头雄性野牛站立时高 5 英尺 6 英寸至 6 英尺，体长为 9 英尺，体重为 2 000—2 800 磅。雌性公牛稍小一些。野牛的寿命为 20 年。[②] 野牛的活动具有一些明显的特点。其一是它的群体性。大平原上的野牛群包括数千个小的牛群。一个典型的小牛群由一头相当于"家长"的老公牛和能聚集在一起的尽可能多的母牛、成年公牛和多种年龄不等的幼牛组成，并保持着稳定性。其二是野牛集体对付敌害。遇有凶险时，大野牛群列队保护自己，对付像美洲狮、狼和熊等食肉动物的侵害，因为这些野兽总是在野牛群周围捕捉走散的小牛和小牛群中虚弱无力的野牛。小牛群一旦受到其他动物的袭击，野牛便立即形成一个公牛在外的保护圈，把母牛和小牛围在里面。其三是野牛定期南北迁徙。因寻找食物、水或躲藏夏天的酷热，野牛群有场所和季节性的转移。在大平原地区，野牛群每年都进行南北迁移。基于上述特点，野牛群不论大小，都需要是一个永久性的稳定群体。

野牛原先的活动范围并不限于大平原。威廉·伯德上校的随员在 1729 年勘查北卡罗来纳和弗吉尼亚的边界时，就发现了野牛。但东部森林地区野牛的数量很少，不足以对当地居民和欧洲新移民产生任何影响。到 1850 年，野牛在西经 95 度以东地区几乎已经消失。[③] 在该线以西，野牛的数量多得不可胜数。在密西西比河以东的野牛只是从野牛群中走散出来的。大量的野牛群的活动范围在密西西比河至落基山脉、格兰德河到大湖区之间的辽阔西部地区。野牛的真正家园是大平原。那里的自然生态环境适于它们繁衍生息，于是其数量不断增加。在白人开始到达之前，大平原上的野牛有 1 500 万—5 000 万头[④]。美国内战结束

---

① Mari Sandoz, *The Buffalo Hunters*, Lincoln, London, 1954, p. vii.

② *Encyclopedia Americana*, International Ed., Vol. IV, Daubury, 1997, p. 18.

③ Walter P. Webb, *The Great Plains*, p. 43.

④ LeRoy R. Hafen, et al., *Western America*, Third Ed., Englewood Cliffs, N. J., 1970, p. 425.

后，仍有 1 200 万—1 300 万头野牛漫游在大平原上①，最保守的估计也可达 400 万头②。

在 19 世纪 60 年代，大平原上南北移动的野牛群仍然非常稠密。东西行进的旅行者，往东部市场驱赶长角牛的牛仔，甚至修建第一条横贯大陆铁路的员工，遇到野牛群经过时，都不得不停下来，让眼前浩浩荡荡的野牛群跑过。随着联合太平洋铁路的修建，巨大的野牛群被分割成南、北两部分。这是破坏大平原野牛和印第安人之间生态平衡的第一个严重的信号，也是对野牛实行野蛮大屠杀的开始。南部和北部的野牛群都遭到了铁路勘探队、筑路员工、矿工、职业猎人和冒险家的捕捉和杀害。

在破坏大平原生态平衡、实施对野牛的大屠杀中，铁路公司负有不可推卸的罪责。在筑路期间，铁路公司对野牛的杀害主要是为了取肉。各铁路公司雇用专门的射手组成打猎队以保证筑路员工的野牛肉供应。联合太平洋铁路推进到堪萨斯境内后，其西部终点是野牛故乡的中心。因为 1 200 人的筑路员工难以得到鲜肉，铁路公司便雇用专门的猎人捕杀野牛。以绰号"野牛比尔"著称的威廉·科迪凭其猎杀野牛的成功经历被古德尔德兄弟雇作猎手。他们每天大约提供 12 头野牛的 24 个腿臂和 12 个隆峰肉。他的职责是随一辆有灯的货车沿铁道行进 5—10 英里，以便从被击毙的野牛身上取肉并运回筑路工地③。

联合太平洋铁路通车后，为了保证火车的行驶安全，铁路公司雇用一批专职猎人枪杀野牛。1867 年春天，一列行驶在哈克至海斯间的火

---

① 关于内战后大平原的野牛数量，一些著作提供的数字不尽一致。雷·A. 比林顿在《向西部扩张——美国边疆史》第 579 页提供的数字是 1 300 万头；沃尔特·R. 韦布在《大平原》第 44 页举出的数字为 1 200 万头；J. 弗兰克·多比在《长角牛》第 xxii 页给出的数字是 1 000 万头之多。后两位作者的数字来源均出自威廉·T. 霍纳迪博士（Dr. Wiliam T. Hornaday）的估计，故此处采用了 1 200 万—1 300 万头。

② Walter P. Webb, *The Great Plains*, p. 44.

③ Laurence I. Seidman, *Once in the Saddle：The Cowboy's Frontier, 1866 – 1896*, New York, 1973, p. 108.

车，因遇到一个巨大的牛群像一股持续不断的流水般地通过而被耽搁了8个小时。1868年秋，一列火车从埃尔斯沃思到谢里登行走了120英里，通过这个不断有野牛群吃草的地段，牛密得使火车司机不得不停车好几次。在每次停车笛声响和机车一阵阵冒烟时，野牛群刚刚走过铁轨①。有时，一列行驶的火车突然被惊吓得乱闯的野牛群所撞翻。为了保证行车安全，铁路公司雇用专门枪杀野牛的猎人。由于各条铁路及其支线相继修建，以枪杀野牛为职业的猎人日益增多。为了盈利，铁路公司还招揽业余打猎爱好者，以捕杀野牛作为"娱乐"。到1868年，铁路的短途客车把来自欧洲和美国东部的打猎爱好者载到野牛的故乡。车厢是在轮子上的室内射击场。喜好打猎的人能很容易地射杀野牛而自己没有危险和不方便。堪萨斯太平洋铁路在劳伦斯站立有一块醒目的广告牌，登着两则广告。一则是从利文沃斯经该站至谢里登的"铁路短途旅游与野牛打猎"，登载着开车时间、抵达及返回的日程，声称乘客有足够的时间遇到一头大野牛。另一则"在平原上打猎"的广告，语言富有鼓动性，不仅提到所有旅客能吃到价钱公道的便餐，往返车票仅为10美元，而且还指出一名乘客在6小时的狩猎中打死了20头野牛②。

铁路公司雇用的众多职业猎人和大量业余的打猎者都肆无忌惮地枪杀野牛群，并以此取乐。受雇于堪萨斯太平洋铁路的"野牛比尔"因在17个月中杀死4 280头野牛而遐迩闻名③。

野牛骨作为肥料出口后，屠杀之风更甚。大量野牛被枪杀后，皮被人剥，肉被狼吃，留在大平原上的是白茫茫的片片牛骨。这些白骨成了铁路公司一笔财源。白骨被运到东部后可以磨成粉末作为肥料出口。道奇城一项大宗生意就是野牛骨贸易。在靠近铁道边的地方，常常能见到

---

① Mari Sandoz, *The Buffalo Hunters*, Lincoln, London, 1954, p. 82.

② Laurence I. Seidman, *Once in the Saddle*: *The Cowboy's Frontier*, *1866 – 1896*, p. 109.

③ Robert E. Riegel, et al., *America Moves West*, Fifth Ed., New York, Chicago, 1971, p. 442.

数百吨的野牛骨被堆成大堆。用白骨铺成的路直达运货棚车的车顶。车站经常没有足够的棚车把这些野牛骨运走。这些野牛骨对到大平原的早期移民也是天赐之物。很多到堪萨斯去的穷苦移民和定居者，除了一辆旧货车、两匹弱马、几条狗和一些无力抚养的孩子外别无长物。如果没有长期的野牛骨贸易，许多贫困的移民大家庭会因缺乏必需的生活用品而遭受苦难。这些贫穷的家庭既无钱，又找不到任何工作，靠收集野牛骨才得以生存。野牛骨贸易进一步加剧了对野牛的屠杀。

野牛皮被发现可以制成商品革后，枪杀野牛群的活动变得更加猖獗。直到1870年，野牛皮还被认为毫无价值。然而，在1871—1872年，宾夕法尼亚的两个制革工人成功地把野牛皮制成可以利用的皮革。他们还发现野牛皮革比饲养的小公牛皮革更坚韧和富有弹性。于是，野牛皮革在制革厂里被制成了传送带、皮革家具、地板和墙壁的覆盖物、皮革车厢、雪橇和柜车等。野牛皮革也被用来做马具、皮带、皮鞋和其他革制品。宾夕法尼亚的制革厂以每张1—3美元的价格收购野牛皮。为此，许多乘车、骑马或徒步的猎人和投机分子都争先恐后地涌向大平原，杀牛取皮，掠取新的致富资源。猎牛队由6—7人组成，猎手携带火力大、射程远的来复枪，并有运出牛皮的运货车随行。1877年，在雷德河和布拉索斯河之间的草原上，有500多猎手枪杀野牛。一支由6人组成的猎牛队每天能杀死50头或更多的野牛，并迅速剥下牛皮，剩下的野牛尸体被狼和郊狼等争食。堪萨斯的猎人约翰·R.库克与他的猎牛小队共获得了2 000张干野牛皮，其中由他剥皮并归其所有的为892张①。

随着对野牛屠杀的日益疯狂，捕猎者对枪支弹药等的需求量也越来越大。在得克萨斯的格里芬堡，F.E.康德拉的商店在1877年1月4日的一天中向当地猎人出售的枪支弹药和其他用品的价值高达4 000美

---

① LeRoy R. Hafen, et al., *Western America*, Third Ed., p. 426；Laurence I. Seidman, *Once in the Saddle*：*The Cowboy's Frontier*, *1866 - 1896*, pp. 110 - 111.

元。从大平原用火车运往东部的野牛皮、肉和骨的数量极大。1872—1874年，东运的野牛皮为137.835 9万张，野牛肉为675.1万磅，野牛骨为3 238.065万磅。圣菲铁路一年中就承运了75.452 9万张野牛皮。[①]

野牛除了体大和成群外没有什么适合大平原生活的优势特征。它行动迟缓而笨拙，视力很差，不惧怕声响。尽管其嗅觉相当敏锐，但当人们逆风逼近它时，这种嗅觉功能便失去了作用。野牛是大平原上最容易被人捕获的猎物。不论是面对拿着弓箭的印第安人还是面对手持来复枪的白人猎手，野牛都会有伤亡。两者所不同的是印第安人为了生存用原始武器捕食一定数量的野牛，没有危害野牛在大平原的繁衍生息，没有破坏人类与野牛间的生态平衡；白人猎牛队是为商业利益驱动，用现代武器残酷地袭击野牛，或从火车窗里射杀，或骑马疯狂追逐，甚至趁野牛成群地蹚水过河时进行屠杀，致使野牛无法生存。到1878年，大平原南部的野牛群已经灭绝；到1883年，北部的野牛群也都被消灭。有记载表明，1872—1874年每年被杀死的野牛为300万头。有些估计认为，到1885年，整个大平原被杀死的野牛多达1 000万头[②]。尽管一些统计数字不尽相同，但在1872—1883年，数百万乃至千余万头野牛被白人开发者屠杀殆尽，这是不争的事实。1883年，一个博物馆远征队到西部去寻找野牛标本，结果在整个西部寻找到的野牛还不足200头。到1903年，大平原的野牛减少到34头。[③] 大平原上主要的野生动物——野牛被消灭了。美国的一大笔国家财富被彻底毁了。从历史上看，野牛对人类所产生的影响比大平原上其他所有动物的总和还要大。野牛对美国人的生活产生过直接影响，更与印第安人的生存息息相关。

---

① LeRoy R. Hafen, et al. , *Western America*, p. 426.

② Ray A. Billington, *Westward Expansion*, *A History of the American Frontier*, Fourth Ed. , New York, London, 1974, p. 579; LeRoy R. Hafen, et al. , *Western America*, p. 426.

③ Ray A. Billington, *Westward Expansion*, *A History of the American Frontier*, Fourth Ed. , New York, London, 1974, p. 579.

失去生活所依的大平原印第安人及其相关的文化也随之被消除和毁灭。

二、印第安人的悲惨结局

印第安人是大平原地区的最早居民。在欧洲殖民者抵达北美大陆前，大平原就是一些印第安人部落的家园。落基山以东的印第安人以捕捉野牛和其他野生动物为生。在西班牙殖民者到达时，大平原的印第安人是猎人和游牧民。狗是他们唯一的驮兽。印第安人在迁移时，由一群狗拉着帐篷等什物。印第安人靠徒步来追击和猎杀野牛，往往费力大，凶险多，收获少。自从 17 世纪初西班牙人把马带到新墨西哥和亚利桑那新建殖民地后，马不久扩散到大平原地区。马改变了大平原上印第安人的生活方式。他们由徒步捕捉的游牧者变成了马背上的骑士。印第安人大都剽悍强壮，善于骑射。英国人威廉·布莱克莫尔对夏延族印第安人观察了 8 年后得出结论："他们是世界上最熟练和最勇敢的骑手。"[1]印第安人不仅男子经常骑马在草原上奔驰追捕野牛，而且妇女也大都是能用套索捕捉羚羊和射杀野牛的勇敢骑士和猎手。对印第安人来说，野牛是他们赖以为生的物质基础。狩猎野牛是印第安人日常生活的中心活动，也是他们举行宗教祈祷的主要内容。

美国独立以后，联邦政府承袭英国等殖民者在殖民地时期曾实行过的对印第安人的剥夺、驱逐和杀戮政策，其核心是霸占印第安人的土地。到 19 世纪 30—40 年代，东部的印第安人被迫迁移到密西西比河以西，散居在大平原地区。到 1860 年，散居在大平原和山麓地区的印第安人约有 25 万人。[2] 这些印第安人属于很多不同的部落。几乎都以捕捉野牛为生。同年，已有 17.5 万白人移民散居在大平原各地，[3] 其人

① Laurence I. Seidman, *Once in the Saddle: The Cowboy's Frontier, 1866 – 1896*, p. 20.

② John A. Garraty, et al., *A Short History of the American Nation*, Fifth Ed., New York, London, 1989, p. 277.

③ Richard Hofstadter, et al., *The American Republic since 1865*, Englewood Cliffs, 1959, p. 66.

数已相当于大平原印第安人的 7/10。这些白人大多数也和印第安人一样，过着不断迁徙的生活。

　　流动性和狩猎是大平原印第安人文化的核心，这使得他们能在严酷的生活环境中生存下来。生存环境使他们形成了与白人颇不相同的生活方式。然而，对与他们和睦相处的外来陌生人予以礼貌的款待几乎是所有印第安人部落的严格规定。1810—1812 年曾在大平原旅行过的约翰·布拉德伯里在日记中对此做了详细记述。他在走进印第安人的帐篷时，总能受到主人的迎接。男主人先与他握手，接着立即去寻找烟斗。在点燃烟斗前，男主人把一张熊皮或野牛皮铺在地上，让他坐在上面。印第安人却坐在什么也不铺的地上。男主人点着烟斗抽几下后交到他手中，随后再继续传到帐篷内所有人的手里。主人的妻子则准备好一些吃的东西放在布拉德伯里面前。然后，她在离有一些距离的地方检查来客的衣服和鹿皮鞋。如果有需要修补的地方，她就取出一个小皮革口袋，取出锥子和野牛筋把它缝补好。如果临近夜晚，好客的印第安人就会留来访者在帐篷内安睡。布拉德伯里不禁写道："地球上再没有谁比印第安人那样以好意履行招待人的责任了。"①

　　大平原上的印第安人和北美大陆其他地方的印第安人一样，曾真诚地帮助过那些他们认为虚弱可怜的初来的白人。但是，美国人一出现在西部，白人"文明的弊端"就使印第安人遭殃。在 19 世纪 40 年代，向俄勒冈和盐湖城去的移民把霍乱和天花带到大平原地区，夺走了上千名印第安人的生命。1849 年，前往加利福尼亚的"淘金者"带着货车进入大平原时，杀死猎物，砍倒稀有的树木，毁坏和烧掉草地，污染水源，破坏印第安人的家园。然而，直到 19 世纪 60 年代初，侵入的白人对大平原的破坏相对来说还是较小的。数不清的数百万头野牛仍然漫游在大平原上。印第安人赖以生存的"命根子"没有被断掉。内战以后，

---

　　① Laurence I. Seidman, *Once in the Saddle：The Cowboy's Frontier*, *1866 – 1896*, p. 22.

联邦政府虽然对大平原印第安人实行了一些强制性的限制，但在辽阔的大平原地区，有相当一部分已划归印第安人作为永久居留地。内战以后，这片在战前还被西去商旅绕道避开的"荒漠"却被发现有丰富的矿藏和牧草。落基山麓地区蕴藏着大量的金、银和铜等金属。由得克萨斯向北延伸的大草原可以成为牛、羊的最好牧场。大平原丰富的资源和广阔的土地吸引着资本家和开拓者从四面八方涌向这一地区。在开发大平原的过程中，随着横贯大陆铁路的修建和采矿业、畜牧业和农业的发展，不仅被白人移居者视为障碍的野牛群遭到了毁灭性的大屠杀，而且白印之间的种族冲突日益加剧。为了扫除白人移居者西进运动的"障碍"，联邦政府背信弃义，置1834年法令于不顾，继续采取驱赶和屠杀印第安人的野蛮政策。这一种族灭绝政策，给他们带来了深重的苦难。

白人移民与大平原印第安人之间种族冲突的核心问题是土地问题。对大平原印第安人土地的掠夺是以民间和官方相结合的方式同时进行的。就牧场主来说，他们是以强行闯入和蚕食的方式夺占印第安人部落的土地。随着牧牛王国的兴起和疆域的不断扩展，牧场主们把牧区从得克萨斯推及内布拉斯加、堪萨斯、科罗拉多、南北达科他、怀俄明、蒙大拿、新墨西哥和俄克拉何马等所有的草原地区。这些地区曾是印第安人各个部落的保留区，是他们的狩猎场，但不断遭到白人牧场主的蚕食和抢占。牧场主掠夺印第安人的土地有时是个人占有，有时是团体擅夺。牧场主们把牛羊长途驱赶到牛镇售往东部和北部市场的同时，也在大平原开辟当地的市场。铁路修到什么地方、哪里建成采矿营地，他们就赶牛群尾随而去，在那里建起牧场。根据"和平委员会"与苏族领袖红云在1866年达成的协议，苏族人同意集中到密苏里河以西达科他领地内的永久保留区，美国政府承认大霍恩角以东的地区是印第安人不能割让的领地。但这一协议最终也化为一纸空文。1874年，在达科他西部布莱克山区发现金矿的消息广泛传开后，在西部边疆掀起最后一次淘金热。在大批探矿者迅速涌入这个荒芜的丘陵地区时，牛群也跟随采矿者而去。因为怀俄明的牧场主们发现，戴德伍德对牛肉的需求量比他们本领地内大。蒙大拿的牧场主也发现布莱克山是个好市场。联邦军队为保护这伙入侵者，与苏族人发生武装冲突。虽然狂马和坐牛率领的苏族战士全歼了由 G. 卡斯特上尉率领的政府"讨伐军"，但到 1878 年以后，所谓的印第安人"威胁"对白人入侵者已不复存在。1879 年以后，怀俄明和蒙大拿的一些牧场主都涌入达科他的布莱克山保留区，抢占草地、放牧牛群。① 美国政府掠夺大平原印第安人的土地时，沿袭了在东部通行已久的与酋长签订"条约""购买"、武力胁迫甚至"讨伐"战争等手段。如 1866 年春，联邦事务官强迫俄克拉何马的五个文明部落酋长放弃了该保留区西部的大部分土地。政府以每英亩 30 美分的价格购买了克里克族的一半土地。塞米诺尔族人以每英亩获得 15 美分的代价上交了地产，但他们必须以每英亩 50 美分的价格购买一块更小的保留地。② 白人移民和美国政府对土地的掠夺给印第安人带来了巨大的灾难，严重地破坏了他们生存环境，极大地减少了他们狩猎场所，使其谋生能力不断丧失。

　　为了不断剥夺印第安人的土地，美国政府对印第安人发动了连续不断的"讨伐"战争。这种血腥的"讨伐"从 19 世纪 60 年代一直持续到 1890 年。其中 J. M. 齐温顿上校率千余民兵对夏延族和阿拉帕霍族进行的屠杀是惨绝人寰的。因为在科罗拉多北部派支峰地区发现了金矿，1859 年就有 10 万采矿者进入两个部落在该地区所有的北普拉特河与阿肯色河间的山麓地区③，并要求军队把印第安人逐出家园。1861 年 2 月 18 日，美国政府官员把两个部落的酋长召集到莱昂堡开会，强迫他们放弃在拉勒米堡许给他们的保留区，集中到科罗拉多东部位于阿肯色河

---

① Ernest S. Osgood, *The Day of the Cattleman*, Chicago, London, 1968, pp. 79 – 80.

② Ray A. Billington, *Westward Expansion*, *A History of the American Frontier*, p. 571.

③ 该保留地区是 1851 年管理普拉特河前哨基地的事务官托马斯·菲茨帕里克把大平原主要部落的酋长召集到拉勒米堡划定的集中保留区。参见 Ray A. Billington, *Westward Expansion*, *A History of the American Frontier*, New York, 1974, p. 607.

与桑德河之间的更小的保留区去。结果双方发生冲突。1861—1864 年，美军与两个部落进行了 3 年之久的战争。1864 年 8 月，两族印第安人被迫放弃原有的土地，到被指定的小保留区去。迁移中黑壶酋长轻信上当，率 700 名印第安人前往桑德河畔的一个营地。11 月 28 日拂晓，齐温顿率部包围了那个营地，对毫无戒备而熟睡的印第安人进行了野蛮的屠杀。后来，一位目击的商人证实印第安人"被剥掉头皮，脑子被敲了出来"；军人"用刀子把妇女开膛，用棍棒殴打幼儿，用枪敲进他们的头颅，把脑子打出来，支裂他们的身躯"。除了黑壶和少数青年武士得以逃脱外，齐温顿及其部下数小时的血腥暴行使 450 具被打烂的印第安人尸体遍布荒野。[1] 牧场主们从派克峰发现金矿后就追随采矿者而去。1866 年后，有大量母牛被从得克萨斯赶出，经"古德奈特—拉洛文小道"，到科罗拉多的牧场放牧。到 1869 年，在该领地放牧的长角牛已有百万头之多。[2] 美军用战争胁迫印第安人让出的家园迅速变成了牧场主的天地。在长达 30 余年的"讨伐"战争中，美国军队对印第安人进行的战斗多达千次左右，屠杀了数千印第安人。美国政府用最残暴的战争手段迫使大平原上所有的印第安人部落放弃家园，迁往指定的保留区去。白人牧场主占据大平原大部分地区，把它建成疆域辽阔的"牧牛王国"和"牧羊帝国"。白人农场主也同时侵入大平原。联邦政府把大平原地区扩建为 10 个新州。[3]

不断缩小保留区和对保留区实行暴虐统治，是美国政府剥夺印第安人土地、推行种族灭绝政策的又一表现。按照联邦政府的规定，凡是交通线需要通过的地方，印第安人必须离开。大平原的印第安人往往从他们原来的保留区被驱赶到更小的保留区。如果在新指定的保留区内发现

① Ray A. Billington, *Westward Expansion*, *A History of the American Frontier*, p. 568.

② Robert G. Ferris, *Prospector*, *Cowhand and Sodbuster*, Washington, 1967, p. 50.

③ Howard R. Lawar, *The Reader's Encyclopedia of the American West*, New York, 1977, p. 565.

了矿藏和适合放牧的草原，印第安人必须放弃这些土地，被迫进入更偏僻、贫瘠的保留区去。美国政府从拉勒米堡会议开始放弃"一大片保留地"政策，把大平原的印第安人部落"集中"到划定的"保留区"去。经莱昂堡会议，政府官员又迫使夏延族和阿拉帕霍族离开可以不受干扰地永远居住下去的"保留区"，迁往科罗拉多东部更小的一块保留地。至1867年，按照"和平委员会"在圣路易斯会议上提出的划分保留区的策略，在大平原北部漫游的5.4万印第安人被集中在达科他领地的布莱克山保留区。南部的8.6万印第安人被安置在俄克拉何马州的保留区。①"和平委员会"之所以做出这样的安排，一则因为布莱克山区是远离横越大陆交通线的多山丘陵地带，对白人开拓者少有吸引力；二则因为俄克拉何马早就是安置从东南部迁来的"五个文明部落"的保留区，他们被迫让出该州西部的大部分土地，而腾出来的地方被用来安置大平原南部的印第安人。从19世纪30年代美国政府允诺将密西西比河以西的土地作为印第安人永远居住的土地，到1867年"和平委员会"谋划把大平原所有印第安人集中到两个保留区，可以看出印第安人的土地不断被掠夺，其保留区越来越小。他们已经被从大平原的大部分地区逐出，只能在两个保留区有限的范围内生活。在印第安人的土地不断丧失的过程中，牧场主们不仅把牧区扩展到大平原所有的草原地区，而且把"牧牛王国"的最后边疆推进到了俄克拉何马保留区。

被迫迁入俄克拉何马和布莱克山保留区的印第安人继续遭受白人的暴虐统治。

首先，联邦政府从组织和法律上限制和剥夺部落酋长的权力。1869年，国会设立了"印第安人专员委员会"。该委员会被赋予和内政部官员管理用于补偿印第安人割让土地的拨款，并负责保留区及其宝贵自然资源的保护。1871年，国会又通过了《印第安人拨款法》，其中的附加

① Ray A. Billington, *Westward Expansion*, *A History of the American Frontier*, Fourth Ed, p. 571.

条款规定，联邦政府不再承认印第安人是签订条约的独立实体，[①] 它无须取得部落同意便有权处理印第安人事务。"印第安人专员委员会"和《印第安人拨款法》使美国政府享有了对保留区及其自然资源的直接控制权，将所有印第安人置于国会法律和总统行政法令的管辖之下，并使政府用"拨款"的方式任意掠夺他们的土地。1883 年，印第安人事务局为解除部落酋长的司法权颁布了建立法庭制度的命令。1885 年，国会通过法令将联邦法院的司法权扩及保留区的印第安人。这一系列措施破坏和剥夺了酋长的行政管辖权和司法权，使部落组织进一步解体。

其次，保留区内的印第安人失去了活动自由，再不能得到传统的生存资源，经常处于半饥饿状态。政府官员给保留区印第安人提供的食品极少，且往往以非法的高价卖给他们。如给布莱克山保留区的供应品中有"发霉的面粉、腐臭的牛肉和虫蛀的毯子"。[②] 投机商人则经常以次品和酒类骗取印第安人仅有的毛皮和财物。保留区一旦发现矿藏，矿主和采矿者便蜂拥而入，牧场主则随之闯入，把印第安人撵走。在暴虐的统治下，很多印第安人走投无路，陷入了绝境。

再次，不甘心忍受暴虐统治而冲出保留区的印第安人随即遭到了美国军队的弹压。虽然国会于 1867 年 3 月通过"与仍在同美国作战的印第安人部落建立和平"的法案，但美国军队同印第安人的激战仍然不断。1868 年秋，夏延族人、阿拉帕霍族人、基奥瓦族人和科曼奇人先后冲出了保留区，约有 2 000 名印第安人在堪萨斯和得克萨斯一带漫游、狩猎，但他们不断遭到菲利普·H. 谢里登将军指挥的军队的袭击。11 月中旬，乔治·A. 卡斯特上校率领的主力部队包围了在得克萨斯的沃希托河谷的印第安人阵地。经过几个小时的激战，包括黑壶酋长在内的 103 名印第安人惨遭杀戮。[③] 其余的印第安人又被赶回了保留区。

---

① Robert E. Riegel, et al., *America Moves West*, 457.

② Ray A. Billington, *Westward Expansion, A History of the American Frontier*, p. 575.

③ Ray A. Billington, *Westward Expansion, A History of the American Frontier*, p. 574.

1890 年，南达科他州的蒂顿苏族人因一个新条约使其保留地又被割去一半。他们靠国会很少的拨款度日，却又面临干旱的严重威胁。许多处于绝望中的苏族人不顾一切地举行"沃沃卡仪式"①。美国白人蔑称之为"魔鬼舞"。军队指挥官试图制止跳舞"狂"时，坐牛酋长和一些印第安人因进行抵抗而惨遭杀害。美国军队还企图解除另一支苏族战士的武装，遭到他们的顽强反抗，结果招致了岁末的"翁迪德尼"大屠杀，有 200 名印第安人武士、妇女和儿童被杀害，横尸雪地之上。② 生活在保留区的印第安人与白人社会基本隔绝，大多数部落都程度不同地依赖联邦政府的配给和年金艰难度日，靠政府施舍过着乞丐般的生活。大平原印第安人最终落入美国的控制之中。

野牛的灭绝使大平原的印第安人失去了赖以生存的物质基础，使他们最终不得不接受美国政府的强制同化政策。美国政府对印第安人推行的缩小保留区政策和军事"讨伐"的战争政策并非是使他们屈从的根本原因。白种人之所以最后战胜印第安人，是因为职业猎手对大平原野牛的大屠杀使野牛灭绝的结果。

野牛是大平原印第安人衣食和各种用品的主要来源。野牛身上的每一部分都为印第安人取来利用。野牛的粗毛被织成毯子或披肩。牛皮被制成皮革，用来做帐篷和床，缝制皮衣和做鞋。没有鞣的皮革被用来制过河的小舟、马鞍、马笼头、拴马绳、套索和鞭梢。野牛角被制成长柄勺和匙。野牛骨被做成马鞍架、战棒、取下牛毛的刮刀和装大碗的器具，或磨成锥子。野牛腱被用来做弓弦、穿珠子和缝衣及帐篷的线。牛胃被制成喝水的水袋和其他容器。野牛脚和蹄被煮后可以制成胶，用来粘固箭头或黏合其他许多东西。从牛头和牛肩上取下的毛较长，这些长

---

① 沃沃卡为印第安人的一位宗教领袖。他告诉苏族人，只要举行其主张的舞蹈和宗教仪式，死去的印第安人就可以返回，驱走白人，带回野牛，使他们恢复昔日的生活。参见 Le Roy · Haten, et al. , *Western America*, p. 375.

② Robert V. Hine, *The American West, An Interpretive History*, Boston, 1973, p. 204.

毛被用来捻、辫成马缰绳。牛尾被用作绳刷。野牛粪晒干后被当柴烧。野牛肉是印第安人的主食，有时他们在粪火上将肉烤熟吃。在白人开始定居和勘探西部的初期，野牛毛披肩还是印第安人与白人时行贸易的标准商品。一件好的野牛披肩具有厚、垂直和暖和的特点，对在冬天骑马或乘马车旅行的人来说是很必要的东西。美国东部和欧洲对这种披肩的需求量很大。野牛的油脂后来还被制成腊蜡和肥皂。[①] 有人曾把野牛形象地比喻为印第安人的一个"奔驰的百货商店"。野牛是大平原印第安人赖以生存和繁衍的物质基础。他们崇拜这些野牛。在狩猎时，印第安人做宗教祈祷，感谢上苍为他们送来亲如手足的野牛。虽然他们随意猎杀野牛，但野牛的数量并没有减少。直到内战结束，大平原仍有大量的野牛漫游在绿色的草原上。

1867—1883 年是使野牛灭绝的 17 年，这期间也是印第安人反抗白人拓居者和美军的斗争最壮烈的时期。在野牛群没有被屠杀殆尽前，尽管美国军队的每次武力征讨能使一些印第安人被迫回到保留区，但只要有巨大的野牛群在草原上漫游，他们就会不时越出保留区，尾随牛群回到故地，继续维持其狩猎的流动生活方式。然而，1883 年大平原上的野牛被灭绝后，印第安人就失去了赖以生存的物质基础，只能在不断缩小的保留区接受联邦政府的施舍了。因为印第安人的经济生活对环境有极大的依赖性，他们的生存系统依赖野牛的支撑。野牛的灭绝使其生存环境发生了根本性的变化，其生存系统受到了致命的打击。失去生活所依的印第安人只能接受美国政府的强制"同化"安排。1887 年国会通过的《印第安人土地专有权法》（《道斯法案》），解散了作为法律实体的印第安人部落，将其土地分配给成员个人。该法案规定，每户家长分160 英亩，每个超过 18 岁的独身者和 18 岁以下的孤儿分 80 英亩，其他18 岁以下的人分 40 英亩。在政府托管 5 年期满后，联邦政府把土地所

---

① Laurence I. Seidman, *Once in the Saddle*: *The Cowboy's Frontier, 1866 - 1896*, pp. 16, 17, 104.

有权移交给个人，并授予美国公民的资格；分配余下的保留区土地向非印第安人定居者开放。① 从其内容看，该法案实际上已超出了土地分配和所有权问题，它是一项全面而迅速地同化印第安人的重大措施，是强制同化运动进入高潮的标志。《道斯法案》实质上是白人社会贯彻其单方面意志的一次种族压迫行动。从根本上说，法令的制定和执行丝毫未从印第安人的切身利益出发，而是完全满足白人社会的各种利益要求。1887 年保留地总面积为 1.38 亿英亩，② 分配给印第安人的土地不足 1/3；包括大多数好地在内的 2/3 土地都向白人移居者开放，到 1934 年完全落入他们手中。可见，法令实际上是对印第安人土地的最后一次大规模夺占。

三、结语

地域辽阔的"牧牛王国"原本绝大多数是印第安人繁衍生息的场所，白人牧场主为扩大牧区、开辟牛道把印第安人逐出家园。印第安人不仅没有融入牧区社会，反而被牧牛大王们视为开拓的"障碍"，并因此不断引发种族冲突和流血事件。内战以后，美国西部的开拓是持续一个世纪的西进运动的高潮和最后阶段，是在垄断资本的影响和控制下进行的。白人拓居者，特别是那些铁路大王、矿业大王、牧牛大王和大农场主，为利益驱使在开发中带有明显的残暴和野蛮的掠夺性，不仅破坏了生态环境的平衡，浪费了宝贵的自然资源，乱捕乱杀野生动物，造成了野牛的灭绝，而且对印第安人犯下了历史上罕见的种族灭绝罪行。大平原印第安人各部落的处境更为悲惨，其生存危机日益严峻。他们被推向了毁灭的边缘。印第安人作为一个独立的社会实体被消除了。他们只

---

① Henry S. Commager, *Documents of American History*, 7th Ed. , Vol. I, New York, 1963, p. 575.

② Howard R. Lawar, *The Reader's Encyclopedia of the American West*, New York, 1977, p. 567.

能成为联邦政府监护的对象，接受奴隶般的命运。在印第安人赖以生存的物质基础野牛被灭绝的同时，他们的文化、宗教传统和生活方式也遭到了严重破坏，他们的精神受到严重创伤，完全丧失了生存的活力和对未来的希望。美国政府对印第安人的这一悲惨结局负有不可推卸的罪责。内战后的西部开拓是垄断资本主义发展在美国历史条件下的产物，是印第安人根本无法阻止的历史潮流。在这一过程中，垄断资本主义的发展是造成印第安人的悲惨命运的根源。西部开拓运动中残暴的一面充分证明："资本来到世间，就是从头到脚，每个毛孔都滴着血和肮脏的东西。"[1] 因此，我们在肯定美国西部开拓的主流时，不能忽视它野蛮、掠夺式开发的负面影响，不能忘记西进运动史上对印第安人实行血腥的种族灭绝政策这一极不光彩的一页。诚如美国西部史学家比林顿所说，"这将永远是美国边疆编年史上的污点"[2]。

（原载《史学月刊》2002 年第 7 期）

---

[1]　马克思：《资本论》（第一卷），北京：人民出版社 1975 年版，第 839 页。

[2]　Ray A. Billington, *Westward Expansion*, *A History of the American Frontier*, p. 503.

牧区天灾与美国"牧畜王国"的衰落

　　美国内战后，工业化和城市化的深入发展，增加了人们对肉类的需求，仅靠内战前密西西比河以东原有农场饲养的牲畜已不能满足美国国内外市场的需求量。这种需求的增加使美国加大了西部牧业开发的力度。第二次工业革命提供的便利条件与大量美国东部和欧洲资本投入牧区，使一个疆域辽阔的"牧畜王国"迅速在密西西比河以西崛起。① 牧牛场主和牧羊主擅占属于国有土地的公共牧区，以原始游牧方式经营没有围篱的敞放大牧场。放牧业成为美国向垄断资本主义过渡时期最赚钱的行业之一。西部牧区成为美国重要的畜牧业基地。"牧畜王国"繁荣兴旺了 20 余年，到 1885 年达到其鼎盛时期。此后盛极而衰。掠夺性牧业开发、牧区冲突、国际竞争和牧区天灾等诸多因素导致了"牧畜王国"的衰落。旱灾、火灾和暴风雪等牧区天灾是造成"牧畜王国"崩溃的重要原因之一②，本文拟对此做初步论析。

---

　① "牧畜王国"包括东起密苏里河西至落基山斜坡、南始格兰德河北抵美加边界的"牧牛王国"（Cattle Kingdom）和疆域覆盖从太平洋沿岸至密西西比河之间的"牧羊帝国"（Sheep Empire）。在美国西部史中包括牧牛业和牧羊业在内的辽阔西部牧区合称"牧畜王国"（Livestock Kingdom）。

　② 关于"牧区天灾"对"牧畜王国"所造成的严重危害尚无专门的论著，本文依据散见于美国西部史和牧业史中的零散资料撰成。文中所引资料均以注释示明。

一、严重旱灾

美国大平原地区①干旱少雨，年均降水量不到 20 英寸。② 其降雨量的年度和季节分配极不均衡，有时可能连续几年超过平均值，但随后数年的雨量都远在平均雨量之下。尽管美国大平原委员会在 1936 年指出：1865—1905 年为雨季周期，③ 但其间有些年份却出现了严重旱灾。

1879—1880 年是大平原的干旱之年。④ 1880 年考德威尔成为堪萨斯州重要牛镇伊始就遭遇大旱。从 5 月的第一个星期至 9 月 5 日，那里一直没有降雨。土地变得坚硬而干裂。火辣辣的阳光把牧草和草本植物烤得焦干。河流和其他水源严重缺水，有些溪流完全干涸。牛仔不得不把牛群赶出数英里之外，试图为干渴难耐的牛找到一个尚有水的水塘。⑤

19 世纪 80 年代中期，大平原的旱灾更加严重。1884—1886 年，草原连续遭受干旱。1884 年，得克萨斯州的旱灾比大平原任何地区都严重。⑥ 1885 年春，牧场主们在下佩科斯和德弗尔斯河、孔乔河地区进行大规模的赶拢。为此，需要把该牧区漫游到北部和东部的牛集中起来，赶回赶拢区。当时正发生极其严重的干旱。牛仔们在距牧区两百余英里的佩科斯河口找到了拥挤不堪的牛群。牛在那里找不到任何可以吃的东西，正在濒临死亡。佩科斯以东是贫瘠地区的分界线。那里没有草，更没有水。牛仔们在离牧区数百英里处准备了许多货车和加鞍备用马，以便为集中起来的牛群供应饲草和饮水，但徒劳无益。牛因饥渴难耐挤在

---

① 此处所指的"大平原"系密苏里河至落基山斜坡之间的辽阔平原地区。

② *The Encyclopedia America*, Vol. 13, Danbury, 1997, p. 350.

③ Rupert N. Richardson, "The Future of Great Plains", *Mississippi Valley Historical Review*, Vol. 30, 1943, p. 55.

④ Howard R. Lamar, ed., *The Reader's Encyclopedia of American West*, New York, 1977, p. 185.

⑤ Harry S. Drago, *Wild Woolly & Wicked*, *The History of the Kansas Cow Towns and the Texas Cattle Trade*, New York, 1960, p. 243.

⑥ Walter P. Webb, *The Great Plains*, Waltham, Toronto, London, 1959, p. 237.

一起，乱作一团，笨拙得难以管理。牛仔们很难把它们赶回牧区。[①] 1886年夏天，大平原的天气炎热而干燥。草长得很矮。一直到冬天临近，牛群都处在一种饲草不足的状态下。[②] 这一年，牧区在经历了一个干旱的夏季之后并没有迎来人们所期盼的两个月降雨。随之而来的秋天变得炎热而干燥。热风耗尽了土地最后的湿气。残留的植物变成了褐色，蜷缩着，被风吹走。水洞都枯竭了，成为被焙干的地球上四处裂缝的土地。有一个牧羊主说："我不得不剥掉它的硬壳再去找草了。"[③] 由此可见干旱严重到了何种程度。

1892—1893年的严重干旱使牧羊区的水洞、河流失水严重，空见其底。水井亦都干涸了。牧区土地的草变得皱缩和枯黄。一些羊被饿死。有一些羊毛生产者因不愿看羊忍受饥饿不得不把它们卖掉。[④] 在20世纪初，除加利福尼亚外，西南部诸州也遭受了严重的旱灾。如新墨西哥的埃斯坦西亚河谷，从1903年6月至1904年8月，没有半英寸降雨。[⑤] 整个大平原也有一年的时间（1903年9月至1904年9月）没有降雨。平原牧草枯竭。地面的储水池全空了。在一些有水的地方，经常见到母牛的尸体。有些牧场主为了保住母牛不得不杀死刚出生的小牛。[⑥]

综上所述，我们可以看到，即使在科学家们认定的雨季周期，大平原地区的旱灾在很多年份仍频频发生。

虽然旱灾不像草原火灾和暴风雪那样猝不及防和立即造成悲剧性的后果，但它对自然生态环境的破坏和对牧场主的惩罚却更有持续的杀

---

① J. Frank Dobie, *The Longhorn*, New York, 1941, pp. 119 – 120.

② Ernest S. Osgood, *The Day of Cattleman*, Chicago, 1968, p. 219.

③ Paul H. Carlson, *Texas Woollybacks*, *The Range Sheep and Goat Industry*, College Station, 1982, p. 145.

④ Paul H. Carlson, *Texas Woollybacks*, *The Range Sheep and Goat Industry*, p. 166.

⑤ Charles W. Towne, Edward N. Wentworth, *Shepherd's Empire*, Norman, 1945, p. 252.

⑥ J. A. Richard, "Hazards of Ranching on South Plains", *Southwestern Historical Quarterly*, Vol. 71, 1967, p. 316.

伤力。

第一，旱灾貌似缓慢却持续地破坏自然生态环境。在干旱的年月，每天都骄阳似火，热风劲吹。草本植物仅仅经过一天的暴晒便开始缩卷。经过连续数日的暴晒和灼热大地的蒸烤，萎缩的植株越垂越低，直至干枯。草原的牧草变得焦干，土地板结而干裂。羊不得不以平时根本不吃的劣质草充饥。① 野马只能在开阔的牧区寻觅野梨快速嚼碎，啃光被西班牙人认为有害的开花植物的茎秆。② 牛对食物较羊挑剔，只能忍受饥饿的折磨。数月乃至连年的旱灾对草原生态环境的破坏极为严重。

第二，大旱之年往往伴有蝗灾。在考德威尔遭受大旱的那年，人们天天仰望天上的云。他们企盼着一场降雨能救救剩余的庄稼，恢复牧草的青翠。天赐之雨一直未能盼来，一场蝗灾却突然而至。1880 年 8 月 1 日，从落基山区飞来的蝗虫群遮盖住太阳，有数英里宽，20 英里长。天空霎时黑暗起来。大部分害虫飞掠而去，剩下的蝗虫落到考德威尔，几乎盖满了地面。一些地方蝗虫多达 2—4 英寸厚。顷刻之间那剩余的草禾被蝗虫一啃而光。③ 所有绿色草木都遭受了相同的命运。蝗灾和旱灾加速了对自然生态的破坏。牲畜什么饲草也没有了。

第三，旱灾导致牲畜大量死亡。在干旱的季节，牛陷入了困境。它们躺在圆水洞的烂泥中。如果牛仔们不来救这些牛，它们很快会因饥渴死去。得克萨斯州沃思堡附近一个牧场的 1.5 万头牛因 1884 年的旱灾而大量死亡。④ 1904 年的旱灾使新墨西哥牧区牛的死亡率达 50%，整个大平原牧区也都遭受了严重损失。⑤ 羊比牛承受干旱的能力强，但仍有大量的羊死于旱灾。1864 年加利福尼亚发生严重旱灾。吉尔罗伊东边

---

① Charles W. Towne, Edward N. Wentworth, *Shepherd's Empire*, p. 251.

② J. Frank Dobie, *The Mustangs*, Boston, 1952, pp. 121 – 122.

③ Harry S. Drago, *Wild Woolly & Wicked*, *The History of the Kansas Cow Towns and the Texas Cattle Trade*, pp. 243 – 244.

④ Walter P. Webb, *The Great Plains*, p. 237.

⑤ J. A. Richard, "Hazards of Ranching on South Plains", p. 316.

峡谷的一个 76 平方英里的牧场上，1.6 万只羊最后减少到 1 000 只。[①]
其损失可见一斑。

第四，旱灾以缓慢和折磨人的方式毁灭经营者的希望与信心。因为
牧场主不愿看着牛羊在极度痛苦中挣扎，他们往往祈天求雨。在
1885—1886 年的旱灾危害南部平原时，亚利桑那的一些牧场主脱帽站
立，向天祈雨。主祈者虔诚地祈求道："主啊！我打算与您进行一次最
坦诚的交谈。我不像这些每天都烦扰您的人一样，我从未向您祈求过任
何事情，这是我第一次求您。如果您恩允我这次祈求，我保证再不会来
打扰您。仁慈的主啊！我们想得到一些降雨，哪怕是暴雨。求您赐些雨
给我们吧！"[②] 在干旱年代，像这样向苍天求雨的现象在西部牧区非常
普遍。一句没有争论的民间谚语是："一段时间的干旱之后随之而来的
是一场降雨。"[③] 不堪旱灾之苦的人们转向求雨，他们以更多的宗教忠
诚和不可怀疑的默认方式进行祈祷。有时，可能降雨，这便证明了精诚
所至，苍天睁眼。很多情况下，明亮天空中最小的一片云先是激起人们
对雨的渴望，但最终苍天却不给他们的希望留有任何余地，残云消失，
连一滴雨也不下。在西部牧区，一个人可能因为一次洪水或暴风雪逃
离，但没有因一次旱灾而离去的。然而，在很多情况下旱灾使人们的希
望一次次破灭，最终他们一定会从牧区离去。旱灾从来不是突发的，但
它却从数天、数个星期拖长到好几个月。这是一种渐进式的暗中危害牧
区的天灾。它使牧场主经受极度痛苦的折磨并最终毁灭他们的全部希望
和继续经营下去的决心。

19 世纪 80 年代的旱灾在新墨西哥造成了严重的破坏。从 1886—
1893 年"金牧场"（King Ranch）足智多谋的经理受到了严重挑战。在

---

①　Charles W. Towne, Edward N. Wentworth, *Shepherd's Empire*, p. 231.

②　James A. Wilson, "West Texas Influence on the Early Cattle Industry of Arizona", *Southwestern Historical Quarterly*, Vol. 71, 1967, p. 27.

③　Walter P. Webb, *The Great Plains*, p. 376.

90 年代早期，得克萨斯州的"XIT 牧场"受到了破产的威胁。在那些年月，甚至最有经验的牧场主也丧失了继续经营下去的勇气。如萨姆·多斯，他早在 1845 年就在得克萨斯州从事牧牛业。在长期的牧牛生涯中，多斯在各种不同的边疆地区经营牧场。在 90 年代的长期旱灾面前，疾病和难熬的岁月使多斯的精神彻底崩溃，最后他在科罗拉多州特立尼达车站的一列火车前自杀身亡。[1] 总之，如果旱灾持续不断，它将比突发的火灾和暴风雪对牧区造成的破坏更大。

二、草原大火

火灾是美国西部牧区的一种突发性灾害。牧区的火灾发生得频繁且破坏性极大。火灾几乎在一年四季都能发生。探究草原火灾的起因，主要有自然起火和人为放火两种。

自然现象引发的火灾，一种是雷电火花引燃牧区的草木酿成的，另一种是酷暑暴晒下牧草自燃发生的。后一种现象在美国西部牧区更为多见。19 世纪 80 年代早期，火灾几乎是西部牧区每年夏季都要发生的破坏性事件。每当夏日来临时，干旱的牧区气候干燥，热风阵阵。火热的太阳把草原上的青草晒成干草。最易燃的干草被烤焦起火。火苗很快使周围的干草燃烧起来。干草燃起的大火把大地烤得焦黑，烧毁刚露出地面的嫩草，燃着了各种草木。在强劲热风的猛吹下，大火成燎原之势。它飞速越过平原，抵达河流和山丘，使缺水的溪流干涸板结，山丘变得光秃。地上的防火线被滚过的大火烤焦。火星跃入疾风中，它像一个个火把，迅速点燃风掠过的另一处草地，形成新的起火点。更多的火点便在牧区四处扩散。在一般的情况下，火势的蔓延很难控制。大火能把上百万英亩的牧草齐根烧光。[2] 它能彻底毁掉牧场主在整个冬季放牧牛羊的计划。在西部牧区发生了多次这样的火灾。在通常情况下，很少有道

① Lewis Atherton, *The Cattle Kings*, Lincoln, London, 1961, p. 154.

② Paul H. Carlson, *Texas Woollybacks*, *The Range Sheep and Goat Industry*, p. 117.

路、牛道、河流或其他天然障碍物能阻止住火势的蔓延。

一些火灾是人为的因素酿成的。在人为因素造成的火灾中，一种情况是偶然因素所致。这类火灾是因为人的粗心大意引发的。1906 年 1 月，在得克萨斯的拉伯克县发生了一次毁灭性的火灾。大火几乎烧掉了该县的绝大部分。这次火灾始于一个孩子刨一棵牧豆树。因为周围的草把树严严地围住，他不易把树刨出来。为了更容易刨树，那个男孩点火烧树周围的草，结果酿成一场严重的火灾。[①] 有的火灾是有人野营时无意造成的。牧场主经常通过当地的报纸向旅游者发出防火警告。另一种火灾则是因人故意纵火造成的。在 1902 年、1903 年和 1904 年发生的几次不寻常的大火都是有人故意放火所致。拓荒农场主进入牧区，往往受到牧场主的阻挠和限制。他们要争得与牧场主平等使用土地和水源的权利。牧场主仗势欺人，移居者有时便寻机报复。如一个移居者在得克萨斯州的林恩、道森和博登三县制造了一场令人惊骇的火灾。此人骑一匹灰色快马，马拖着一条点着火的浸透煤油的长绳。他催马加鞭，跨越了整个草原。人马所到之处烈焰腾空。结果这场大火给三个县造成了巨大损失。对故意纵火者，得克萨斯州早就有严厉的法律制裁。该州立法机关在 1884 年制定了一项法令，规定对因嬉闹引起火灾者或故意纵火者处以 2—5 年的监禁。[②] 然而，这样的法律往往被纵火犯所藐视。

最严重的一次火灾发生在 1882 年 2 月。那次大火始于现今埃尔多拉多的西南部，随即大火将整个地区的可燃之物烧个精光。紧接着烈火蔓延到孔乔南部，它再向前推进，吞噬了圣萨巴。奔腾的烈焰急速冲过平原地区，形成一道火墙。大火一直烧到佩科斯。整个牧区都被这场火灾毁掉了。在火灾过后，除了侥幸残存的一棵大牧豆树的躯干外，草原上什么都没有留下。1884 年 7 月发生的另一次火灾，大火遍及爱德华

---

① J. A. Richard, "Hazards of Ranching on South Plains", p. 315.

② J. A. Richard, "Hazards of Ranching on South Plains", p. 315.

高原，烧光了从德弗尔斯到孔乔的所有牧草。①

20 世纪初，西部牧区也火灾频仍。其中，1906 年多次发生火灾，损失特别严重。1 月在得克萨斯州发生的一场火灾，烧毁了林恩、加扎和卢贝克三县的 600 块草地（约合 38.4 万英亩——笔者注）。在一些看似被灭火者扑灭的着火点，经大风一吹，死灰复燃，大火向别处烧去。3 月，在新墨西哥中部地区发生了另一次火灾。大火借着猛烈的西风很快扩展到得克萨斯。这场严重的火灾烧毁了得克萨斯约十个县的草地和牲畜饲料。长约 150 英里、宽达 10—60 英里的地区被大火吞没。风向的多变，给灭火工作造成了极大困难。同年 11 月，在新墨西哥东部和得克萨斯州西部又发生了一次大火灾。烈火烧毁了约 100 万英亩的土地，导致 5 万—10 万头牛失去了放牧地。②

如上所述，火灾的频发性和破坏性使每次草原大火之后都留下无可挽回的灾害性后果。这种悲剧后果成了一些歌曲和故事描述的主题。这些作品往往把草原大火夸大成最令人畏惧的东西之一。

在西部牧区最常见的一种灭火方法是众人协力，用湿扫帚等灭火工具扑打烈火，使它熄灭。这种灭火方法不是在火后跟着它向前扑打，而是站在火前迎面灭火，以便赶着火向后退，使它退到已燃烧过的地方熄灭。③ 但前提是能就近、及时得到把扫帚弄湿的水。如果大火连续烧了 3 天，灭火的现场离水源越来越远，水要从很远的地方不分昼夜地运来，往往是远水灭不了近火。大风使远处的火势难以控制，大火又继续向远处蔓延而去。

在无水灭火的情况下，一种普通而有效的方法是用牛血灭火。牧场主杀死一头母牛，把它劈成两半，在每一半牛体的末端拴上一根绳子，

---

① Paul H. Carlson, *Texas Woollybacks*, *The Range Sheep and Goat Industry*, p. 118.

② J. A. Richard, "Hazards of Ranching on South Plains", *Southwestern Historical Quarterly*, Vol. 71, 1967, p. 314.

③ Paul H. Carlson, *Texas Woollybacks*, *The Range Sheep and Goat Industry*, p. 117.

把绳子的另一端系在马鞍头上。灭火者跃上快马，催马拖拉着半个牛尸沿着着火地带的火线边沿奔跑，让牛的血肉之躯把火压灭。[①] 为了把牧区从毁灭中挽救下来，牧场主不得不损失一些母牛。

随着火灾的频频发生，牧场主们为减少损失而采取了一些预防措施。一种方法是在自己的土地周围挖一条 12—20 英尺的深沟，阻止大火烧到他放牧的草地上。另一种方法是在牧场周围设几条除去草皮的宽防火线。一旦火灾发生，在危急时刻，点火将数道防火线间的草烧掉，以此来阻断大火向牧场推进的道路。[②] 在一些建立了定居点的牧区，拓荒农场主开垦了大量草地，修建了道路。这在很大程度上减少了火灾。即使这样，牧区火灾仍时有发生。一场偶尔发生的草原大火会造成严重的破坏。

三、牧区白灾[③]

1884 年是西部牧区多灾的一年。这一年牧场主们不仅遭受了旱灾和火灾，而且在冬天又遭遇了暴风雪。12 月末，一场可怕的暴风雪突然袭击了堪萨斯州西南部和"无人地带"（No Man's Land）。据说，这年冬天是西部有牧牛史以来造成损失最惨重的一年。[④] 一个在得克萨斯州和太平洋铁路沿线巡骑的牛仔留下了对这次暴风雪的回忆。在一个夜晚大约三点钟时，他看到北部天空上出现一片黑云，意识到一场可怕的暴风雪即将从北部呼啸而来。四点左右，暴风雪突然降临。很快，6—7英寸厚的雨夹雪封盖了大地。雪不停地下着。狂风劲吹，势如刀割。在这样恶劣的天气下，任何生灵都难以存活。第二天，暴风雪更加狂暴凶

---

① J. A. Richard，"Hazards of Ranching on South Plains"，p. 314.

② J. A. Richard，"Hazards of Ranching on South Plains"，p. 315.

③ 牧区一般把雪灾称为"白灾"。

④ Thadis W. Box，"Range Deterioration in West Texas"，*Southwestern Historical Quarterly*，Vol. 71，1967，p. 43.

猛。直到深夜，狂风才暂停下来。① 1884—1885 年冬天是北美历史上规模最大的一次牛群南流。那时，西部辽阔地区还没有被围篱分割、封闭起来。牧场主们只是在现今的俄克拉何马修州建了东西走向的带刺铁丝栅栏。它西起新墨西哥东部边界线，向东延伸 170 英里。往南，有一条与加拿大河平行的栅栏。在此以南，有骑手巡查没有筑栅栏的得克萨斯和太平洋铁路线，防止北部漫游的牛群越界进入南部。② 1884 年 12 月，突降的暴风雪席卷牧区，使牧草掩埋在冰雪之下。平原没有为牛群提供退避所和藏身处。大地上出现了牧区常见的景象：一大群牛被暴风雪猛推着，摇摇摆摆地向南方而去。在冰天雪地之中，牛没有吃的，没有喝的，只有大雪猛击它们，冰雪覆盖住了它们的身体。在牛群的周围，"无情的暴风雪似乎像恶魔般的欢欣"③。数不清的牛群拉成长线被大风猛力地推着向南移动。当牛群被狂风猛推到第一道晃动的栅栏前时，一些领头的牛停下来，它们的身体逐渐变得僵硬并倒了下去。这些倒地的牛又被随后而来的牛践踏，直到变成一堆堆死牛。再后到的牛又压在死牛堆上，把下面的死牛盖住。在一些有立桩的地方，由于暴风的猛推，牛挣扎着穿过栅栏，带刺铁丝上留下了牛身上被割下的碎片。牛群被狂风裹挟着到第二道栅栏前，其垂死挣扎的悲剧又一次重演。暴风雪过后，两道栅栏前留下了数万头死牛。第二年春天，北部牧区的牛在相距 500 英里的得克萨斯州南部被找到。④

西部牧区在度过了多灾多难的 1884 年后，1885 年的情况大致还算平稳。在茫茫的西部牧区草原，1885 年的秋天温暖而柔和。极目远望，蓝天和碧草连在一起。数不尽的牛群放牧在一望无际的绿色草原上。牛饱餐着多汁鲜嫩的野草，个个长得膘肥肉壮。端坐在健步矮马上的牛

---

① J. Frank Dobie, *The Longhorn*, pp. 198 – 199.
② J. Frank Dobie, *The Longhorn*, p. 198.
③ Thadis W. Box, "Range Deterioration in West Texas", p. 43.
④ J. Frank Dobie, *The Longhorn*, p. 198.

仔，闪现在牛群之中，挥鞭自如地驱赶着牛群，牧场主们看着这迷人的牧区景色，似乎淡忘了前一年的沮丧，心中充满无限欢乐。他们凭经验判断，冬天的气候将会是好的，估算着明春牛肉的销售仍然兴旺。想着牛群带来的"黄金"般的利润，使一心只盘算着继续发财的牧场主们产生了麻痹思想，丧失了对可能出现的严寒冬天的警惕。

1886 年初的暴风雪来得猝不及防。1885 年最后一天的上午，天气依然温和、晴朗。到了中午，太阳却躲进了云层里。云层低压到地平线上。在牧区的北部和西北部，云层更厚更暗。活跃的牧区变得沉闷起来。牛都停止了吃草，抬起头向北方望去。空气逐渐变冷。冷风吹得草丛发出瑟瑟的颤抖声。牛儿摇着头，大声吼叫着东奔西跑。它们对自然界的变化表现出了比人更强的感受能力。不久，天下起了冷飕飕的毛毛雨。到下午，雨变成洁白的粉粒状的雪散落下来。白雪很快粘在野草、灌木丛和树上。突然，狂风怒号，白雪漫天，刮得看不清牛马，也看不清人。牛群、草地、山丘和牧区万物在旋舞的大雪中迅速消失。从南、北达科他到得克萨斯州，都被美国历史上这场罕见的暴风雪连续袭击了 3 昼夜。第一夜的大雪下了 18 英寸，气温降到 - 20℃ 以下。火车和邮政全都中断了。[①]

堪萨斯州的重要牛镇道奇城也遭受了这场突如其来的暴风雪的袭击。1886 年的第一天，全城人正沉浸在新年欢乐之中。到下午晚些时候，不祥的黑云出现在北方的天空，气温开始下降。为新年欢愉的人们，没有关注天气的变化。当夜幕降临时，一场暴风雪突然向道奇城袭来。暴风雪肆虐了一整夜，积雪达 24 英寸厚。次日，经阳光一晒，积雪上结成一层坚硬的外壳，足以承载一个成年男子的重量。道奇城的居民还未来得及把被暴雪席卷而来的结冰杂物清除完毕，天又阴沉下来。时速达 40 英里的狂风从北部横扫而来，伴随着更大的降雪。气温降至

---

① Laurence I. Seidman, *Once in the Saddle: the Cowboy's Frontier*, 1866 - 1896, pp. 130 - 131.

68

−65℃以下。暴风雪使火车停运，邮路被阻。走出牧场的家畜，在旷野之中被暴风雪击打和驱赶着，四处游荡。它们得不到一点保护，因冻饿致死者成千上万。在牧场的家畜也备受暴风雪的摧残。大公猪被厚厚的冰雪覆盖，很多闷死在圈内。被冻僵的牛羊尸体高高地堆在围篱的拐角处。一些人在这场暴风雪中丧生。道奇城的人此前已习惯了暴风雪和寒冬的折磨，但那些痛苦经历都无法与这次猝不及防的暴风雪相比。在 3 个星期的时间里，气温表的汞柱都停留在玻璃管的底部。温度低得远远超过了它能显示的度数。在这次暴风雪中，雪下得比以往任何一次都大。阿肯色河结的冰达 12 英寸厚。①

1886 年春，草原到处被肿胀、恶臭的死牛覆盖着。鲜花在死牛的恶臭中失去了香味。从暴风雪中唯一得利的是皮货商。他们取走了牛皮后又把牛骨收集起来。狼和秃鹰在那个冬天都吃肥了。

西部牧区的牧场主在熬过 1886 年初春可怕的暴风雪后，又迎来了一个痛苦的夏季。这一年的夏天，牧区炎热干旱，牧草长得很不好。牛羊度过了牧草短缺的夏、秋季。临近冬天时，情况更糟。即使这年冬季是个气候温和的暖冬，在许多放牧地段牧草也严重不足。牛羊在整个冬季都得不到足够的食物。② 比这更糟的是牧场主们迎来了持续不断的暴风雪。

预报说 1886—1887 年的冬天将是最坏的一个寒冬。牧区出现了种种反常征兆，但一心只想发大财的牧场主们却忽视了这些反常现象。怀俄明、科罗拉多和蒙大拿幸免于 1885—1886 年的白灾，但没有躲过 1886—1887 年暴风雪的袭击。

1886 年 10 月，西部牧区就开始下雪。进入 12 月，天气非常寒冷，

---

① Harry S. Drago, *Wild Woolly & Wicked*, *The History of the Kansas Cow Towns and the Texas Cattle Trade*, New York, 1960, p. 340.

② Ernest S. Osgood, *The Day of Cattleman*, Chicago, 1968, pp. 219 – 220.

气温降至 -28℃甚至 -36℃以下。① 这样的严寒一直持续到 1887 年 2 月下旬。温度最低时，达到 -56℃。② 1 月 9 日，牧区经历了一场最厉害的暴风雪。那天，达科他在 16 个小时内下了 16 英寸厚的雪。③ 一星期后，蒙大拿又下了一场同样的大雪。随后暴风雪持续了 10 天，毫不变弱。雪深达 16 英寸以上，气温低达 -37℃。④ 大牧场主格兰维尔·斯图尔特的那些饥饿难耐的小公牛挤进其居室里寻找食物和躲避严寒。蒙大拿牧区四野茫茫，万物皆白。任何地方都露不出一点地皮。许多肥壮的小公牛冻死在牛道上。怀俄明在 1886 年 11 月和 12 月各有一次暴风雪。次年 1 月 9 日，该领地同蒙大拿一样又遭特大暴风的袭击。雪深达 16 英寸，气温骤降到 -25℃。⑤ 暴风雪连着暴风雪。这对散居在牧区的男男女女来讲是一个极其可怕和难熬的时期。这几个月带给牧场主们的折磨和痛苦是以往从未经受过的。他们透过窗户，看到自己的牛有的站立着被冻僵了，有的被狂风卷到冰与雪的当风处成群成群地死去；有的迷路牛群被暴风雪吹到牧场的围篱前止步，牛在那里挣扎着，最后冻饿而死。1 月末，来自南方的一股暖风曾融化了部分积雪，但随之而来的另一股冷风又把大地变成坚硬的冰块。数千平方英里牧区被 2—4 英寸甚至更厚的坚硬冰雪盖得严严的。牛因为吃不到一点草，大量冻饿而死。⑥

1886—1887 年的暴风雪从北部的美加边界一直横扫到得克萨斯州南部的格兰德河。从 1886 年 11 月至 1887 年 2 月，暴风雪几乎天天不

---

① Laurence I. Seidman, *Once in the Saddle：the Cowboy's Frontier, 1866 – 1896*, p. 139.

② Thomas A. Bailey, David M. Kennedy, *The American Pageant, A History of the Republic*, Vol. 2, Lexington, Toronto, 1983, p. 530.

③ Laurence I. Seidman, *Once in the Saddle：the Cowboy's Frontier, 1866 – 1896*, p. 139.

④ Granville Stuart, *Pioneering in Montana：The Making of a State, 1864 – 1887*, Lincoln·London, 1977, p. 235.

⑤ John K. Rollinson, *Wyoming, Cattle Trails*, Caldwell, 1948, p. 257.

⑥ Fred A. Shannon, *The Farmer's Last Frontier*, New York, Toronto, 1945, p. 202.

断。① 怀俄明、蒙大拿、科罗拉多、达科他、内布拉斯加、堪萨斯和得克萨斯都遭受了持续不断的暴风雪的袭击。从加拿大边界到格兰德河的辽阔牧区，到处遍布家畜的尸体。这是西部牧区历史上罕见的最大的和持续时间最长的一次暴风雪。② 这次暴风雪造成牲畜死亡的严重程度在美国历史上也是前所未有的。

春天冰雪融化时，牧区展现出一幅更悲惨的景象。人们突然听到来自密苏里河上游河水奔泻而下的咆哮声，目睹了那终生难忘的惨状。汹涌的河水漫出两岸，冲走了三叶杨。一股浑浊狂暴的激流从河底冲出，裹着磨盘般巨大的冰块旋转着，猛撞着，势不可当地向前奔流。在河流中，无数牛尸与冰块来回旋转翻滚和沉浮。一些死牛的四条僵硬的腿直直地指向天空，随后而来的牛尸在激流和浮冰的推动下，又把前面的牛尸撞沉河底。一些沉没，另一些浮起。这种可怕的景象不是持续了一小时、几小时，而是数日。人们被这从未见过的惨状惊呆了！一个人只要在河岸上站几分钟，注视这惨不忍睹的死牛行列在河水中不停地沉没下去，就会完全了解在过去的几个月内发生的灾害是何等严重。

四、游牧的终结

1884 年冬、1886 年春和 1886—1887 年冬春，美国西部牧区连年遭受暴风雪。这些历史上罕见的暴风雪给西部牧区造成的损失是惨重的。

首先，暴风雪使牲畜大量死亡，牧场主因此蒙受巨大的经济损失。在 1884 年的暴风雪袭来之前，牧场主们已经预感到有大量牛群要向南部奔去。他们在 120 英里长的沿线派出 75 名牛仔骑马巡查，阻止牛群冲撞铁丝栅栏。然而，在两道铁丝栅栏前还是发生了前面所描述的惨

---

① Robert S. Fletcher, "That Hard Winter in Montana, 1886 – 1887", *Agricultural History*, Vol. 4, 1930, p. 125.

② Joe B. Frants, Julian Ernest Choate, Jr., *The American Cowboy, The Myth & the Reality*, Norman, 1955, p. 66.

剧。大量死牛的僵尸堆积在那里。这场暴风雪给牧牛场主造成的损失达
25%。[1] 1886 年的暴风雪过后，堪萨斯州很多牧场主的家畜损失了
50%—85%。雷诺兄弟的 7 000 头小牛损失殆尽。"圆圈 M 牧场"的
6 000头牛，到春天只围捕到 150 头活牛。堪萨斯州另一个牧场主对牛
群投资 2.5 万美元，在暴风雪后他卖掉了牛，仅得 500 美元。得克萨斯
州的雷德·科克伦在冬天把 2 300 头小公牛赶到南达科他牧区育肥，到
春天，他只剩下了 50 头牛。[2]

　　1887 年的暴风雪更给美国西部的牧牛业以毁灭性的打击。数百万
头的牲畜死于暴风雪中。蒙大拿、怀俄明领地和科罗拉多州牧场主遭受
的损失较东邻数州牧场主上年的厄运更为严重。有的历史学家估计，蒙
大拿牧区牛群的损失达 75%，[3] 该领地黄石地区牛群的损失高达
90%—95%。"家园土地牧牛公司"的 6 000 头牛损失了 4 000 头。[4] 大
牧场主斯图尔特称，他的 3.5 万头牛损失了 90%。许多牧场被这场暴
风雪彻底摧毁。斯图尔特认为蒙大拿有 50 万头牛死亡。[5] 怀俄明很多
牧场主的损失达 65%。"开拓者牧牛公司"的损失为 50%。在 1887 年
5 月进行春季赶拢时，一些牧场主竟派不出一名代表参加。[6] 最大的
"斯旺土地牧牛公司"拥有的 11.3 万头牛所剩仅有 5.7 万头。[7] 一些牛
群的损失达 80%—90%。[8] 在科罗拉多，牛群的损失也达 75% 以上。[9]

---

[1] J. Frank Dobie, *The Longhorn*, p. 199.

[2] Laurence I. Seidman, *Once in the Saddle: the Cowboy's Frontier, 1866 – 1896*, p. 136.

[3] James M. Hamilton, *From Wilderness to Statehood, A History of Montana, 1805 – 1900*, Portland, 1957, p. 395.

[4] Robert S. Fletcher, "That Hard Winter in Montana, 1886 – 1887", pp. 226 – 227.

[5] Harry S. Drago, *Wild Woolly & Wicked, The History of the Kansas Cow Towns and the Texas Cattle Trade*, New York, 1960, p. 341.

[6] John K. Rollinson, *Wyoming, Cattle Trails*, p. 258.

[7] Robert G. Ferris, ed., *Prospector, Cowhand, and Sodbuster*, Washington, 1967, p. 141.

[8] Lewis Atherton, *The Cattle Kings*, p. 154.

[9] Philip Durbam, Evertt L. Jones, *The Negro Cowboys*, Lincoln, London, 1965, p. 149.

1886—1887 年的暴风雪使放牧在"雾山水塘"的 6 000 头牛到春天时只剩下了 181 头。[1] 斯图尔特认为，堪萨斯和内布拉斯加牧区的损失与北部牧区一样严重。据他的保守估计，由南至北整个牧区因这场暴风雪死亡的牲畜（包括牛、马、猪和羊）达 150 万头。[2] 后来的历史学家提供的统计数字证明，这次暴风雪在美国西部牧区造成的牲畜死亡率是很高的。有的学者称：损失 60% 是最一般的估计。[3] 有的学者提供的牧区牲畜损失率高达 90% [4]。总之，不论是"一般"还是"较高"的估计，1886—1887 年的暴风雪给西部造成了严重损失。牲畜死亡率很高，受灾地域广阔。难怪西奥多·罗斯福 1887 年 4 月在"麋角牧场"悲伤地写道："我们的整个牧牛区彻底垮掉了。"[5]

其次，历史上罕见的暴风雪夺去了西部牧区许多人的生命。在 1885—1886 年的暴风雪中，整个西部有三百余人丧生，仅堪萨斯就死了一百多人，很多是牛仔。一些农民也被困在他们的小屋中冻死。在得克萨斯的柄状狭长地区，莱斯·卡特走到一辆定居农民的货车旁，寻找他的牛群，看见死马仍然套着马具。往车的遮雨棚内一看，卡特的心沉了下去。他看见了 3 个孩子和父母挤在一起被冻死了。在堪萨斯草原，一个男人从城镇回到自己的宅地，看到他一家 7 口人都冻死在雪中。[6]

在 1886—1887 年的暴风雪肆虐时，整个牧区的牛仔们都竭尽全力抢救遭受暴风雪严重摧残的牛群。成千上万的牛被暴风雪卷入河流中，很多被漩涡吞没。为了救出在激流中挣扎的牛群，把这些濒临死亡的牲

① J. Frank Dobie, *The Mustangs*, Boston, 1952, p. 249.

② Harry S. Drago, *Wild Woolly & Wicked*, *The History of the Kansas Cow Towns and the Texas Cattle Trade*, p. 341.

③ Don Worcester, *The Chisholm Trail*, *High Road of the Cattle Kingdom*, New York, 1994, p. 172.

④ J. Frank Dobie, *The Longhorn*, p. 201; Robert V. Hine, *The American West*, *An Interpretive History*, Boston, 1973, p. 129.

⑤ John A. Garraty, Robert A. McCaughey, *A Short History of the American Nation*, New York, 1989, p. 290.

⑥ Laurence I. Seidman, *Once in the Saddle*: *the Cowboy's Frontier*, *1866 – 1896*, p. 135.

畜带到可以躲避风雪的地方，牛仔们骑马踏进急流中顽强搏斗。可以想象，整日骑马行走在看不清路的暴风雪中，在刺骨的冷水里，没有饭吃是什么滋味。冰冷的空气直穿肺腑，致使他们气喘吁吁和伤了内脏。牛仔们被冻僵了双手、双脚，很多人被冻死，仅内布拉斯加西部就死了38人。[1]

遇到这样持续不断的暴风雪，分散在保留区的印第安人更难以生存。一群奈齐—珀西印第安人在科尔维尔保留地被大雪掩埋了。4英尺深的积雪阻止了他们的狩猎并使很多人冻饿而死。1月末，克拉克要塞的50多个克罗印第安人的营地小屋中，人都濒临死亡。[2] 很多人已经冻饿死了。活下来的人靠吃埋在雪堆中的死牛维持生命。

再次，历史上罕见的暴风雪使许多牧场主和牧牛公司破产。1885—1886年的暴风雪使一些牧场主遭受了严重损失。牧场主艾克·T.普赖尔要将价值50万美元的一群牛出售给科罗拉多牧区的"克里夫兰辛迪加"。买方先付了10万美元预付款。到1886年春季交货时，买方再付给他其余的40万美元。经过突如其来的暴风雪袭击后，那群牛的实际价值只有6.5万美元。普赖尔不但没有得到期盼中的50万美元的收益，而且负债3.5万美元。[3] 1886—1887年的暴风雪使西部牧区牛群的损失更加惨重。怀俄明领地的财产损失为80%。[4] 蒙大拿牧场主们的损失高达500万美元。[5] 数百个牧场主的财产被历史上罕见的暴风雪彻底毁掉了。这种结果对大多数牧场主来说，选择的出路就是破产。很多人因此离开了牧区。科克伦因欠债破产，由牧场主变成了打工的牛仔。

出于对灾难的恐惧，很多牧牛公司低价变卖了牛群。迫于债主整日

---

[1] J. Frank Dobie, *The Mustangs*, p. 294.

[2] Laurence I. Seidman, *Once in the Saddle: the Cowboy's Frontier, 1866 – 1896*, p. 143.

[3] Lewis Atherton, *The Cattle Kings*, p. 172.

[4] W. Turrentine Jackson, "The Wyoming Stock Growers' Association: Its Years of Temporary Decline, 1886 – 1890", *Agricultural History*, Vol. 22, 1948, p. 261.

[5] Robert S. Fletcher, "That Hard Winter in Montana, 1886 – 1887", p. 227.

在门前吵嚷讨债，一些牧场主极其无奈地在市场上倾销菜牛，致使牛肉价格暴跌。在芝加哥，百磅牛肉从 1883 年 4 月的 4.25 美元降至 1887 年冬的 1 美元。① 牧牛大王们从此对在开放牧区从事发大财的牧牛业变得心灰意冷，勇气顿消。怀俄明牧牛大王们的"夏延俱乐部"因无力履行债务合同，被迫把 1 美元的债券以 20 美分出售。"圣路易鞋业公司"购买了价值 25 万美元的一大群牛，暴风雪后把剩牛抛售，所得仅够付一个牛仔一年的工资。多数牛牛公司破产。② 虽然在 1888 年夏季西部牧区又恢复了较好的自然放牧条件，但只有少数小牧场主重整旗鼓，惨淡经营。

美国西部牧区自殖民地时期就盛行一种粗放的原始游牧方式。牧场主靠天养牧。在风调雨顺的好年景，其牛羊增产；在荒年暴月，其牲畜锐减。美国内战以后，随着"牧畜王国"的崛起，在西部经营牧业成了当时一种最赚钱的行业。大牧场主和经营牧业公司的巨商为了尽快发财，在 30 年的时间里仍然固守传统的靠天养牧的粗放游牧方式，西部牧区少有现代化的牧业经营。垄断资本影响的强烈发财欲望和原始游牧方式结合在一起，使得牧业大王们难以走出靠天养牧和掠夺性经营的怪圈。西部牧区也反复重复一种怪现象：在水、草丰足的好年景，牛羊严重超载过牧；遇到灾年，牲畜锐减和死亡。在"牧畜王国"的"黄金时期"，频发的旱灾、火灾、蝗灾和雪灾等都曾给牧场主们造成了巨大损失，但他们并不在意，只是期盼来年天赐发财良机。为此目的，他们都拼命扩大自己的畜群，最终使西部牧区达到了难以承受的程度。1884 年是多灾的一年，牧场主们经历了旱灾、火灾和暴风雪的摧残，但他们仍然没有吸取教训，未采取任何防灾措施。结果，1885—1886 年猝不及防的暴风雪和 1886—1887 年持续不断的暴风雪使牧场主们遭受了灭顶之灾。牧场主残酷的掠夺性经营是破坏牧区的"人祸"。人祸加重了天灾。美国西部开

---

① Ernest S. Osgood, *The Day of Cattleman*, p. 105.
② Ray A. Billington, *Westward Expansion*, *A History of the American Frontier*, p. 597.

放牧区近30年的繁荣结束了。"牧畜王国"崩溃了。一份牧场主的杂志早就哀伤地评论道："暴风雪将宣判严重超载的牧区必须付出血的代价。"① J. 弗兰克·多比称："一代牧场主彻底破产了。"②

1886—1887年的暴风雪导致了西部牧区原始游牧方式的终结。暴风雪过后，只有一些小牧场残存了下来。小牧场主仍然留在牧区经营。一些损失严重的牧牛公司通过资本重组也维持了下来。经过天灾之后，这些经营者认识到：在严重自然灾害降临的紧急关头，必须有一些饲养和保护牲畜的条件和设施。于是，牧场主们逐渐放弃了原始、传统和粗放的游牧经营方式，转向用定居的围栏牧场饲养牛羊。他们把牲畜围在固定的草场内，精心饲养管理，引进和培育优质畜种；修建贮水设施和保护水源，保证牲畜的饮水；划出专门种植冬饲料的土地和修筑畜棚，以保证让牛羊安全过冬。19世纪90年代，美国西部牧区开放的放牧业开始终结。原始、传统的游牧经营方式被定居的围栏牧场所取代，并逐步向集约化、现代化的畜牧业经营方式转变。畜牧业在美国西部不再是代价昂贵、漫无边际和充满危险的冒险活动，它逐渐成为一种严肃而审慎的事业。

五、深刻教训

美国西部牧区的各种自然灾害是多发性的，造成的损失是严重的，其教训是多方面的。

第一，掠夺性的原始经营方式破坏了生态平衡，使牧场主们处在"靠天养牧"的恶性循环之中，缺乏抵御自然灾害的能力。"牧畜王国"的崛起，伴随着美国工业化的迅猛发展和向垄断资本主义过渡的大变革。因此，美国西部牧业的粗放经营具有鲜明的时代特点，往往与大量投资和土地兼并结合在一起。在相当于美国1/4领土的"牧畜王国"里，牧牛大王们不择手段地占有开放的国有土地。19世纪70年代初，

---

① Ernest S. Osgood, *The Day of Cattleman*, Chicago, 1968, p. 193.

② J. Frank Dobie, *The Longhorn*, p. 201.

牧羊主又把大量羊群赶进"牧畜王国"的北部牧区。一群群毛茸茸的绵羊不断"蚕食"牧牛人的王国。由于畜多草少，大大超过了草原的承受能力。过载过牧更加剧了掠夺性经营，形成恶性循环。牧草好的地方，被牲畜拼命采食。牛吃完了羊啃，不给草原以喘息之机。羊群连草根一起吃光，致使大片草原逐渐沙化。70年代后，大批农民开始在大平原上定居。牧牛业大举北上，同西进拓荒农场主的冲突日益加剧。"牧畜王国"呈现一派牛羊争草、农牧抢地的残酷竞争局面。贪得无厌的牧场主们为追逐利润，在牧场基本建设上很少投资。他们用粗糙、浪费的方法管理牛群，不修建坚固抗寒的畜棚，不储备冬草。在寒冷的大平原地区，冬季对畜群没有采取必要的喂养和保护措施。由于牧业大王们"靠天养畜"，他们的牧场几乎没有抵御自然灾害的能力。牧业大王们一味向大自然索取的掠夺式经营毁坏了西部的草原植被，破坏了公共牧区的生态平衡，最终他们也难逃大自然的惩罚。

第二，美国西部牧区的各种自然灾害造成的损失之所以特别严重，也因为投入抗灾的人力、物力和财力十分薄弱。在1884年2月的大火烧到C.C.多蒂的牧羊场时，只是与他相邻牧场的几个牧羊人自发地前来帮助灭火。结果因人力甚少，难以阻止大火向东蔓延而去。[1] "牧畜王国"遭受历史上罕见的暴风雪时，不仅美国联邦政府、地方政府没有采取有效的救灾措施，而且各牧场主之间也没有互相协作、联合抗灾。即使在一个牧场里，也仅仅是牛仔们去与暴风雪搏斗，抢救牛群。牧场主们则吓得躲在火炉旁不敢出门，无奈地看着无依无靠的牛群成千上万地死去。在残酷的剧烈竞争的资本主义制度下，不可能调动美国全国的人力、物力和财力用于抗灾，因而加重了受灾的程度。

第三，虽然在19世纪80年代末美国西部牧区就开始了由原始游牧方式向现代化牧业经营的转变，但转轨过程较为缓慢。在资本主义生产

---

[1]　Paul H. Carlson，*Texas Woollybacks*，*The Range Sheep and Goat Industry*，College Station，1982，p. 117.

条件下，那里的牧场主仍然在被动地同自然灾害的斗争中走完了 19 世纪和 20 世纪的头 30 年。美国西部牧区在由原始、传统、粗放的游牧方式向现代化生产方式转轨中经历了半个多世纪。这种转变过程出现了不少问题和反复。其中，人们的传统习惯势力是一个重要因素。例如，在好年景时，牧场主们总是忘记牧区超载过牧的深刻教训和忽视长期保持牧区生态取得的成果，因而出现浪费过量的牧草和重复过度放牧的现象。此外，其转轨出现曲折和反复也因国际局势和美国国内政策的制约。第一次世界大战结束后，世界市场对粮食需求量大增。美国在密西西比河以西大量开垦草原，种植粮食作物。结果毁坏了上亿英亩草原植被，导致 1934 年在美国发生了震惊世界的黑色沙尘暴。连续 3 天黄沙飞舞，越过了 2/3 的美国土地，吹走了 3 亿多吨的黄土，[①] 以致纽约海域的轮船进不了港，空中的飞机无法降落。这次大风暴才真正引起美国政府的高度重视。随后，美国建立了土地管理局，推广韩丁"免耕法"，用亡羊补牢的方法改善生态环境。此后，美国西部牧区才逐渐用集约化、现代化的畜牧生产方式代替了原始游牧的畜牧生产方式，走出了被动抗灾的圈子。这种转变经历了半个多世纪。

美国西部牧区天灾的惨痛教训警示我们：一个国家的畜牧业要顺利实现由原始游牧方式向现代化经营的转变，应避免过载过牧的掠夺性经营，注意保持牧区的生态平衡和牧草资源的科学开发、利用与养护，防止草原沙化；国家须加大防灾抗灾的投入及牧区的基本建设。只有这样，其牧业生产才能走出被动抗灾的怪圈，增强抵御自然灾害的应变能力；才能尽快跨越"靠天养牧"的阶段，走可持续性发展的道路，并缩短向现代化转变的进程。

（原载《史学月刊》2006 年第 1 期）

---

　① Douglas Hurt，*The Dust Bowl：An Agricultural and Social History*，Chicago，1984，p. 34.

第二部分 02

美国历史上的西部牛仔

美国西部牛仔的先驱

一、骑马牧人的分布

美国西部牧牛业的起源可以追溯到克里斯托弗·哥伦布第二次航抵美洲，而美国最早的牛仔，要回溯到埃尔南多·科尔特斯率领的西班牙殖民者征服墨西哥。1492 年 10 月 2 日，哥伦布的船队首抵巴哈马群岛的圣萨尔瓦多岛。他发现那里没有牛、马、羊等家畜，而这些都是西班牙殖民者征服美洲大陆必不可少的。马是殖民军的坐骑和运输工具，牛、羊为他们提供食品和生活制品。于是，在哥伦布的船队第二次驶向美洲时，装载了一些家畜。1494 年 1 月 2 日，他的船队抵达海地角附近的伊斯帕尼奥拉北岸。船员们在那里卸下经过远航存活下来的 24 匹雄马、10 匹牝马和一些牛①。这是首批由西班牙运抵美洲的家畜。继哥伦布之后的殖民者不断把牛、马和羊等家畜带到中、南美洲和北美洲。被带到新大陆的家畜不断繁衍后代，西班牙王室的牧场和私人牧场在征服的殖民地建立起来。

1519 年，埃尔南多·科尔特斯及其殖民军士兵抵达现今墨西哥城的中心地带。殖民军凭借原住民称为"大狗"的战马和先进武器，征

---

① Samuel E. Morison, *Admiral of the Ocean Sea: a life of Christopher Columbus*, Boston: Little & Brown, 1942, pp. 49 – 50.

服了阿兹特克人，尔后在城市废墟上建立起新的城市。1521 年，格雷格里奥·德·比利亚洛沃斯将牛从圣多明戈岛运输到墨西哥。这些牛很快在新环境中成长繁衍起来①。西班牙殖民者的牛群先是被放牧在墨西哥城南部和西部的草地上，随着殖民者为寻找黄金不断拓展殖民区和传教地区的扩大，牧牛区不断向墨西哥的北部和西部推进。西班牙王室给殖民军的首领在墨西哥分封领地，每块领地包括其界内的原住民、所有的城镇和村庄的大地产。在埃尔南多·科尔特斯的领地内，有 22 个西班牙殖民定居点，包括 2.3 万原住民②。西班牙殖民者强迫墨西哥的原住民皈依天主教，传教士也不断拓展他们传教区。随着西班牙殖民扩张的深入和传教区的扩大，在 16 世纪终结时，牧牛业已经在墨西哥牢固地建立起来。到 17 世纪 90 年代，牛群已被放牧到格兰德河岸边的灌木丛地区。从那里，牧牛业逐渐向得克萨斯推进。到 18 世纪早期，人们已经可以在得克萨斯看到大量的牛群。17 世纪，西班牙殖民者进入现今的新墨西哥和亚利桑那，随后牛马等家畜也被带入那里。1769 年，西班牙的传教士又把牛、马带进加利福尼亚③。从 1786 年至 19 世纪 20 年代早期，西班牙国王颁授 20 块私人领地，用以放养牛群④。许多西班牙殖民军的军官、士兵和传教士等，成了在墨西哥拥有大量土地的牧场主。在牧场上为他们骑马放牧管理牛群的人被称为"骑马牧人"（Vaquero）。这些骑马牧人便是最早的"牛仔"（cowboy）。

　　最初，西班牙殖民者让他们的奴隶照料牛群。埃尔南多·科尔特斯

---

① Fay E. Ward, *The Cowboy at Work*, Norman and London：University of Oklahoma Press，1958，p. 4；Don Ward, *Cowboys and Cattle Country*, New York，American Heritage Publishing Co.，Inc.，1961，p. 12.

② Russell Freedman, *In the Day of the Vaqueros*：*America's First True Cowboys*, New York：Clorion Books，2001，p. 4.

③ Sydney E. Fletcher, *The Cowboy and His Horse*, New York：Grosset & Dunlap，Inc.，1951，p. 61.

④ David Dary, *Cowboy Culture*：*A Saga of Five Centuries*, Lawrence：University Press of Kansas，1981，pp. 51 – 52.

的一名受了洗礼的"半摩尔人"（或称"摩尔人"）奴隶，可能是在北美洲的第一个骑马牧人。很多"半摩尔人"黑奴从北非被贩卖到西班牙，他们又被西班牙殖民者带到北美去为主人照料牛群。这些"半摩尔人"在北非时就会放牧牛群。因为西班牙殖民者不允许北美的原住民学习骑马，所以在北美洲牧牛业的初期，只有"半摩尔人"黑奴才是那里的首批骑马牧人①。这些"半摩尔人"牧牛人，白天把主人的牛赶到草地放牧，夜晚把牛圈在牛栏里。西班牙殖民者是不允许墨西哥原住民拥有马和掌握骑马技术的，因为在科尔特斯征服墨西哥时，马是西班牙殖民军最重要的武器。科尔特斯认识到，马背上的"印第安人"将成为难对付的敌人。这一点在 16 世纪末得到了证实。为了把马严格掌握在西班牙殖民者的手中，法律规定禁止"印第安人"、印白混血人、黑人拥有马匹②。

由于墨西哥牧场的不断增加、牧区不断扩大以及一些特殊原因，殖民者不得不改变禁止原住民骑马照料牛群的做法。这些变化之一是牧场上的牛越来越多，之二是牧区的偷牛贼也越来越多。在这种情况下，西班牙牧场主仅靠他们的"半摩尔人"奴隶已无法管理四处漫游的牛群和防止牛丢失。这种状况使西班牙牧场主不得不去照料他们的牛群。然而，绝大部分西班牙人及其在墨西哥出生的后代"克里奥尔人"（土生白人），不齿于做管理牛群的工作。甚至一些拥有自己牛群的神父也是如此，这些"上帝之子"不喜欢在马背上照料牛群。为解决牛数量不断增加和缺少牧牛人的矛盾，西班牙牧场主就让皈依了天主教且顺从的"印第安人"和非西班牙裔的有色人种的人，学习骑马和在马背上管理照料牛群的技术。于是墨西哥骑马牧人便慢慢产生了③。那些被称为

---

① Lawrence Clayton, Jim Hoy and Jerald Underwood, *Vaqueros, Cowboys and Buckaroos*, Austin: University of Texas Press, 2001, p. 7.

② David Dary, *Cowboy Culture: A Saga of Five Centuries*, p. 22.

③ David Dary, *Cowboy Culture: A Saga of Five Centuries*, p. 13.

"半摩尔人"的黑人奴隶，可能是骑马管理牛群技术的传授者。墨西哥原住民中的第一批骑马牧人是在传教区的牧场上产生的。神父们为了规避不准"印第安人"骑马的法律，给他们的"印第安人"仆人配备了长矛和刀，让他们到外面猎牛。于是，骑马牧人，即最初的墨西哥原住民牛仔便诞生了。从一开始，骑马牧人就是杰出的骑手。他们到开放的牧区巡牧管理变野的牛，也发展了放牧工具和牧牛技能①。

1546年起，墨西哥骑马牧人的数量开始大量增加。这是因为是年西班牙殖民者在萨卡特卡斯发现了银矿，矿业营地需要大量的牛肉供应。在那里，牛可以高价卖出。于是成群成群的牛被赶往北部，进入矿区。在中部高原的新牧区，牛迅速繁衍，需要大量骑马牧人放牧照料②。采矿业衰落之后，牧牛业在墨西哥变得更为重要起来。西班牙牧场主依靠牛增加财富，且凭借经营大牧场提高他们的社会地位和扩大政治权力。因此，放牧区不断向北、向西扩展。神父加西亚·德·圣弗朗西斯科在靠近格兰德河南岸的地方，建立传教区。这是通往得克萨斯的第一个传教区。在当地"印第安人"的帮助下，传教区内用木头和灰泥建了一个教堂和其他住所，室内的墙壁还刷了石灰。后来一些传教区的教堂也都沿袭了这种风格。加西亚神父还与当地的"印第安人"有了交往，而其他西班牙人则晚至1680年才开始与"印第安人"交往。尽管西班牙王室在此前10年就宣布了对现今得克萨斯的占领，但殖民者真正开始占领得克萨斯的计划，却是在谣传法国人在那里建立了一个定居点以后③。

最先把牛马带进得克萨斯的是科阿韦拉的长官阿隆索·德·莱昂上校和神父达米安·马桑纳特。1689年初，他们被派往得克萨斯调查法国人定居点的情况。回到科阿韦拉后，两人向西班牙王室报告说法国人

① Russell Freedman, *In the Day of the Vaqueros：America's First True Cowboys*, p. 6.
② David Dary, *Cowboy Culture：A Saga of Five Centuries*, p. 15.
③ David Dary, *Cowboy Culture：A Saga of Five Centuries*, p. 36.

已进入得克萨斯地区。西班牙王室于是决定派他们带领一支探险队去该地区，调查法国人是否还在那里建立了其他定居点，并要他们同时在得克萨斯"印第安人"中间建立一个传教区。1690 年初，神父圣弗朗西斯科·德·约斯在现今得克萨斯东部的韦奇斯西北的圣佩罗河边建立了得克萨斯传教区。马桑特神父和莱昂上校在给这个新传教区送供应品时，第一次把牛带进了现今的得克萨斯。莱昂上校从科阿韦拉带去了200 头牛和 400 匹马。然而，他在新传教区仅留下了 20 头母牛、2 头公牛和 9 匹马，其余的牛马被他在返程时带走。在返回科阿韦拉的途中，他每过一条河就留下一头母牛和一头公牛、一匹母马和一匹公马。后来，还有其他的西班牙探险队把牛带进得克萨斯东部的传教区，并有一些牛散落在途中。到 18 世纪早期，得克萨斯牛的数量剧增，传教区的牧场和私人牧场里还出现了不少大牛群。1767 年，有人在得克萨斯传教区还发现许多无主的公牛①。牛马数量的快速增加，一方面是它们自然繁衍增长的结果，另一个更主要的因素，是莱昂及继他之后的其他西班牙传教士和探险队把大量的牛马带进了得克萨斯。

　　西班牙传教士最初使得克萨斯原住民皈依天主教的努力并不成功。18 世纪，得克萨斯一些传教区的西班牙方济各会的教士们就规劝教区内原住民信仰天主教，并传授管理牛的技术，却遭到很多原住民部族特别是阿帕切族和科曼切族的拒绝。灰衣教士们还发现，在这两个部族中间建立的传教区根本发挥不了什么作用，圣萨巴传教区便是例证。1757 年 4 月，圣萨巴传教区在现在得克萨斯州的圣安吉洛东南约 50 英里处建立，位于科曼切族和阿帕切族居住区的中心。数周乃至数月过去，没有一个"印第安人"住进这个新传教区，只是时有少数"印第安人"来这个传教区拜访。他们喜欢方济各会教士们的款待，却拒绝留下来②。

①　David Dary, *Cowboy Culture：A Saga of Five Centuries*, pp. 37 - 38.
②　David Dary, *Cowboy Culture：A Saga of Five Centuries*, p. 38.

西班牙传教士改变对教区内敌对的"印第安人"的态度，是在他们雇用了一些法国人之后。这些法国人使西班牙传教士与得克萨斯的"印第安人"的关系得到了改善，渐渐地，越来越多的人愿意皈依天主教。西班牙传教士便选择了一些皈依归顺的"印第安人"当骑马牧人。在对这些被选为骑马牧人的原住民传授管理牛群的经验时，传教士们将个人的经验与格兰德河以南传教区骑马牧人的经验结合起来。传教士们还把南部牧区的马鞍等带到了得克萨斯，可能也有一部分马鞍在新传教区内被制作成。因为得克萨斯的"印第安人"骑马牧人很少，那里牧场的发展受到制约。这种状况一直延续到19世纪初。

西班牙从法国手中夺取了路易斯安那后，从1765年开始在那里施行管理权。为了掌控对路易斯安那的牛贸易、对得克萨斯的牧牛业征税，并加强对得克萨斯和其他北部省的控制，西班牙王室将得克萨斯、亚利桑那、新墨西哥和墨西哥的一些北部省合并为因特纳斯省，由西奥多·德·克鲁瓦管理。该省的情况由他直接向西班牙国王汇报。随后不久，克鲁瓦开始视察北部边界地区。

在得克萨斯，克鲁瓦做出三项决定：其一是将包括在传教区牧场上没有打上烙印的无主牛收归王室所有；其二是对将野牛、野马围捕变为家畜的人征税；其三是对丢失的牲畜和对牲畜盗贼的处理做了规定。从这些措施来看，在1778年以前，西班牙王室并没有打算在得克萨斯建立"牧主公会"。定居点的建立也较缓慢。1778年，到得克萨斯境内的定居者只有3 000人。一些人定居在圣安东尼奥以南的圣安东尼奥河到拉巴尼亚一带，另一些人定居在格兰德河至努埃西斯河谷和得克萨斯东部的纳科多奇斯周围地区。到1780年，得克萨斯境内共有牛10万头，而传教区内的牛为2.5万头[①]。由此来看，到1780年，得克萨斯的私人牧场拥有牛的数量超过了传教区内牧场的存牛量。所有的牛都由墨西哥

① David Dary, *Cowboy Culture: A Saga of Five Centuries*, pp. 39 – 40.

骑马牧人放牧管理。这些墨西哥骑马牧人有的是随西班牙传教士和探险队从格兰德河南岸地区进入得克萨斯定居的，他们之中有皈依了天主教的墨西哥原住民和西班牙殖民者的非裔奴隶，也有一些是得克萨斯境内皈依了天主教的原住民。

在得克萨斯的墨西哥骑马牧人中有一些来自非洲的黑人。1580—1650年，一些非洲黑人奴隶被贩卖到西班牙的墨西哥殖民地，他们之中有少数人被主人带到了得克萨斯的边界地区。在18世纪，第一批非裔血统的人已在圣安东尼奥的拉巴伊亚和纳科多奇斯定居点的牧场上放牧牛群①。到18世纪末，在得克萨斯从事牧牛业的大多数是墨西哥原住民骑马牧人。相较之下，非裔骑马牧人较少，他们多是以奴隶的身份在其主人的牧场上照管牛群。

17世纪，西班牙殖民者向得克萨斯西部的新墨西哥和亚利桑那进发。西班牙对新墨西哥的统治始于16世纪，胡安·德·万特在征服这一地区时还带去了牛。1630年，约有50名传教士进入新墨西哥的50个传教区传教。然而，在17世纪时那里的牧牛业发展缓慢，没有得到大范围的扩展。原住民阿帕切族的袭击，旱灾以及西班牙政府、教会和官员的争斗，制约了新墨西哥牧牛业的发展。特别是新墨西哥的自然条件，更适合养羊，而不适合养牛。所以到19世纪以前，新墨西哥的牧牛业一直发展缓慢②，那里成为美国西部"牧羊帝国"崛起的发源地。

在亚利桑那，牧牛业的起步发展则较为顺利。1687年，神父欧塞维奥·弗朗西斯科·基诺在希拉河南部河谷的原住民地区尝试养牛。基诺神父在皮马族和尤马族地区建立了很多传教区。据说，他曾为4 000名皈依者洗礼。基诺神父曾是一个有经验的牧场主，他在旧墨西哥的第一个传教区里建了一个养牛牧场。从那里，他把数百头牛、一些羊和套

---

① Alwyn Barr, "Introduction", Sara R. Massey, *Black Cowboys of Texas*, College Station: Texas A&M University Press, 2000, p. 3.

② David Dary, *Cowboy Culture: A Saga of Five Centuries*, p. 42.

索、皮鞭、马鞍和烙铁等骑马牧人用的工具带到他所在的亚利桑那传教区。基诺神父教信徒们如何繁殖和照料牛，并教会皈依的骑马牧人使用这些工具的方法。他在亚利桑那"印第安人"中获得的成功，远比 17世纪晚期传教士们在得克萨斯的成绩要大得多。到 1711 年基诺神父去世，他一直在亚利桑那持续不断地进行传教和促进传教区牧牛场的发展，取得了很大成绩。历史学家赫伯特·E. 博尔顿高度评价了基诺神父的贡献，他称：基诺神父"很轻而易举地成了当时他所在地区的牧牛大王……15 年前在圣克鲁斯和圣佩德罗河谷就建起了养牛业。现在地图上有大约 20 个畜牧业发达的地方，最早都是由他创立的"①。基诺神父去世后，在长达 20 余年时间里，西班牙殖民者在亚利桑那的牧牛业陷于停滞。其主要原因是西班牙士兵的暴行、后来传教士的谋私与不和、殖民政策多变，等等。其结果导致亚利桑那的原住民越来越独立，越来越轻视西班牙殖民当局和宗教生活。19 世纪初，墨西哥爆发了反对西班牙殖民统治的独立革命。亚利桑那政局动荡，税收失控，阿帕切族对殖民者更加敌对。那里的牧牛业全面停滞下来。直到 19 世纪晚期，亚利桑那的牧牛业才得以恢复。

最早把牛马等家畜带入加利福尼亚并在那里建立传教区的，是神父胡尼佩罗·塞拉。从 1769 年在圣迭戈开始建立第一个传教区，到 1784年去世前，塞拉神父指导方济各会的传教士们，在加利福尼亚沿海岸建立了 9 个传教区②。为了防止俄国人从阿拉斯加、英国人从加拿大进入加利福尼亚，西班牙王室决定派遣远征军到加利福尼亚建立军事要塞和传教区。加斯帕·德·皮托拉上校被任命为下加利福尼亚长官。他奉命在下加利福尼亚建起军事要塞，并向北沿加利福尼亚建立传教区。远征队于 1769 年初起程，分陆路和海路两部分同时向加利福尼亚进发。陆

---

① David Dary, *Cowboy Culture：A Saga of Five Centuries*, pp. 42 – 43.

② Richard W. Slatta, *Cowboys of the Americas*, New Haven and London：Yale University Press, 1990, p. 22；David Dary, *Cowboy Culture：A Saga of Five Centuries*, p. 45.

路探险队从距下加利福尼亚最南端200英里的洛雷托定居点出发。因为牛、马和骡子在加利福尼亚非常短缺,探险队必须带去家畜。这些家畜都是北进沿途的传教区提供的,有200头牛,主要由母牛及它们的牛犊组成,还有45匹马、140头用作坐骑和驮载的骡子。在陆路探险队起程的同时,两艘船也起航向北驶去。其中一艘船装载了六七头牛前往加利福尼亚。其他的牛和首次进入加利福尼亚的马等家畜,被赶着穿越了沙漠和崎岖的山路地区,行程达600英里。陆路探险队于1769年5月抵达圣迭戈,与那些经海路早已到达的人会合。

随西班牙远征队前往圣迭戈的牛、马、骡等家畜究竟有多少活着抵达目的地,今天已无法知晓,但确定的是,有些家畜经过长途跋涉后活了下来,这从后来加利福尼亚牧牛业的发展可以得到佐证。远征队中赶牛北上的骑手和一些骑马牧人是志愿参加远征的。西班牙远征队到达圣迭戈不久,就在那里建立了第一个要塞。传教士们在塞拉神父的指导下,建立了一个传教区。到1773年,在加利福尼亚共建立了5个传教区和4个要塞。每个传教区的牛不足50头,有少量牛是为要塞的军官和士兵提供食品用的。加利福尼亚牛的总数很少。

3年后,加利福尼亚的牛增长了一倍多。那是在胡安·比亚蒂斯塔·德·安萨率领的240人远征加利福尼亚之后。这些殖民者中的许多人都是从索诺拉和锡那罗亚招募来的,他们带了350头牛和约700匹马前往加利福尼亚。这次陆路远征从现今亚利桑那的图森南面的图巴克要塞起程[1]。1775年和1776年,安萨带着定居者赶着家畜,从亚利桑那前往蒙特雷,而后抵达圣弗朗西斯科。这条路线实现了基诺神父从亚利桑那往加利福尼亚供应家畜的宏愿[2]。

塞拉神父对加利福尼亚牧牛业的发展做出了重要贡献。他建议在两要塞间建立连续的传教区,解决交通不便的问题。为此,他提议建立

---

[1] David Dary, *Cowboy Culture: A Saga of Five Centuries*, pp. 44 – 46.

[2] Richard W. Slatta, *Cowboys of the Americas*, p. 22.

21 个方济各会传教区，从圣迭戈连续延伸到索诺马。这些传教区每 30 英里设置一个，是根据骑马约行走一天的路程划分的。这样，通过这些相衔接的传教区，既可以把距离较远的两个要塞联系起来，又可以扩大传教区的规模和影响力。然而，在他 1784 年去世前，塞拉神父只建成了 9 个传教区。塞拉神父做的另一件事是把农业种植和牧业生产的技术传入到加利福尼亚[1]，使当地皈依了天主教的原住民学会了骑马管理牛群的技术。

在加利福尼亚传教区的牛马数量不断增多的情况下，传教士们才不得不把骑马管理牛群的技术传授给皈依天主教的原住民。在第一批西班牙殖民者远征队进入加利福尼亚之前，那里的原住民从未见过马。在西班牙殖民者进入加利福尼亚定居后，他们仍然坚守不让当地原住民骑马或拥有马匹的法律。最初，随远征队赶着牛、马进入加利福尼亚的骑马牧人，能较容易地管理他们带来的驯化的家畜。这些数量不多的牛，白天放牧到传教区的牧场上，夜里被圈围入栏，照料起来比较容易。然而，随着牛马数量的不断增加，传教区的放牧场地便难以容纳过多的家畜。大量的牛马被赶到能提供充足牧草的开阔地上去放牧，其结果是造成传教区缺乏足够的人手去照料那些在野外放牧的牛马，很多降生在野外草地上的牲畜也因无人管理而变野。在此情况下，传教士们不得不将皈依了天主教的原住民中的一些人训练为新的骑马牧人。骑马和管理牛群的技术，是由随探险队而来的有经验的骑马牧人传授的。随后，西班牙当局也不得不废弃了不准殖民地原住民骑马的法律[2]。

骑马牧人的工作特点，是要到远离传教区和传教士监控的地方放牧牛群，所以值得信任尤为重要。在加利福尼亚传教区，传教士们便从新入教的原住民中选择那些顺从的人，将其训练成骑马牧人，并不断考验这些新信徒的可靠程度。加利福尼亚传教区的牛马数量开始增加时，西

---

[1] David Dary, *Cowboy Culture: A Saga of Five Centuries*, pp. 35, 47.

[2] David Dary, *Cowboy Culture: A Saga of Five Centuries*, p. 47.

班牙王室为那里的畜群提供了大片放牧地。到 1800 年,传教士们在加利福尼亚已经获得了放牧牛群的专利权。由于养牛是该地区的唯一产业,故传教士们也就控制了那里的经济。然而,由传教区单独控制加利福尼亚牧牛业的局面并没完全持续下去①。

1786 年后,加利福尼亚发展起了私人大牧场。是年,西班牙王室将大地产授予一些在加利福尼亚的殖民军官或官员遗孀的儿子们。于是,在加利福尼亚便出现了私人牧场。一些私人牧场的面积多达 7.5 万英亩,甚至 15 万英亩。这些私人牧场上放牧的牛马非常多,牛多达1.5 万—2 万头,甚至更多。有的私人大牧场主对其牛马疏于管理,任由没打烙印的牲畜到处乱跑。他们对怀孕的母马也不围拢,产下的马因而变成了野马。其结果致使在平原上有成千上万的野马四处奔驰,对传教区和其他较小私人牧场的牲畜造成极大危害。为此,西班牙王室又对私人大地产主经营的大牧场做出了远离水源、牧场、树林和村镇的限制,并要求他们使用更多的骑马牧人对其牲畜加强管理。总体来说,到19 世纪 20 年代以前,加利福尼亚的私人牧场发展比较缓慢,对那里的经济没有产生实质性的影响。传教区的牧场对加利福尼亚经济的影响仍然巨大。

在墨西哥推翻西班牙殖民统治宣布独立之前,劳作在传教区牧场上的都是骑马牧人。不论是格兰德河以南辽阔的墨西哥土地上,还是河以北的得克萨斯、新墨西哥、亚利桑那和加利福尼亚等墨西哥的领土上,都是墨西哥骑马牧人在传教区的牧场或私人牧场上为牧场主放牧管理牛群。这些墨西哥骑马牧人包括西班牙殖民者带到墨西哥的非裔奴隶("半摩尔人")、被西班牙殖民者称为"印第安人"的墨西哥原住民,还有白黑混血、白印混血和印黑混血的后代等。牧场主则是西班牙殖民

---

① David Dary, *Cowboy Culture: A Saga of Five Centuries*, p. 52.

者及其在墨西哥出生的后代（土生白人）和传教士等①。

墨西哥革命期间及其独立后的一些重大政治事变，使原本属于墨西哥的领土被美国兼并或割走。很多墨西哥骑马人成了美国人。1821 年 2 月 21 日，墨西哥宣布脱离西班牙独立，墨西哥新政府建立，成立墨西哥共和国。新政府要求前殖民政府官员和教职人员宣誓反对西班牙，在得克萨斯的传教士们拒绝宣誓，离开了墨西哥。英裔美国人利用墨西哥共和国鼓励移民和土地赠予政策，大量涌入得克萨斯。到 19 世纪 30 年代中期，得克萨斯的人口达到 3 万人（不包括原住民），其中美国移民占 2/3，他们有很多人从事牧牛业，成了牧场主。当时得克萨斯的墨西哥人约有 4 000 人，绝大多数人是骑马牧人②。因为美国移民占得克萨斯人口的多数，他们自称"得克萨斯人"。美国为得到得克萨斯，于 1835 年底策动了反叛墨西哥的所谓"革命"。得克萨斯于 1836 年宣布独立，成立"孤星共和国"。1845 年，美国兼并了得克萨斯。在"孤星共和国"的 10 年间，得克萨斯人一直同墨西哥人进行边界拉锯战争。处于劣势的墨西哥牧场主最终不得不放弃格兰德河北部的牧场和牛群，退回现今墨西哥境内。得克萨斯人乘机占据了墨西哥人丢弃的牧牛区。

加利福尼亚的重大事变是在墨西哥独立革命期间发生的。墨西哥革命爆发后，西班牙殖民当局派曾为其工作的墨西哥军官阿古斯丁·德·伊图尔维德率远征队前去。伊图尔维德不但没镇压反抗，反而做了反抗者的领袖，并使墨西哥获得自由。一些有影响的加利福尼亚人于 1826 年要求新政府将 21 个传教区的土地作为公有地产，几经更迭的墨西哥政府最终同意了私人求地者的要求。1833 年，墨西哥新政府宣布了"世俗法"。该法宣布了传教士拥有财富的时代的终结。墨西哥政府将 21 个传教区拥有的土地作为公有土地，以满足私人牧场主对土地及教

---

① Richard W. Slatta, *The Cowboy Encyclopedia*, Santa Barbara: ABC - Clio, 1994, p. 381.

② David Woodman, Jr., *Guide to Texas Emigrant*, Waco: Texan Press, 1974, p. 119.

区牛群的要求。然而，1833 年的"世俗法"到 1836 年才正式实行。传教士们在墨西哥独立后就开始大规模地杀牛谋皮，一场宰杀以最快的方式展开，传教士们尽其所能从牛身上夺取财富。到"世俗法"实行时，几乎没有什么牛可分了①。这无疑会对加利福尼亚牧牛业的发展造成极为不利的影响。

　　美国在兼并得克萨斯后的次年又发动了侵略墨西哥的"美墨战争"（1846—1848 年），获胜后迫使墨西哥签订和约。和约规定以格兰德河为墨西哥与得克萨斯的边界，借此从墨西哥割取了加利福尼亚和新墨西哥（包括今亚利桑那的大部分）②。在美国割占加利福尼亚之前，并没有大量的英裔美国人移居那里，只有少数美国商人从那里把牛赶到俄勒冈贩卖。

　　1849 年的加利福尼亚"淘金热"吸引了约 10 万人涌进金矿营地，其中大部分是东部美国人。到 1852 年，加利福尼亚的居民增至 25 万人，原住民还不包括在内③。"淘金热"的兴起，改变了加利福尼亚主要以牧牛业为主的经济特点。矿区需要大量的肉类和粮食供应。因为"淘金热"前的牛皮和牛脂贸易，加利福尼亚的牛被大量屠杀，已无法满足矿区的需求。大量拓居者的涌入，使加利福尼亚的土地被采矿营地和农田分割，牧场与野牛消失。因此，加利福尼亚对牧牛业的发展没有产生持续的影响④，但它作为重要的肉类需求市场，却极大地推动了得克萨斯的牧牛业发展，得克萨斯的牧牛业开始占据优势。得克萨斯的赶牛人开辟多条赶牛路线，把大量得克萨斯牛赶到加利福尼亚的金矿营

----

① David Dary, *Cowboy Culture: A Saga of Five Centuries*, pp. 52, 53.

② Henry S. Cornmager, ed., *Documents of American History*, Vol. 1, New York: Appleton – Century – Crofts, 1963, pp. 313 – 314.

③ Howard R. Lamar, ed., *The Reader's Encyclopedia of the American West*, New York: Thomas Y. Crowell Company, 1977, p. 448.

④ Don Ward, *Cowboys and Cattle Country*, New York: American Heritage Publishing Co., Inc., 1961, p. 20.

地。"淘金热"过后，一直到美国内战爆发，得克萨斯一直持续不断地为加利福尼亚供应牛。内战结束后，得克萨斯人又抓住了美国工业化和城市化的历史新机遇，通过长途驱赶，不但把数百万头牛经铁路运往东部市场，而且把大量牛群赶往大平原西部和北部新的牧区，促使一个疆域辽阔的"牧牛王国"迅速兴起。

骑马牧人与美国牛仔是什么关系？不同作者的表达略有差异，但基本观点相同。唐·沃德认为："美国的第一个牛仔是'印第安人'。他能整天骑在马上，好像他是体形矮小的马的一部分……这个富有色彩的人物是由西班牙人训练的墨西哥以及加利福尼亚的骑马牧人。他们是骑在马上照料大量牛的印第安人。"① 理查德·W. 斯莱塔认为："骑马牧人是在墨西哥的传教区和牧场上劳作的牛仔……越来越多的放牧需要，以及西班牙精英对体力劳动的厌恶，使印第安人、黑人和西班牙人与印第安人的混血儿开始骑马。"② 对于骑马牧人的构成及其产生的原因，斯莱塔的表述较为全面，而对骑马牧人的劳作方式，沃德描写得更为具体。

从上面表述中，我们可以得出这样几点结论：

第一，骑马牧人是在传教区的牧场和私人牧场上骑马巡牧、管理牛群的最早的牛仔，他们都是墨西哥人。很多著作中都把他们称为"墨西哥骑马牧人"。第二，"墨西哥骑马牧人"有黑人，他们是前面论及的"半摩尔人"，是西班牙殖民者带到墨西哥的非裔奴隶；有墨西哥的原住民，即"印第安人"，还有在墨西哥的混血人。第三，在美国获得的墨西哥领土上的"墨西哥骑马牧人"及其后代，是美国西部最早的牛仔先驱。自墨西哥独立到美墨战争期间，先是西班牙殖民者及传教士

---

① Don Ward, *Cowboys and Cattle Country*, p. 10.

② Richard W. Slatta, *The Cowboy Encyclopedia*, pp. 380 – 381; Richard W. Slatta, *Comparing Cowboys and Frontiers*, Norman & London: University of Oklahoma Press, 1997, p. 74.

离开墨西哥，后是墨西哥牧场主们退回到现今墨西哥境内。只有不同族裔不同肤色的墨西哥骑马牧人，留在了并入美国的得克萨斯、加利福尼亚、新墨西哥和亚利桑那。正如劳伦斯·克莱顿所言："在美国有黑色骑马牧人、白色骑马牧人、红色骑马牧人（'印第安骑马牧人'——笔者注），或墨西哥骑马牧人。"[1] J. 弗兰克·多比在讲述骑马牧人亨利·布克维斯时写道："作为黑人，他有印第安人、墨西哥人和白人的血统。"[2] 因为前面论及的原因，得克萨斯成为美国西部"牧牛王国"兴起的"摇篮"，和向美国东部城镇和大平原新牧区输出牛源的"大本营"。骑马牧人成为美国西部牧区最早的牛仔先驱。他们向随美国南部一些奴隶主移居得克萨斯的非裔马背奴隶和英裔美国牛仔，传授了在开阔大牧场上骑马巡牧照料管理牛群的技术、方式和使用各种牧牛工具的技巧。

二、骑马牧人的艰辛

牧牛业从墨西哥中心地带扩展到现今美国的得克萨斯、加利福尼亚、新墨西哥和亚利桑那的过程中，一代代骑马牧人用他们不断改进的工具和生产技能艰苦劳作在辽阔开放的牧场上。在开拓新牧区的漫长赶牛途中，在为牛皮和牛脂贸易而进行的围捕屠杀野牛的活动中，会遇到许多凶险。骑马牧人的居住和生活条件简陋而艰苦。除了劳作和生活艰辛外，骑马牧人还遭受西班牙人和英裔美国人的种族歧视。

骑马牧人巡牧管理牛群的工作极为劳累。不论是在传教区的牧场上，还是在私人大牧场上，骑马牧人都是主要的劳动力。他们的劳作非常劳累，首先是因为牛马非常难以管理。这是由于大量牛马都变得野性十足，成了"野牛"（wild cattle）和"野马"（wild horse）。西班牙殖

---

[1] Lawrence Clayton, Jim Hoy and Jerald Underwood, *Vaqueros*, *Cowboys and Buckaroos*, p. 2.

[2] J. Frank Dobie, *The Longhorns*, New York: Grosset & Dunlap, 1941, p. 324.

民者最初带到墨西哥的牛马都是饲养的家畜。牛是西班牙南部安达卢西亚饲养的"安达卢西亚黑牛",马是西班牙的纯种马（Mustang）。这些牛马都是摩尔人在8—13世纪从北非带到西班牙的非洲牛马的后代。西班牙殖民者把牛马带进墨西哥后,它们又被称作"西班牙牛""西班牙马",或"墨西哥牛""墨西哥马"①。由于北美草原辽阔的自然条件为牛马提供了更大的奔跑空间,加之因牧牛业发展迅速而在一段时间内骑马牧人不足等原因,很多牛马跑到开放的公共区变野。这些变野的牛马自然繁衍的后代野性更大,安达卢西亚黑牛的后代成了极为好斗、野性十足的西班牙公牛,在加利福尼亚的西班牙马因为一直在外散养,繁衍成数量惊人、危害极大的野马群。

骑马牧人整天骑在马上为传教区的神父和私人牧场主照料牛群。他们不但劳累,而且时常面临危险。在西班牙,因为草地面积小,道路窄,管理牛群用的工具简单。骑马牧人用的是带一个锐利尖头的长杆或带尖头的棍子,用这样的工具就可以使牛慢慢行走。最初,骑马牧人也采用这种工具来掌控牛群。然而,无论是墨西哥还是现今美国的得克萨斯和加利福尼亚,草地巨大而开阔。骑马牧人不能用尖杆把牛群围拢起来,不得不天天骑马照料牛群。骑马牧人在管理牛群的时候,常常要捉住一些牛,用烧热的烙铁给它们打上烙印,但公牛性情暴烈,常常引发各种状况,要么是公牛脱逃而走,要么是它在挣扎中伤到人。

为了减少危险、提高效率,骑马牧人必须改造掌控牛马的工具。有一天,一个名叫何塞的骑马牧人想出一个好主意。他在长绳子的末端结了一个牲口套去套住小牛,这个方法很成功。此后不久,所有的骑马牧人都开始使用绳索,即现在人们所说的"套索"去套牛马。在另一名

---

① Howard R. Lamar, ed., *The Reader's Encyclopedia of the American West*, p. 514; Robert G. Terris, *Prospector, Cowhand, and Sodbuster: Historic Places Associated With the Mining, Ranching, and Farming Frontiers in the Trans-Mississippi West*, Vol. 11, Washington: United States Depart of the Interior, National Park Service, 1967, pp. 42, 44.

叫胡安的骑马牧人身上发生的事，使得他决定对何塞的套索加以改进。这位壮汉在套牛时，被套住的公牛会暴怒地挣扎，将绳索从自己手中挣脱而逃走，并且还会因此伤及手自己和胳膊的皮肤。胡安觉得，如果把套索缠绕在某种固定物件上，就会避免这样的情况发生。于是，他在他的马鞍桥前装了一个小圆柱（或称为鞍角）。他把套索的末端在鞍角上系牢，把绳子盘起来挂在上面。在套牛时，就把盘绕的套索取下放在手中，顺着牛的方向把套索抛出①。这样，骑马牧人可以借助坐骑的力量把被套住的牛紧紧拖住，并把它拉倒在地。最初的套索是骑马牧人用晒干的牛皮切细条搓成的绳子制成，粗如人的小手指。骑马牧人在劳作中不断改进套索的长度。最初套索只有45—60英尺长，后来多数骑马人喜欢使用85英尺的套索，抛出的距离以35英尺为最佳。再后来又有了65—105英尺的套索。制作套索的材料也因地区不同而异，如在加利福尼亚，骑马牧人会剪母马的马尾和鬃毛制作套索②。在劳动实践中，骑马牧人都熟练地掌握了使用套索的技术，很多人成为善于套牛马的套索手。

为了使骑乘的烈马驯服，骑马牧人还改进了马具。他们改造皮鞭，在皮鞭的木把中灌铅，以增加重量。这样的皮鞭在危急时可以当棍子使用。在加紧赶路时，骑马牧人会扬鞭使马加速。马鞍是骑马牧人从墨西哥传到美国西部的③。马鞍最早由西班牙殖民者带到墨西哥，因为殖民者骑马只是行军作战，马鞍的前桥较小，两桥间距也较短。骑马牧人使用马鞍是为了当劳作的"平台"，西班牙马鞍不便于骑马牧人在上面使用套索，因此他们对旧鞍进行了改进，将马鞍前桥加大、加高，将前后两桥间距加宽。这种新马鞍遂成为"墨西哥马鞍"。骑马牧人把墨西哥马鞍带到加利福尼亚和得克萨斯后，又根据当地情况加以改进，制成了

---

① Sydney E. Fletcher, *The Cowboy and His Horse*, pp. 17 – 18.
② David Dary, *Cowboy Culture: A Saga of Five Centuries*, pp. 21, 34, 64.
③ David Dary, *Cowboy Culture: A Saga of Five Centuries*, p. 156.

"加利福尼亚马鞍"和"得克萨斯马鞍"①。马鞍不断得到改进，是为减少长时间骑乘的疲劳，更便于骑马牧人的劳作。

　　骑马牧人是在马背上从事艰苦劳动的，离开坐骑，他寸步难行。马是骑马牧人进行任何艰苦劳动的主要帮手，也是他在艰险的环境中相依为命的伙伴和忠实朋友。因此，选择好坐骑对骑马牧人十分重要。早期，骑马牧人主要骑未阉的西班牙雄马。这种雄马半带野性，有耐力，不容易被偷。骑马牧人根据积累的经验，选马时主要凭它睾丸的大小和嘶鸣声的高低，来判断它是否强壮。这些经验传到19世纪后半期的牛仔时，他们会根据用途选择、驯养不同类型的马②，如"巡边"用的快速烈马，放牧和长途驱赶时用的加鞍备用马，等等。选择好而适用坐骑的经验，是由骑马牧人传承下来的。

　　在牧场上，比巡牧管理牛群更劳累危险的是赶拢牛群、围捕野马和防范猛兽侵犯等。在英裔美国人还没有移居得克萨斯之前，骑马牧人就开始了围拢牛群打烙印的活动。因为不论是拥有大牧场的西班牙殖民者，还是拥有传教区牧场的神父们，都想让牛群扩散到他们所占的整个地区。被放出的牛群四处漫游，相邻牧场的牛都混杂在了一起。不同牧场的骑马牧人必须定期把散布荒野且与其他牧场的牛混在一起的本牧场牛找出来。骑马牧人把挑出来的本牧场的牛进行登记分类，对新出生的小牛，要给它们打上表明牧场主所有权的烙印。一些分离的成龄牛被宰杀，为的是取其皮、油脂和肉。这样的围拢牛群和打烙印的活动一年要进行一两次③。早期围拢牛群打烙印的工作很艰苦和危险。牛在荒野牧区变得野性十足，在套索发明之前，骑马牧人只靠矛棍基本无法接触到牛并把它制服，也就难以把它从混杂的牛群中分离出来。在骑马牧人双手抓绳索套牛时，常常发生绳索被牛猛拉脱落和伤人的事。只有在套索

①　David Dary, *Cowboy Culture: A Saga of Five Centuries*, pp. 50, 244.
②　David Dary, *Cowboy Culture: A Saga of Five Centuries*, p. 17.
③　Russell Freedman, *In the Day of the Vaqueros: America's First True Cowboys*, p. 5.

不断改进并把末端固定在马鞍架上后，骑马牧人才少了些危险。在劳动实践中，骑马牧人使用套索的技能日益娴熟，围捕牛群打烙印的工作才慢慢顺利起来。英裔美国人移居得克萨斯后，学习骑马牧人的经验，才逐渐在辽阔的大平原牧区形成了每年春秋两季进行的"赶拢"制度。

牛皮和牛脂贸易时期，围捕屠杀牛的活动更充满危险性。1845年之前，虽然牧场主们拥有很多的牛，但很难使活牛快速变成金钱。这是因为美国西部的铁路未修起来，牧场主们很难把他们的牛大量送到美国东部的市场或养牛的买主手里。当时只有少量牛被赶到路易斯安那出售，但受到种种限制。牧场主们为了尽快把大量的牛转化成金钱，就让骑马牧人围捕和宰杀大量的牛，屠宰取皮和脂肪，进行牛皮和牛脂贸易。墨西哥独立到美墨战争期间，加利福尼亚就发生过对牛群的"大屠杀"。最先是西班牙传教士在离开加利尼福尼亚前通过大量宰杀牧场的牛，使带不走的牛群转变成能带走的金钱。后来，在私人牧场上也发生了同样惨烈的景象。在对牛进行宰杀时，骑马牧人要把牛赶到靠近小河或树林的集中地。一个骑马牧民用套索把一头公牛的一条或两条后腿套住，把它拉倒在地，用两条绳子从相反的方向把它捆住。另一个骑马牧人用余下的绳头把它的两只前蹄和两只后蹄分别捆绑起来，再把四蹄攒系在一起。最初套公牛的套索被取下后，会有一个人拿一把刀，捅进牛脖子，把它杀死并放血。等它的血流尽后，两个骑马牧人开始剥皮，用不了半个小时，整张公牛皮就被熟练剥下。随后，他们将剥下的牛皮撑开在太阳下晒干。一头牛被剥皮后，骑马牧人会接着割取皮下的牛脂和肥肉，每头牛能达到75—100磅，放到巨大的金属容器里熬化，再装入大皮袋子中储存。这些牛脂除部分留作烹饪用油，其他的就成了贸易产品。最后，骑马牧人从那头被宰杀的牛身上割下200磅左右的好肉，用这些肉去制作牛肉干。至此，一头牛的宰杀才基本完成。当时，每次这样的宰杀活动要杀掉 50—100 头公牛①。宰杀工作如果连续进行数日,骑马牧人是非常劳累的。特别是宰杀传教区牧场的公牛时,还会遇到更多危险。因为这些公牛在荒野中从不圈围,几乎成了野牛。它们凶狠好斗,连灰熊也不惧怕。骑马牧人在劳累的情况下套捕这种半野的公牛,稍有不慎就可能会受到严重伤害。

来自波士顿的商船满载牧场主们喜欢的商品,停靠在加利福尼亚沿海岸的港口,进行让骑马牧人劳累至极的牛皮和牛脂的贸易。一个牧场主从一个船长那里获得他要的东西后,便承诺在 1—2 个月后用牛皮和牛脂偿还。成交后,这艘船便驶向下一个停靠地,等牧场主备好牛皮和牛脂后再来取货。于是这个牧场的骑马牧人就开始到牧场各地搜寻牛群,进行 1—2 个月的围捕屠宰活动。在加利福尼亚沿岸港口,停泊着很多商船,船长们都同牧场主们进行着同样的交易。有几次围捕屠杀牛的活动时间持续得更长。一些波士顿商船一直等到无货可以运回时才返航。加利福尼亚因牛皮贸易导致的屠牛运动比得克萨斯早了 50 年左右,直到 1848 年才终结。②有数字表明,1830 年加利福尼亚的 21 个传教区至少拥有 53.5 万头牛;1834 年有 42.3 万头牛;1842 年仅剩 2.822 万头牛。在牛皮、牛脂贸易中,超过 39.4 万头牛被屠杀。另一个数字是到加利福尼亚定居的美国人威廉·H. 戴维斯提供的。他称:1831—1848年,大概有 125 万张牛皮和超过 6 250 万磅牛脂被从加利福尼亚运往波士顿和其他新英格兰港口。倘若戴维斯的数字是准确的,每张牛皮以 2 美元计算,那么 18 年间牛皮贸易总计可达 250 万美元③。在这种以牛皮作为流通货币的贸易中,获利的是牧场主,经受长时间围捕宰杀之劳累和危险的是骑马牧人。

骑马牧人劳作时离不开马,但他们的坐骑是围捕驯服的野马。在牧

---

① David Dary, *Cowboy Culture: A Saga of Five Centuries*, pp. 54, 155.

② Sydney E. Fletcher, *The Cowboy and His Horse*, pp. 66 – 67.

③ David Dary, *Cowboy Culture: A Saga of Five Centuries*, pp. 53 – 54.

场主们看来，马没有牛有价值。故在加利福尼亚的牧场上没有马厩，马被散放在牧区，任凭它们自然繁衍，变成了野马，马的数量也增加得很快。随着牧牛业的迅速发展和牧场规模的扩大，在某个牧场需要更多坐骑和备用马时，骑马牧人就得去围捕野马，把它们驯化后使用。围捕野马的活儿根据需要随时进行，不像牛的赶拢要在春秋两季进行。在围捕野马时，由十几个有经验的骑马牧人到荒野中去，找到一个野马群。随后，他们对野马群形成一个包围圈。骑马牧人搅动野马在包围圈内奔跑，而不让它们冲出去。经过几周，等野马精疲力竭时，再把它们引进事先准备好的围栏中。被关进栏里的野马会拼命反抗，试图冲出去。骑马牧人们严加防范，不给野马草吃。饿过数日后，野马会稍微平静一些。随后，骑马牧人就开始驯服野马的工作。他们用套索套住一匹野马，把它拉倒在地，拖出围栏，给它戴上马笼头、马嚼子，拴上约20英尺的马缰绳。骑马牧人把被束缚的野马拴在柱子上，被拴住的野马会前蹦后踢，高声嘶鸣，拼命挣扎反抗，想伺机逃跑。骑马牧人在旁看守，不让它逃脱，也不给它喂草。这匹野马挣扎反抗数日后，到完全精疲力竭时才垂下头。直到它脖子疼得抬不起时，驯马的头一个阶段才算结束。①

接着骑马牧人会给这匹暂时表示"屈服"的野马备上马鞍，开始骑乘驯服它。备了马鞍的野马摆脱了拴马桩的牵制，又会开始新的反抗。它不让骑马牧人骑乘，甚至想把骑手从马背上摔下来。这个阶段对骑手是很危险的。一旦骑手不慎被野马抛到地上，会被摔伤或遭马蹄踩踏。这时，骑马牧人不能让马完全吃饱，每天骑着它跑很长的距离。经过数日后，一个优秀骑马牧人凭他精湛的驾驭马的技术，会把野马驯化成一匹强壮而驯服的马。有一些骑马牧人成了优秀的驯马师。② H. T.

---

① David Dary, *Cowboy Culture: A Saga of Five Centuries*, p. 61.

② David Dary, *Cowboy Culture: A Saga of Five Centuries*, p. 48.

利普克兰茨是加利福尼亚的早期骑马牧人，曾驯服了无数野马。①

　　骑马牧人还要防止猛兽袭击牛群。加利福尼亚屠宰牛的现场给灰熊残留了丰盛的美食，灰熊聚集到牛群附近，把这里当成了过"饱食无忧的轻松生活"的场所。到19世纪中期时，加利福尼亚每20平方英里的范围内就有5只灰熊。在靠近海岸的峡谷和周围地区，聚集了1万只灰熊。19世纪的头10年中，骑马牧人说大灰熊太多，他们抱怨这些灰色的家伙会把牛杀死吃掉。一个骑马牧人亲眼见到一只灰熊咬死了5头骡子和7头牛。19世纪30年代初，骑马牧人进行了捕杀灰熊的活动。唐·何塞·若阿金·埃斯图迪略和10个曾做过骑马牧人的士兵，在圣弗朗西斯基托的丛林里套捉并杀死了40只灰熊。此地是圣克拉拉教区的众多牧场之一，捕熊者们用经过训练的马轮番与熊周旋，这些马对捕熊很在行。一个骑马牧人在马背上用套索套住熊头，另一个骑马牧人套住熊腿，然后驱马向相反的方向拉，直到这个可怜的家伙被完全制服。捕杀灰熊的活动会一直持续到次日天明，捕熊者已经完全疲惫不堪。只有到了这时，他们才去清点一夜捕杀的猎物。在屠宰场，四五个骑马牧人会合伙把来觅食的灰熊捉住，让一头公牛与它打斗，并把它杀死。有时，一个骑马牧人也能成功套住捉到一只灰熊。

　　骑马牧人参与的长途驱赶牛群，主要是随西班牙殖民探险队去开辟新的殖民点，或是跟着传教士们去拓展新传教区。从17世纪末到18世纪中期，长途驱赶牛主要是从现今墨西哥境内到现今美国的得克萨斯、新墨西哥、亚利桑那和加利福尼亚。长途驱赶牛群一路困难重重，历尽艰险。如前所述，这样的长途驱赶路途遥远。一次长途赶牛有数百英里，甚至更远。沿途路况复杂，要涉过河流、穿越沙漠、翻过高山。那时没有装运工具、食品和卧具的炊事工具车，一队人员的食品全由骡子驮着。食物吃完了，就得在途中去找寻。当时的公牛都不阉割，它们性

------

① David Dary, *Cowboy Culture: A Saga of Five Centuries*, pp. 64, 66.

情狂暴。遇到突然袭击和恶劣天气，难管控的公牛会搅得整个畜群四处逃散藏匿，骑马牧人要把畜群归拢起来极其费力。因为探险队和传教团的畜群要穿越原住民居住区，占有他们的狩猎场所和家园，所以也会引起部族的强烈反抗和袭击。

在早期赶牛时，骑马牧人不像后来的美国牛仔那样持有枪支，他们随身携带的只有长矛和砍刀。[①] 长矛用来对付野兽和驱赶围拢畜群，砍刀用来对付响尾蛇等。17 世纪末到 18 世纪初，西班牙士兵和传教士们第一次把家畜带入得克萨斯时，士兵们左手牵着马，右手握着长竿上装"U"形的两个金属尖的矛枪，保护着牛群和移居者的安全。[②] 骑马牧人带的唯一武器是"鲍伊刀"。这种刀的刀片长 9 英寸，刀尖和两边的刀刃都磨得很锋利，刀片后有一个手握的刀把。第一把"鲍伊刀"是由一个在得克萨斯的非裔奴隶打制的。后来，这把刀被密西西比的詹姆斯·鲍伊上校看到，他喜欢上这把刀，并复制了几把。这种刀就由此被命名为"鲍伊刀"。在长途驱赶牛群的沿途，有很多对人畜危险极大的响尾蛇，有时它们甚至能爬到马背上。在此危急时刻，骑马牧人可以用"鲍伊刀"给蛇致命一击，将它杀死。有时没有了食物，骑马牧人们不得不杀死一头小公牛充饥，"鲍伊刀"便成了杀死小公牛、剥去牛皮和切成牛排的得力工具[③]。在早期的长途赶牛中，骑马牧人并没有枪支可带，他们的"鲍伊刀"既是保护自身和家畜的武器，又是生活中离不开的工具。

骑马牧人是在艰苦的生活条件下去完成上述艰苦且危险的工作的。他们的住处简陋。16 世纪骑马牧人的居住生活状况，没有留下文字记载。有学者根据一个世纪后骑马牧人的生活状况推断，他们过着非常原

---

① David Dary, *Cowboy Culture: A Saga of Five Centuries*, p. 66.

② Sandra L. Myres, *The Ranch in Spanish Texas*, 1690 – 1800, The University of Texas at EL Pasa: Texas Western Press, 1969, p. 22.

③ Sandra L. Myres, *The Ranch in Spanish Texas*, 1690 – 1800, pp. 23, 22.

始的生活。在 17 世纪，牧场里也没有骑马牧人的住房。骑马牧人在巡牧照料牛群时就睡在星光之下，或在靠近水边或树林边搭建一个简陋的斜棚子栖身。这样的棚子是将两根带枝杈的棍子在地上竖立起来，再将另一根棍子架在竖起棍子的枝杈上。然后，用其他的棍子斜搭在架起的横杆上，并把底端埋进地里。再用牛皮、禾秆从棚顶遮盖下来，或是用木板放在斜立的木棍上，形成顶壁，把禾秆或是草铺在松软的地上做床。如果能找到可以利用的石头，就拿来堆砌在棚侧成墙。棚子背对强风吹袭，骑马牧人们在棚前生火做饭。在无牛肉或野味时，他们只能吃玉米粥。[1] 到 18 世纪早期，在墨西哥北部、得克萨斯南部和加利福尼亚南部，牛群和马群已普遍存在。管理畜群的墨西哥骑马牧人生活贫困，[2] 他们和家人的住处简陋，劳作时就栖身野外。[3] 1821 年墨西哥独立后，牧场主通过债务劳役控制着骑马牧人。骑马牧人住在靠近牧场主牧屋的简陋小屋内，或者是成排用土坯建的小间住处里，这有利于牧场主监控整个牧场的骑马牧人。牧场主要求骑马牧人对他们忠诚[4]。

　　18 世纪早期的骑马牧人在劳作时穿什么样的衣服，并没有留下记述。根据美国牛仔在 19 世纪 60 年代后期才有了正规的牛仔服饰的情况推断，早期的骑马牧人还没有统一的工装，基本是每个人有什么衣服就穿什么衣服。在 18 世纪晚期，加利福尼亚传教区的神父们为了使当地原住民皈依天主教，成为为他们放牧牛群的骑马牧人，便向新教徒配发毯子和做衣服的布料。被培训为骑马牧人者，每人可获得一条毯子。如果一年内毯子丢失或被撕破、用烂，那么此人可再获得一条。获得毯子的男人还可得到一块遮盖下身的围腰布和一件斜纹布短上衣[5]。墨西哥

---

① David Dary, *Cowboy Culture: A Saga of Five Centuries*, p. 15.

② Lawrence Clayton, Jim Hoy and Jerald Underwood, *Vaqueros, Cowboys and Buckaroos*, pp. XV – XVI.

③ Russell Freedman, *In the Day of the Vaqueros: America's First True Cowboys*, p. 20.

④ Russell Freedman, *In the Day of the Vaqueros: America's First True Cowboys*, p. 23.

⑤ David Dary, *Cowboy Culture: A Saga of Five Centuries*, p. 48.

独立后，原来传教区牧场上的骑马牧人许多被转到私人牧场上，成为以劳役抵债的劳动力。假以时日，到 19 世纪上半期，加利福尼亚骑马牧人的衣着大体趋于一致。他们绕头系一块方围巾，上戴宽沿、低顶的帽子，用以遮挡骄阳和抵挡倾泻而下的热带暴雨。长及膝盖的裤子边缘装有纽扣，穿的内长裤掖在低后跟的鹿皮鞋里。一把长刀插在系在他右腿吊袜带上的刀鞘内。牛皮套索松松地系在马鞍角上。颜色鲜亮的披肩用以抵御恶劣的天气。大张的牛皮悬挂在马鞍角上，以便在穿过灌木丛和荆棘时顺手拉过来盖住双腿，防止骑马牧人被刺伤。套索是骑马牧人的主要武器和工具，被用来套住拉翻一头野公牛或人类的其他敌人①。从对骑马牧人装备的这段记述看，他们在早期的衣着极其简朴，甚至没有上衣，仅用大披肩来遮风挡雨。到 20 世纪初，骑马牧人虽有了紧身短夹克，但上衣是用粗糙的布料缝制的②。概言之，骑马牧人的住处简陋，衣着简朴，武器和工具简单。他们的衣食住行都较原始，生活贫苦。

虽然骑马牧人承担着牧场的所有繁重工作，但他们却一直遭受白人的种族歧视。先是西班牙殖民者，后是英裔美国人，都把骑马牧人视为不值得信任的人，把他们当作奴隶，甚至像罪犯一样对待他们。骑马牧人是牧区社会最底层的、蒙受耻辱的贫穷社会阶层。

西班牙殖民者和他们在墨西哥出生的白人后代"克里奥尔人"，对骑马牧人充满种族偏见。骑马牧人的后代甚至从一出生就受到歧视。因为骑马牧人多是墨西哥原住民或有肤色的混血人，所以他们被牧场主作为聚敛财富的劳动力使用。埃尔南多·卡尔特斯征服墨西哥后，把许多原住民俘虏为他的奴隶。这些被俘者的脸颊上被烙上了西班牙语"战争"（guerra）的第一个字母"G"，以此表明他们是"战俘"。随着墨西哥牧牛业的发展，科尔特斯将一些"战俘"卖到西班牙人的牧场上

---

① Don Ward, *Cowboys and Cattle Country*, p. 10.
② Richard W. Slatta, *Cowboys of the Americas*, p. 41.

做了骑马牧人。颇具讽刺意味的是，这些"战俘"牧人竟先于牛被打上了"烙印"①。这既是历史的讽刺，也是西班牙殖民者实行残暴殖民统治的实证。高傲的西班牙殖民者，因牧牛业的快速发展不得不让皈依了天主教的原住民学会骑马去为他们管理牛群时，又在法律上严禁骑马牧人拥有马匹。1574 年，殖民者又修订法律条文，严禁各种混血和"印第安"骑马牧人拥有马。违者要受到严惩，初犯者要被鞭打 100下，再犯者再加 100 下鞭打，并被割掉双耳②。在传教区里，神父要原住民接受天主教教义。归顺的新教徒像仆人一样去为传教士们建教堂、盖学校、管果园和种庄稼，并为神父们放牧管理牛群。反叛者要受到掌握行政和司法权力的神父们的惩罚。在大领地内的原住民要像奴隶一样为领主无偿充当各种劳动力。如有人试图逃跑，西班牙士兵就会派侦探去追捕他，被抓住后会遭受鞭刑③。

骑马牧人经常负债。如在 1800 年前，在新墨西哥以劳役抵债是很普遍的。在墨西哥，整个 19 世纪都是如此。弗雷德里克·雷明顿注意到大多数骑马牧人都是抵债奴隶，他们无望偿还其主人的债务。骑马牧人的主人用暴力驱赶所有男人进入牧区，再迫使他们返回。在 20 世纪早期，骑马牧人每月可以得到 8—12 美元的工资。骑马牧人也受到英裔牧场主（移居到得克萨斯的美国牧场主）的种族歧视。如在"斯科特—拜勒牧场"，英裔牛仔的工资是每月 20 美元，但给骑马牧人的报酬只有每月 10—12 美元。只有成为熟练驯马师的骑马牧人才能每月得到 20美元④。

可悲的是，整个 19 世纪和 20 世纪早期，英裔美国人对待骑马牧人的方式带有强烈的种族歧视色彩。英裔美国人对骑马牧人普遍使用的形

---

①　Don Ward, *Cowboys and Cattle Country*, p. 10.

②　David Dary, *Cowboy Culture：A Saga of Five Centuries*, p. 23.

③　Russell Freedman, *In the Day of the Vaqueros：America's First True Cowboys*, pp. 4 – 5.

④　Richard W. Slatta, *The Cowboy Encyclopedia*, p. 384.

容词是"不可信任""懒惰""酗酒"和"堕落"。素有"牛仔总统"之称的西奥多·罗斯福被认为是保留着盎格鲁—撒克逊人优越感的典型人物。1884 年，政治上失意的罗斯福去了美国西部牧区。他在达科他过了两年经营牧场和狩猎的生活①，也写了一些关于大平原牧区的文章，后被集成《牧场生活和狩猎小道》一书出版。书名来自他在 1888 年写的文章《牧场生活和狩猎小道》的标题，该文表达的白人"种族优越"和对骑马牧人的种族歧视非常典型。罗斯福写道："一些牛仔是墨西哥人，他们通常适合做实际工作，但他们不可靠；另外，在一个牧场里，他们总是被得克萨斯人作为不喜欢的人对待，在他们中间，不容忍划分等级的精神非常强烈。南部出生的白人不愿意在他们的指导下工作，他们蔑视黑人和混血儿。一年春天，我和我的马车路过一个普弗布洛村落，一个印第安人是优秀的骑手和套索手，但他酗酒、无信、懒惰，并且是个恶棍。"②

罗斯福的论述中提到的墨西哥牛仔，就是我们前面论及的在现今美国得克萨斯的墨西哥骑马牧人。直到 19 世纪 70 年代，在得克萨斯南部和西南部，骑马管理牛群的人仍被称为"骑马牧人"（Vaquero），改称"牛仔"（Cowboy）是 19 世纪 70 年代中期以后的事。到 19 世纪末 20 世纪初，"牛仔"一词才流行通用起来。对于这种演变，笔者在后面会进一步阐释。罗斯福提到的"印第安人"骑手则是由原住民骑马牧人转化的牛仔。虽然罗斯福在论述中不得不提一下墨西哥骑马牧人"适合做实际工作"，但他笔锋一转，却全是对他们贬低和歧视。因为英裔美国牧场主在得克萨斯、尔后在大平原采用的在开放大牧场上由牛仔在马背上巡牧管理牛群的方式是从骑马牧人那里学来的，非裔马背奴隶和英

---

① Paul O'neil, "The Cowboy President", Paul O'neil, *The End and the Myth*, Alexandria, Virginia: Time - Life Books, Inc., 1979, pp. 122 - 159.

② Theodore Roosevelt, "Ranch Life and the Hunting Trail", Theodore Roosevelt, *Ranch Life and the Hunting Trail*, Lincoln & London: University of Nebraska Press, 1983, p. 11.

裔美国牛仔的骑马、使用套索、赶拢和打烙印的各种技能是由骑马牧人传授的，因此，罗斯福才承认骑马牧人"适合做实际工作"。然而，他却又随之历数骑马牧人的劣迹："不值得信任、懒惰、酗酒和堕落"等；强调在"美国南部出生的白人"，即得克萨斯人不愿意在骑马牧人的指导下干活。理查德·W. 斯莱塔认为，罗斯福的这一论述是维护"盎格鲁—撒克逊种族优越"的典型言论①。

三、马背上的奴隶

墨西哥共和国和孤星共和国时期（1821—1845 年），得克萨斯的牧牛业得到进一步发展，牧场的非裔马背奴隶不断增加。这是由于在1821 年墨西哥独立后，其政府采取了鼓励移民、增加定居点的政策，使更多的移民从墨西哥其他省、美国和欧洲移居得克萨斯。在 19 世纪20 年代，墨西哥地区的牧牛人在马丁·德·勒松的带领下移居得克萨斯，使牧牛业扩展到瓜达卢佩河和里奥格兰德之间的地区。这些新移入的墨西哥人包括黑白混血和黑人。他们中的很多人在得克萨斯的新牧区为他人放牧牛群②。相比之下，英裔美国人移居得克萨斯则是在斯蒂劳·奥斯汀经过多年交涉，使墨西哥政府于 1825 年通过新移民法之后。按墨西哥政府规定，这些来自美国的新移民定居在得克萨斯的东部和东南部的森林地带。如果新定居者准备做农场主，他可以在得克萨斯得到227 英亩土地，准备养牛者最多可得到 4 338 英亩土地，两者兼营则可得到 4 615 英亩③。因此，来自美国的移民很多人经营牧场，或农牧业兼营。来自美国南部一些州的移民，不但举家迁往得克萨斯，而且带着他们的奴隶和家畜同往。这些移居得克萨斯的美国人让他们的一些非裔奴隶从墨西哥骑马牧人那里学会了骑马巡牧管理牛群的技术，使之成为

---

① Richard W. Slatta, *The Cowboy Encyclopedia*, p. 382.

② Alwyn Barr, "Introduction", Sara R. Massey, *Black Cowboys of Texas*, pp. 4 – 5.

③ David Dary, *Cowboy Culture: A Saga of Five Centuries*, p. 68.

在主人牧场上劳作的马背奴隶。由于移民的不断增加，得克萨斯的人口到 19 世纪 30 年代中期超过了 3 万人，其中 2/3 是美国移民。然而，在圣安东尼奥、戈利亚德和纳科多奇斯等墨西哥人定居点的人数总计不到4 000 人。另外，在其他移民居住点中还散居少量墨西哥人①。得克萨斯的墨西哥人绝大部分饲养家畜，也有一些人为美国牧场主放牧牛群，至于务农和从事其他行业的人较少。在 19 世纪 20 年代到 19 世纪 30 年代早期，移居得克萨斯的美国非裔奴隶远远多于自由黑人。到 1836 年，得克萨斯的美国非裔奴隶迅速增长到约 5 000 人②，已超过墨西哥人的数量。一些美国非裔奴隶成为牧场上的马背奴隶。由此可见，到 19 世纪 30 年代中期，在得克萨斯的白人移民及其奴隶已占人口的多数，墨西哥人退居少数。

在孤星共和国时期（1836—1845 年），得克萨斯的牧牛业得到进一步发展，牧场上有了更多的马背奴隶。在"孤星共和国"的 10 年间，得克萨斯的牧牛业发生了新的变化。其一是得克萨斯人与墨西哥人经长期拉锯战的"边界战争"，迫使后者放弃了在格兰德河北部的牧场和牛群，退回到现今墨西哥境内。其二是得克萨斯人逐渐放弃原先在农场和小型牧场养牛的方式，接受了墨西哥骑马牧人在没有围栏的开放大牧场骑马放牧牛群的方式。其三是得克萨斯人把他们从美国带入的东部牛与大量的西班牙牛杂交，到 19 世纪 40 年代培育出了新牛种——"得克萨斯长角牛"（Texas Longhorn）。这种长角牛成为美国内战后从得克萨斯向大平原各新牧区输送的主要牛源。其四是"孤星共和国"允许美国南部州的英裔美国人带着他们的奴隶移居得克萨斯。由于这些变化，10年间，移入得克萨斯的非裔美国人进一步增加，牧场中有了更多的马背

---

① 在墨西哥人聚居区圣安东尼奥约有 2 500 人，戈利亚德约 800 人，纳科多奇斯有 500人，其余的墨西哥人散居在得克萨斯的各居民点中。David Dary, *Cowboy Culture: A Saga of Five Centuries*, p. 75.

② Alwyn Barr, "Introduction", Sara R. Massey, *Black Cowboys of Texas*, p. 5.

奴隶。

19世纪20—40年代是得克萨斯牧牛业进一步发展的时期和美国西部牧区开发的早期阶段。移居那里的少量自由黑人、更多的美国非裔马背奴隶、墨西哥骑马牧人，是英裔美国牧场主牧场上的主要劳动力。他们共同开启了美国西部的牧牛业。由于美国的种族歧视，我们找不到这个时期非裔美国人在得克萨斯牧牛业中从业人数的历史记载，但有些个案载入了史册。历史著作中记载了一些马背奴隶的典型个案，证实了他们对得克萨斯牧牛业的发展做出了重要贡献。诸如彼得·马丁、亨利埃塔·威廉·福斯特和阿伦·阿什沃恩等人，都是美国西部牛仔的先驱。

彼得·马丁随他的主人怀利·马丁移居得克萨斯后，成了本德堡县有名的养牛人。1822年，怀利·马丁在美国西北边境的美军退役，决定移居得克萨斯。他于1824年在现今的布拉佐里亚县得到4 438英亩草地，建立了家畜农场。彼得为主人管理照料牛群。亨利·琼斯的种植园和牧场发展更迅速。琼斯与怀利家关系密切，彼得又与琼斯的一个女奴成婚。由于这些原因，彼得不但管理着主人怀利的牛群，也参与琼斯牧场的工作，并通过琼斯的女儿彼莉而参与她丈夫赖斯家的养牛工作。彼得虽然没有自己的放牧地，但他可以在主人怀利的牧场以及琼斯控制的1.5万英亩土地上放牧自己的牛。到1845年，彼得拥有了200头牛，远远多于当地每个白人家庭平均的127头。由于彼得和其他16名非裔奴隶的努力，本德堡县拥有牛的数量高居得克萨斯州的第五位①。

被称为"鲁蒂姑姑"的亨利埃塔·威廉斯·福斯特，是得克萨斯沿海地带的"牧牛女郎"。她生于密西西比州的福斯特，在18岁时（另一说12岁）被卖到得克萨斯沿海地带的维多利亚西边的一个牧场，成为牧场主伊萨克·牛顿·米切尔的女奴。孤星共和国时期，除了极罕

---

① Michael Rugeley Moore, "Peter Martin: A Stockraiser of the Republic Period", Sara R. Massey, *Black Cowboys of Texas*, College Station: Texas A&M University Press, 2000, pp. 39 - 40, 42.

见的例子，妇女是不与牛打交道的。黑人妇女一般也仅限于在大土地所有主的农田里和家中劳作。然而，福斯特在她那个时代和男人一样放牧牛群，并和他们干相同的工作。她同男人们一起骑不备鞍的马去牧牛营地，与不同的牛群打交道，娴熟的骑马技术胜过男人。福斯特成了得克萨斯沿海牧区的传奇人物[1]。

1833 年移居现今得克萨斯杰斐逊县的自由黑人阿伦·阿什沃恩到1850 年拥有了 2 570 头牛。阿什沃恩的牛群在他所在的县是最大的。他拥有 6 名非裔奴隶，并为他的 4 个孩子雇了一个白人教师。[2] 阿什沃恩在牧牛业上取得较大发展是他与 6 名马背奴隶在近 20 年共同辛勤劳作的结果。[3]

从 19 世纪 20 年代到 19 世纪 40 年代中期，非裔美国人为得克萨斯牧牛业的发展做出了重要贡献。在此期间，移居得克萨斯的美国非裔奴隶超过了自由黑人。孤星共和国时期，美国南部州的更多奴隶主带着奴隶举家迁入，非裔美国人参与牧牛业的人数进一步增加。有些奴隶主甚至卖掉一些奴隶，购买牛群，经营牧场。如前所述，在 19世纪 30 年代中期，牧区的非裔美国人数量已超过墨西哥人。得克萨斯独立后，来自美国的移民占据了格兰德河沿岸原先墨西哥牧场主的牧场和牛群[4]。其结果使在得克萨斯境内的墨西哥人进一步减少。美国移民在得克萨斯的东部和南部从事养牛业，主要是非裔马背奴隶劳作在奴隶主牧场上。美国非裔马背奴隶在美国西部牧区的早期开发中做出了贡献。

---

① Louise S. O'Cornnor, "Henrietta Williams Foster, Aunt Ruttie: A Cowgirl of the Texas Coastal Bend", Sara R. Massey, *Black Cowboys of Texas*, College Station: Texas A&M University Press, 2000, pp. 67 – 69.

② Andrew Forest Muir, "The Free Negro in Jefferson and Orange Counties, Texas", *Journal of Negro History*, Vol. 35, No. 2, 1950, pp. 94 – 95.

③ Phillip Durham and Everett L. Jones, "The Negro Cowboy", *American Quarterly*, Vol. 7, No. 3 (Autumn, 1955), p. 17.

④ David Dary, *Cowboy Culture: A Saga of Five Centuries*, pp. 80 – 81.

美国内战前的 20 余年，是得克萨斯牧牛业迅速发展而至繁荣的时期。美国非裔马背奴隶是促成这种繁荣的重要力量之一。1845 年美国兼并得克萨斯后，越来越多的美国人移入这个新州。得克萨斯原有 3.5万名非裔奴隶，1850 年奴隶的人数上升到 5.8 万人，至 1860 年，奴隶人数则达到 18.2 万多人，约占全州总人口的 1/3。[1] 在牧场上劳作的非裔马背奴隶的人数进一步增加。下面有一些具体事例。

1848 年 11 月 7 日，N. M. 丹尼斯和乔·丹尼斯离开了阿肯色州麦迪逊县，举家迁往得克萨斯，并带去了一名非裔奴隶[2]。1852 年，18岁的比尔·巴特勒跟随父母，从密西西比州斯科特县迁居得克萨斯的圣安东尼奥河地区养牛。他家带去了 7 名非裔奴隶[3]。有些移居得克萨斯的奴隶主靠出卖女奴筹得经营牧牛业的投资。1847 年从亚拉巴马州移居得克萨斯的 B. W. 雷诺一家，最终在斯蒂劳县定居养牛。雷诺从他人手中购买了一大群牛，用一个非裔女孩作价 1 000 美元抵了部分付款[4]。乔治·F. 海因兹 1855 年随父母移居得克萨斯的考德威尔县。他父亲为了养牛卖掉了一名非裔妇女[5]。由于大量美国人移居得克萨斯投身养牛业，放牧区迅速从墨西哥湾沿岸平原地区扩展到该州的南部和中部内地的草原地区。牧场上使用非裔奴隶的数量也在增加，他们的绝大多数集中在得克萨斯东部以及特里尼蒂河至路易斯安那州边界之间的地区。在这些地区，全由非裔马背奴隶组成的放牧队是很常见的。在得克萨斯北部与俄克拉何马相邻的地区和"印第安人五个文明部落"，也有一些非裔美国人从事牧牛业。美国内战以前，得克萨斯和"印第安人五个文

[1] T. R. Fehrenbach：*Lone Star：A History of Texas and Texans*，New York：Wings Book，1990，p. 314；Richard W. Slatta，*Cowboys of the Americas*，p. 167；Alwyn Barr，"Introduction"，Sara R. Massey，*Black Cowboys of Texas*，p. 6.

[2] J. Frank Dobie，*A Vaquero of Brush County*，Dallas：The Southwest，1929，p. 41.

[3] John Marvin Hunter，*The Trail Drivers of Texas*，Austin：University of Texas Press，2000，pp. 715，479.

[4] John Marvin Hunter，*The Trail Drivers of Texas*，p. 671.

[5] John Marvin Hunter，*The Trail Drivers of Texas*，p. 821.

明部落"中,有数千名非裔美国人学会了骑马、使用套索和给牛打烙印的技术,劳作在牧场上。他们中的绝大部分是马背奴隶,也有一些是自由黑人[1]。在得克萨斯的牧场上劳作的非裔美国人的数量超过了墨裔骑马牧人的数量。

1865 年以前,非裔美国马背奴隶逐渐成为得克萨斯牧区的重要力量,并为那里牧牛业的发展做出了重要贡献。特别是在 4 年内战期间,非裔美国马背奴隶成为得克萨斯牧场的主要劳动力和牛群的主要管理人。因为在内战期间,得克萨斯站到了南部同盟一边,包括牧场主在内的白人加入同盟军去同联邦军作战。牧场上的牛群只能由非裔马背奴隶、老人和小孩去照料。

四、英裔美国牛仔

19 世纪 30 年代中期,在得克萨斯出现了一批被称为"牛仔"(cowboy)的猎牛退伍士兵。这些猎牛者的出现基于两个原因。其一是当时得克萨斯有大量野牛。其二是因为得克萨斯无力给其军队提供足够的军需供应。一部分被裁减退伍的士兵就以猎捕野牛为生,并想以此发财致富。

从墨西哥 1821 年独立到宣布孤星共和国成立,得克萨斯的存牛量迅速增加。1830 年时,得克萨斯有 10 万头牛。其中 80% 是西班牙牛,近 20% 是美国移民带入的美国牛,还有少量法兰西牛。这些牛绝大部分是野牛。这是因为墨西哥牧场主遗弃在得克萨斯境内的牛无人管理,成为四处游荡的野牛。西班牙牛与美国牛杂交,培育出"得克萨斯长角牛"。这一新牛种保留了西班牙牛野性十足的特点,并因在野生的环境生长而变得更充满野性和危险性。绝大部分野牛活动在占现今得克萨斯面积 4/5 的格兰德与雷德河之间的地区,分成小群出没,白天匿身灌

---

① Phillip Durham and Everett L. Jones, "The Negro Cowboy", pp. 17 – 19.

木丛之中，夜晚才出来活动①。这些野牛成为退伍士兵"猎手"的围捕对象。

　　孤星共和国成立后，退伍的得克萨斯士兵成了围捕野牛的"牛仔"。1830 年后，英裔美国移民占据得克萨斯人口的绝大多数，这些一直想摆脱墨西哥共和国管辖的"得克萨斯人"（Texans），于 1835 年底发动了所谓的"独立革命"。在得克萨斯与墨西哥交战的过程中，因为双方军队都缺乏足够的供应，士兵们不得不屠杀野牛作为食品。率领得克萨斯军队的萨姆·休斯敦将军命令士兵把牛都赶过萨宾河，作为他的军队的供应品。1836 年 4 月 21 日，得克萨斯军队战胜了墨西哥的军队。当日，得克萨斯孤星共和国成立。新成立的孤星共和国除了牛以外，在经济上一无所有，无力提供维持军队的经费。在此情况下，休斯敦不得不把军队人数从 3 500 人缩减到 600 人②。被裁减的士兵又回到家中。他们之中有很多人在入伍前就是养牛人，这些人退伍后重操旧业，去围捕四处逃散的牛。得克萨斯独立后，在格兰德河北边的许多墨西哥牧场主放弃了家园。他们跨过格兰德河，回到墨西哥境内。被遗弃的牛只能自找生路，很多变成了野牛。在 1836 年 4 月 21 日得克萨斯人取得圣哈辛托大捷后不久，新政府立即向这个地区派去了 100 人组成的一队人马。他们的任务是猎捕野牛，为得克萨斯的军队充军粮。这些人把猎获的很多野牛赶到戈利亚德。在那里，野牛被关进用雪松木和生牛皮建成的大围栏里。不久后，在边界地区，得克萨斯人也用普通材料修建类似的牛围栏。得克萨斯军队裁员后，一些没有回家的士兵留在了边界地区。他们开始以个人盈利为目的猎牛，以便把这些"四腿牲畜"作为战利品带回家③。

　　在得克萨斯"革命"期间，一些得克萨斯人闯入墨西哥牧场主所

---

① David Dary, *Cowboy Culture: A Saga of Five Centuries*, p. 71.

② David Dary, *Cowboy Culture: A Saga of Five Centuries*, p. 71.

③ David Dary, *Cowboy Culture: A Saga of Five Centuries*, p. 82.

在的菲戈、马塔莫罗斯北部、拉斯阿尼马斯、圣罗斯和沿格兰德河的所
有地区。在这些地方，得克萨斯人围捕被遗弃甚至变野的牛群。有
"里普"之称的约翰·S. 福特上校在其回忆录中说，这些得克萨斯人以
"牛仔"（cow - boys）而闻名。这一称呼"并不意味着是一个耻辱的术
语。在墨西哥与得克萨斯处于战争中时，'牛仔'们的所作所为被认为
是合法的"[1]。得克萨斯与墨西哥的战争结束后，那些退伍的士兵成为
孤星共和国时期的"猎牛人"（cow hunters）。最初的英裔美国"牧牛
人"就是 19 世纪 30 年代在得克萨斯的猎牛者。因为他们多是青少年，
所以后来被称为"牛仔"（cowboys）[2]。

尤恩·卡梅伦就是一个组织退伍士兵猎牛的人。19 世纪 30 年代
初，英格兰人卡梅伦到了美国。尔后，他加入了"肯塔基志愿者"，为
得克萨斯"革命"服务。在战时，卡梅伦可能与别的得克萨斯人袭击
了沿格兰德河一带的墨西哥牧场主，并抢走了他们的牛。退伍后他留在
了那里。卡梅伦组织起一帮退伍士兵，围捕在努埃西斯河到格兰德河之
间的野牛。1932 年，民俗学家 J. 弗兰克·多比撰文，称这些人为"牛
仔"（cow - boys）。他们采用墨西哥骑马牧人用了数十年的技巧围捕野
牛。要猎牛，首先是找到野牛。围捕活动通常是在有月光的晚上进行，
这时，野牛好动。猎牛者要搅动它们惊跑起来。卡梅伦与同伙便赶着它
们向东，朝着远离墨西哥的方向奔走，直到它们减慢速度，变成小步跑
或慢走。这种由受惊狂奔到慢下来的过程要经过 24 小时。因为长角牛
素以耐力好著称，故一旦它们慢下来，牛仔们就会搅动它们继续奔跑。
一两天后，疲惫不堪的野牛就会变得像驯养的家牛一样。当然，牛仔们
在这个过程中也是非常疲劳的。他们经常一直把牛群赶到戈利亚德或是
努埃西斯河东部建有围栏的定居点，才停下来。在那里，他们或者把牛

---

① David Dary, *Cowboy Culture: A Saga of Five Centuries*, p. 80.

② Sydney E. Fletcher, *The Big Book of Cowboys*, New York: Grosset & Dunlap, Inc.,
1973, p. 3.

卖掉；或者休息几天后继续赶牛群上路，抵达得克萨斯中部的定居点，把牛卖给那里的买主。当地人买牛是为了取肉谋皮，或者作为繁殖用的种畜。有时，一些牛也会被驱赶着穿越整个得克萨斯，到路易斯安那出售。得克萨斯人并不认为猎捕这些野牛有什么过错，反而认为其所作所为都是合法的。这样做是在取得被墨西哥人遗弃的财产，而按照墨西哥法律，这些野牛属于公共财产；他们也把这些牛视为对他们被毁财产的补偿，或者是把这些牛当作墨西哥军队撤出得克萨斯时未支付的战争赔偿①。

在得克萨斯牧区，有些杀人越货的盗贼也被称为"牛仔"。早期得克萨斯的"牛仔"控制的是无人定居的荒凉地带。墨西哥宣称努埃西斯河是其国界线，得克萨斯人则坚持以格兰德河为界。在两河之间这一极具自然状态的地区，吸引了美国各州来的一些有"冒险精神"的人，其中亦有逃犯和海盗等。这些人在格兰德河两岸不断袭击牧场和定居点，掠走牛群、马匹和骡子，其中一些人以维多利亚为根据地。得克萨斯人和墨西哥人一样，成了这些"牛仔"的受害者。虽然这些盗贼谎称，他们"只盗取敌人（即墨西哥人——笔者注）的牛群"，但确切的事实表明，他们在"盗取得克萨斯人的牛群时，毫不心慈手软"。一位驻维多利亚的美军军官在信中说，在这个边界地区，"我肯定有不少于300或400人在干这一罪恶勾当"②。在这些盗匪中，有"野马"（Mustang）之称的马布里·格雷就是一个臭名昭著的盗猎"牛仔"团伙的首领，涉嫌参与了一起杀死 7 名墨西哥人的谋杀案。另一个有名的凶犯被称为"大"布朗，最后在得克萨斯被处决。其他围猎野牛的"牛仔"

---

① David Dary, *Cowboy Culture*: *A Saga of Five Centuries*, p. 82.
② Francis L. Fugate, "Origins of the Range Cattle Era in South Texas", *Agriculture History*, Vol. 35, No. 3, 1961, p. 157.

群体都与格雷、布朗及其团伙没有关系①。

　　移居得克萨斯的英裔美国人，有的先是当"牛仔"，后来成了大牧场主。埃布尔·黑德·皮尔斯便是典型例证。皮尔斯生于罗得岛，只受过几年的学校教育。皮尔斯焦躁不安的天性，使他离开家乡，来到得克萨斯南部。到那里，他有了"尚海"的称号，人称"尚海"·皮尔斯。他 19 岁时先在马塔戈达县为 E. A. 戴明打工，劈木头做围栏。不久，他到了沿海地区，在牧场主 W. B. 格兰姆斯的牧场上当了"牛仔"②。格兰姆斯的牧场靠近帕拉金斯。1853 年，19 岁的皮尔斯作为"布朗科马"（bronc）的驯马师，每月得到 15 美元的工资③。1855 年，21 岁的皮尔斯成了格兰姆斯的赶牛队的道头（trail boss）。在他所管的牛仔中，有几名非裔美国奴隶。内战爆发后，皮尔斯加入南部同盟的"得克萨斯第一骑兵队"。战后，皮尔斯要格兰姆斯支付欠他的 500 美元工资，但只得到毫无价值的 300 元同盟币。从此两人分道扬镳。皮尔斯开始创立他的"牧牛帝国"。他的兄弟乔纳森也在内战前移居得克萨斯。到 1871 年，他们已拥有 10 万头牛，散布在数英里范围内的草场放牧区。赶拢时有多达 50 名牛仔参加。然而，这一年"尚海"·皮尔斯的第一个妻子去世了，丧妻之痛使皮尔斯把他的牛变卖成了黄金，前往堪萨斯城待了 18 个月。但最终，他还是再次返回得克萨斯牧区。"尚海"·

---

① 约翰·格雷 1835 年从南卡罗来纳州去了得克萨斯。据传，格雷有一次与朋友们去猎捕野牛，却丢了自己的坐骑。他孤零零地被留在了荒野之中，离任何一个居民点都相隔数英里。他想办法杀死了一头受伤的野牛，用剩下的牛皮做了一个套索。然后他爬到水洞边的一棵树上，等到野马群跑到水洞边喝水时，套住了一匹雄野马。他驯服了那匹野马，骑着它返回了朋友们的营地。从此，格雷赢得了"野马"的绰号。后来，他统领的那个盗猎"牛仔"团伙遂被称为"野马帮"（Mustangs）。1842 年，格雷涉嫌参与了一件谋杀案。7 名墨西哥人被允许参观维多利亚附近的一个牧场，结果惨遭杀害。绰号叫"大"布朗的人，无人知道他的真实姓名。相传这名凶犯从密苏里州到了得克萨斯，后被枪决。很少有人知道上述两名凶犯及其他团伙的情况。参见 David Dary, *Cowboy Culture: A Saga of Five Centuries*, p. 84.

② Kitty Henderson and Charlie Woodson, "Neptune Holmes: A Lifetime of Loyalty", Sara R. Massey, *Black Cowboys of Texas*, p. 117.

③ Phillip Durham and Everett L. Jones, "The Negro Cowboy", p. 17.

皮尔斯返回后，皮氏两兄弟与丹尼尔·沙利文开始合伙购买霍顿县和马塔戈达县的土地。不久以后，他们的公司拥有了 50 万英亩的土地，其中包括 W. B. 格兰姆斯放牧牛群的土地。他们把成千上万头牛通过赶牛小道，送到铁路站点装运出售。"尚海"·皮尔斯是沿海地区无可争议的"牧场主之王"①。

综上所述，我们可以看出，19 世纪 30 年代中期以后，得克萨斯的英裔"牛仔"涵盖人群广泛。其中既有围猎墨西哥牧场主遗弃的牛群、占据他们家园的得克萨斯人；也有得克萨斯与墨西哥交战时猎捕野牛的士兵和战后退伍的得克萨斯士兵；又有闯入得克萨斯牧区的盗牛团伙；还有在牧场上为牧场主放牧牛群而成为牧场主的英裔美国牧牛人。这些身份各异的人都是英裔美国人，是白人。"牛仔"这一称谓最初在得克萨斯使用时，并没有贬义，可能是要借此与不同肤色、不同种族和不同文化背景的"骑马牧人"加以区分。然而，"牛仔"这一术语在早期的使用中，包含了进入得克萨斯牧区各种不同类型的英裔美国人，既有守法的放牧者，又有偷盗凶杀之徒。其结果使得"牛仔"的指代义变得混乱庞杂。

"牛仔"（cowboy）一词是两个英文词"牛"（cow）和"仔"（boy）的自然组合。它既不是埃文·卡梅伦所造，也非源于得克萨斯。它大概在公元 1000 年左右最早出现在爱尔兰。那里的骑手和牧人都被称为"牛仔"（cow - boy）。在 17 世纪，英格兰人纷纷移居美洲殖民地时，一些爱尔兰牛仔受到他们的英国统治者的迫害。一些不愿在本土坐牢的牛仔去了美洲。在那里，他们与农场主签订了工作和留下来的契约。在殖民地，这些饲养家畜的人回避"牛仔"的称号。在他们往市场赶牛时，更愿意用英文词"赶牲畜的人"（drover）作为对其职业的称呼。有时候，殖民者将养牛者称为"护牛人"（cow - keeper）。在美

---

① Kitty Henderson and Charlie Woodson, "Neptune Holmes: A Lifetime of Loyalty", Sara R. Massey, *Black Cowboys of Texas*, p. 118.

国革命期间，并未抑制住对"牛仔"一词的高度关注。因为亲英的"效忠派"游击队成员自称为"牛仔"。这些"效忠派"偷了农场主的牛后，再转手卖给着红装的英国士兵。"牛仔"一词被"效忠派"弄得声名狼藉。养牛人不愿意人们再称他们为"牛仔"也就不足为奇了。埃文·卡梅伦可能有苏格兰的背景，其他一些得克萨斯人则可能来自英格兰。得克萨斯还有一些爱尔兰人的殖民点，这些得克萨斯人了解"牛仔"这个术语，并能联想到它的含义。得克萨斯革命后期，得克萨斯人在墨西哥边界地区的所作所为与爱尔兰、英国"牛仔"的早期活动极其相似。有鉴于此，"牛仔"便在得克萨斯被使用。19 世纪 30 年代末，"牛仔"一词在得克萨斯初次使用①。

让其他得克萨斯人也用"牛仔"来形容牧牛人却颇费周折。实际上，从 19 世纪 30 年代末至 60 年代末，得克萨斯人，甚至在得克萨斯南部灌木丛地区居住的定居者，仍然用西班牙语"骑马牧人"（Vaquero）来指代与牛打交道的人②。因为这个词不带任何种族色彩。它由西班牙词"牛"（vaca）加后缀"ero"合成。其意是"忙于被给予的管牛工作或活动的人"③。直到内战后得克萨斯人赶牛北上堪萨斯的铁路沿线售牛时，"牛仔"这一术语还没有用来称呼管理牛群的人。甚至在长途赶牛开始后，"牛仔"有时还被用来指代"偷牛贼"。19 世纪 30 年代，"牛仔"一词在得克萨斯出现，到 60 年代末，它所指代的对象多与"暴力"联系在一起。1867 年，年轻的肉商约瑟夫·G. 麦科伊在堪萨斯铁路线上建了第一个牛镇阿比林，作为牛群出售装运的集散地。1874 年，麦科伊出版了他的经典著作《西部和西南部牛贸易史略》。他从有利于北方读者理解和接受的角度考虑，在书中"把普通的牧牛工

---

① David Dary, *Cowboy Culture: A Saga of Five Centuries*, p. 83.

② J. Frank Dobie, *A Vaquero of Brush County*, p. 5.

③ Ramon Adams, *Western Words: A Dictionary of the Range*, Norman: University of Oklahoma Press, 1944, p. 172.

称作了'牛仔'（cow - boy）"①。到 1900 年左右，绝大多数作者在拼写 "cow - boy" 这个词时，取消了中间连接的 "-"，写作 "cowboy"②。自麦科伊的著作出版以后，"牛仔" 才逐渐流行起来，并初被世人接受。现今，"牛仔" 取代 "骑马牧人"，在世界广为流传，而 "骑马牧人" 除了在美国西南部之外，几乎被人淡忘了。

直到美国内战前，牧区的生活条件仍然是艰苦的。到 19 世纪 40 年代早期，养牛人住的大部分房子仍然是用圆木建造的。这种房子与移民初到得克萨斯定居时的住处没有多大改善。那时，男人和男孩都穿鹿皮裤、猎衫和无后跟的鹿皮软鞋。家制皮革随处可见，不管是带沿还是无沿的帽子，都用毛皮制作。这些 "再加一件家纺布做的衬衣就是他们每天的穿戴"。家纺布 "很粗糙"，但 "经久耐用"③。1871 年春，"尚海" ·皮尔斯和他的 50 名牛仔从格兰德河出发去围捕 300 匹野马，非裔厨师为他们准备的饭有未生育的小母牛肉和玉米面面包、糖浆蜜和黑咖啡等④。按照美国西部牧区的习惯，只有牛仔们有重大活动时，伙食才比平日劳作时改善一些。在如每年持续数十日的围拢牛群和给牛打烙印的春秋季 "赶拢"、围捕野马等这样重大的活动时，牛仔们才能吃到牛肉。平日里，牛仔们只能吃到一点咸猪肉。到 19 世纪 70 年代，牛仔们的膳食比 19 世纪前半期还是有了些许改善，但仍然比较简单。可见，早期的牧区生活是艰苦的，衣食住行都是简单和粗放的。

五、几点浅见

综观美国西部牧牛业的起源和早期开发的历史，笔者有以下几点粗

---

① Joseph G. McCoy, *Historic Sketches of the Cattle Trade of the West and Southwest*, Kansas City: Amsey, Millett, and Hudson, 1874, p. 11.

② David Dary, *Cowboy Culture: A Saga of Five Centuries*, p. 83.

③ David Dary, *Cowboy Culture: A Saga of Five Centuries*, p. 85.

④ Charles A. Siringo, *A Cowboy Detective*, New York: J. S. Orgilive Publishing Company, 1912, p. 8.

浅的看法。

　　首先，美国西部牛仔的先驱包括骑马牧人、马背奴隶和英裔美国牛仔。墨西哥骑马牧人是美国西部最早的真正的牛仔先驱，其后是美国非裔马背奴隶，再后是英裔美国牛仔，即美国白人牛仔。

　　美国西部牧区的早期开发是由牛仔的先驱者们进行的。从现今美国的得克萨斯、加利福尼亚、新墨西哥和亚利桑那被西班牙殖民统治时期，就有墨西哥的骑马牧人劳作在这些地区的牧场上。他们在劳动实践中创立了在开放大牧场上骑马巡牧管理牛群的生产方式，使放牧区不断扩大。西班牙殖民统治时期，骑马牧人已经在后来被美国占取的墨西哥领土上的牧场里劳作了一个多世纪。在墨西哥独立到美国内战前的 30 余年间，随着西班牙殖民者和墨西哥牧场主（克里奥尔人）相继离开得克萨斯等地，原先的墨西哥骑马牧人留了下来，成了墨裔骑马牧人。上述祖祖辈辈的骑马牧人是美国西部牧区最早的牛仔先驱。

　　从 19 世纪 20 年代中期至美国内战前，随美国南部英裔美国人移居到得克萨斯的非裔奴隶，也是美国西部牛仔的先驱之一。有些美国非裔奴隶在移居得克萨斯前，曾在种植园里为奴隶主管理过牛。他们会骑马，也有骑马去为主人围拢牛群的经历。所不同的是，美国南部养牛的规模小，也不是用骑马巡牧的方式放牧管理牛群。这些非裔奴隶到得克萨斯后，从骑马牧人那里学会了在开阔牧区骑马巡牧管理牛群的方式和各种技术。他们劳作在主人的牧场上，成为马背上的奴隶。很多马背奴隶先于一些英裔美国牛仔到了得克萨斯。有的马背奴隶还向美国白人牛仔传授了技术。如内普丘恩·霍姆斯是牧场主 W. B. 格兰姆斯的非裔奴隶，他教会了"尚海"·皮尔斯骑马、围捕野马和驯马的技术。得益于霍姆斯的帮助，皮尔斯成了驯马师。不仅如此，霍姆斯还对皮尔斯一生"忠诚"相助①。大多数英裔牛仔是在19世纪30年代中期后才到得克萨斯。被称为"牛仔"的英裔美国人还鱼龙混杂。其中也有一些人像皮尔斯一样，从牛仔做起，不断创业。因此，在内战前劳作于牧场上的一些美国白人牛仔也是美国西部牛仔的先驱之一。

其次，英裔美国牧场主也像西班牙殖民者一样，对少数族裔牛仔先驱实行种族歧视。

如上所述，西班牙殖民者和他们的土生白人后代对非西班牙裔的少数族裔骑马牧人是实行种族歧视的。这些骑马牧人像奴隶一样为牧场主劳作，甚至劳不抵债，还要遭受严酷的刑罚。英裔美国人移居得克萨斯后，对少数族裔的牛仔先驱实行的也是种族歧视。原先美国南部的非裔奴隶随主人移居得克萨斯后，其"奴隶"身份并未改变，只不过变成了在牧场上劳作的马背奴隶。对于留在得克萨斯的墨西哥骑马牧人和当地的原住民骑马牧人，美国白人牧场主也以种族歧视相待。移居得克萨斯的英裔美国人虽然从墨西哥骑马牧人那里学习了很多东西，但他们并不喜欢墨西哥人。这些自称"得克萨斯人"的美国白人，更不喜欢对他们的新家园拥有管辖权的墨西哥共和国政府，所以他们进行了脱离墨西哥的"得克萨斯革命"。这些美国移民的文化与墨西哥人和得克萨斯原住民的文化不同。英裔美国移民把不同的语言、生活方式、宗教信仰、价值观念以及各自的梦想和野心带到了得克萨斯。他们不想把美国文化与墨西哥文化、原住民文化相融合，而是坚持"白人至上"论和"盎格鲁—撒克逊"种族优越论。他们坚信"白种人优于包括棕色的墨西哥人在内的有色人种"②。正是这种种族偏见，使早期移居得克萨斯的英裔美国人不可避免地与墨西哥和原住民骑马牧人发生了许多冲突乃至战争。正是这种种族偏见，使白人牧场主在主宰了得克萨斯乃至整个

① Kitty Henderson and Charlie Woodson， "Neptune Holmes：A Lifetime of Loyalty"，Sara R. Massey，*Black Cowboys of Texas*，p. 118.

② David Dary，*Cowboy Culture：A Saga of Five Centuries*，p. 78.

大平原牧区后，对墨裔牛仔、原住民牛仔和非裔牛仔实行歧视政策。在美国西部牧区，一些白人牛仔可以成为牧场主甚至牧牛大王。然而，少数族裔牛仔能成为牧场主的，几乎是凤毛麟角。

最后，牛仔先驱们共同创造了美国内战前得克萨斯牧牛业的繁荣。这种繁荣除了放牧区扩展到得克萨斯大部分草原地区和从业人数不断增加之外，还有两个明显的特点。

第一，养牛业在得克萨斯已成为一个独立行业，并形成独立的从业群体。在 19 世纪 20 年代，英裔美国人是把养殖业和种植业结合在一起的。这种两业融为一体的农场经营方式被美国南部诸州的移民带入得克萨斯。因为种植业和养殖业对这些早期移民来说都很重要，也是他们习以为常的经营方式。故早期英裔美国移民养牛的规模并不很大。后来，美国移民慢慢接受了墨西哥骑马牧人在辽阔的大牧场上骑马放牧牛群的方式，使养牛业从种植和养殖为一体的农场或种植园中独立出来。牧牛业遂成为独立的行业。到 19 世纪 40 年代末，不但在得克萨斯，而且在与其接壤的部分地区，都采用在开阔大牧场上骑马牧牛的经营方式。在英裔美国牧场主经营方式[1]的转变中，墨西哥骑马牧人是生产方式、生产技能的传授者，马背奴隶和白人牛仔是学习实践者。这些牛仔先驱是美国内战前得克萨斯牧区的主要劳动力，并成为独立的从业群体。第二，得克萨斯的产牛量迅猛增加。到 1860 年，得克萨斯的产牛量多达 300 万—400 万头[2]。这一数字比 1830 年的 10 万头猛增了 30—40 倍。到美国内战前，牧牛业已被公认为得克萨斯的象征。

美国内战前得克萨斯牧牛业的繁荣，是墨西哥骑马牧人、当地原住民骑马牧人、美国非裔马背奴隶和美国英裔牛仔共同创立的。正是他们的共同努力，使得克萨斯成了内战后美国"牧牛王国"兴起的"发源地"。得克萨斯也成了向新牧区和东部市场输送牛源的"大本营"。牛

---

[1]　David Dary, *Cowboy Culture: A Saga of Five Centuries*, p. 80.

[2]　T. R. Fehrenbach, *Lone Star: A History of Texas and Texans*, p. 556.

仔先驱们为"牧牛王国"的兴起创立了生产方式、开拓技巧，培养了未来的"美国牛仔"。虽然"英裔美国牛仔与骑马牧人并没有任何血缘关系"，但他们"承袭了骑马牧人的善骑能射的尚勇与开拓精神"。因而，"从职业技能上可以见到这种精神的渊源"①。

（原载《史学月刊》2018 年第 1 期）

---

① J. Frank Dobie，*Guide to Life and Literature of the Southwest*，Dallas：Southern Methodist University Press，1952，p. 80.

美国西部牧区拓荒的牛仔与牧羊人

　　美国内战以后，在工业化的推动下，西部的开发迅猛展开。农业、采矿业和畜牧业三大开发性行业的勃兴，使西部拓荒以前所未有的规模从中西部向大平原和远西部推进。原属美国落后地区的西部迅速崛起。在东起密苏里河、西至落基山斜坡、南始格兰德河、北到美加边界的整个大平原地区，兴起了一个"牧牛王国"。与此同时，一个"牧羊帝国"也迅速崛起，疆域广及密西西比河至太平洋沿岸。"牧牛王国"和"牧羊帝国"兴起和发展的历史，是牛仔和牧羊人的拓荒史、创业史。虽然牛仔和牧羊人都是美国西部牧区拓荒的英雄，但在美国他们却受到褒扬和贬抑两种截然不同的待遇。牛仔是被褒扬和称颂的"民间英雄"和美利坚民族"不屈的象征"，牧羊人是被轻蔑贬低的"下等人"。在美国西部史和牧业史的研究中，牛仔成为长盛不衰的"热门"课题，其论著之多不胜枚举。在有关牛仔的研究中，尚有极具影响的著作。牧羊人同样在美国西部的开拓中做出了巨大贡献，却没有受到美国学者的应有重视，论著阙如。

一、相似的人员构成

　　美国西部的"牧牛王国"和"牧羊帝国"在西部史中又统称"牧畜王国"。这个王国自成体系。大牧牛场主和大牧羊主是"牧畜王国"

的统治者。牧场是基本的经营单位。在没有围篱的开放牧场里，靠天游牧是基本的经营方式。牧牛场主和牧羊主与牛仔和牧羊人等构成了一种独具美国西部边疆特色的牧区社会。

在牧区社会里，牛仔和牧羊人是主要的劳动力，是牧牛场主和牧羊主的雇工。作为牧区社会的下层劳动群体，他们的人员构成大体相似。

牛仔是西部牧区社会的一个重要群体，其构成比较复杂。他们不像好莱坞西部影片所描写的那样都是清一色的盎格鲁—撒克逊人。从人种来看，牛仔除白人以外，还有印第安人、墨西哥人和黑人。在3.5万名踏上牛道的牛仔中，有5 000多名是黑人，[①] 有1/7是美裔墨西哥人。[②] 从地域来看，第一批牛仔多是得克萨斯人；后来，随着牧牛业扩展到整个大平原，有来自美国各个地区的人加入牛仔行列；也有少数英格兰人和苏格兰人等外国移民成了"牧牛王国"的牛仔。从牛仔的社会背景看，他们之中大部分是小农场主之子、到西部定居的居民、战前的奴隶、破产的农场主和退伍的士兵等。可以说，在牛仔之中既有以前的穷汉，也有少数富人。这些加入牛仔队伍中的人来自各行各业。标准的牛仔是17—18岁的青年男子汉。[③] 牛仔中也有些未成年的孩子和一些年纪大的人。

内战结束后，得克萨斯的经济受到严重破坏。唯一的重要财富是无人管理和四处游荡的数百万头长角牛。因此，以"猎牛"为恢复家业起点的牧场主需要雇用牛仔。在早期的牛仔中，有不少是在城镇找不到工作的得克萨斯人。在长途驱赶牛群开始时，约有18.2万名被解放的

---

① Philip Durham, et al., *The Negro Cowboys*, Lincoln, London, 1965, p. 3.

② Howard R. Lawar, *The Reader's Encyclopedia of the American West*, New York, 1977, p. 268.

③ Laurence I. Seidman, *Once in the Saddle*, *The Cowboy's Frontier*, *1866 - 1896*, New York, 1973, p. 169.

奴隶住在得克萨斯,[①] 其中不少人当了牛仔。在牛仔之中，有很大一部分人曾是参加过内战的士兵，他们有的不愿返回旧南部荒芜的家园或新英格兰不景气的农场。一些南部和东部的黑人，为了躲避种族歧视，也跻身牛仔之中。

牧羊人是美国西部牧区社会的另一个下层劳动者群体。他们由墨西哥人、印第安人、英裔美国人和一些外国移民构成。在西南部牧区，牧羊人大多是来自西部社会底层的墨西哥人。1852 年春，里切斯·L. 伍顿在新墨西哥的沃特勒斯附近买了大约 9 000 只羊。为了把羊群赶往萨克拉门托河谷，伍顿雇了 22 人组成赶羊队，其中有 14 名是墨西哥牧羊人。[②]

在西南部牧区，墨西哥人和印第安人占优势。一些来自新墨西哥普韦布洛和纳瓦霍印第安人中的优秀牧羊人非常适合得克萨斯的牧羊业。[③] 1841 年，瑞士人约翰·萨特船长在加利福尼亚的费瑟河边建立了霍克农场。萨特的羊群多达 3 000—5 000 只羊，几乎完全用印第安人承担管理羊群的任务。[④] 在加利福尼亚的牧羊人中，有来自欧洲比利牛斯山西部地区的巴斯克人、法国西南部的北亚奈斯人和多芬尼奥斯人以及葡萄牙人，偶尔也有德国人。1870—1890 年，还有很多中国移民成了牧羊人。1882 年，托马斯·纳尔逊将 5 000 只羊放牧在内华达州巴特尔芒廷地区的"石房子"附近，他的牧羊人都是中国人。[⑤] 在犹他和爱达荷南部，大多数放牧工作由拥有羊群的家庭中的年轻人承担。北部牧区的牧羊人一般是英裔美国人，他们即使以前没有放牧和赶羊的经历和知

---

① Ray A. Billington, *Western Expansion*, *A History of the American Frontier*, New York, London, 1974, p. 593.

② Edward N. Wentworth, *America's Sheep Trails*, Ames, 1948, p. 167.

③ Edward N. Wentworth, *America's Sheep Trails*, p. 391.

④ Edward N. Wentworth, *America's Sheep Trails*, p. 134.

⑤ Edward N. Wentworth, *America's Sheep Trails*, p. 222.

识，但都爱说"大话"，都想当工头或赶羊老板。①

牛仔和牧羊人的人员构成大致相似。他们的主体是美国社会下层的劳动者和外国穷苦移民。牛仔中有较多的黑人和少数富家子弟，牧羊人中有较多的印第安人却少有富有的白人。

拓荒时期的美国西部牧区，生存环境和劳动条件都非常艰苦。那么，是什么原因吸引着那么多的人加入牛仔和牧羊人的行列呢？

第一，大部分人为生活所迫，到西部牧区是为了改变自身命运。19世纪70—80年代，美国东北部工业化和城市化的迅猛发展引发了诸如住房拥挤和失业严重等城市问题。随着"牧牛王国"和"牧羊帝国"在西部的崛起，牧牛场主和牧羊主为扩大经营规模，需要雇用大量牛仔和牧羊人。除内战前已在西部从事牧牛和牧羊的墨西哥人、印第安人和少数外国移民外，内战后东部失业的工人、破产的农场主、不满南部种族歧视的黑人和新来的外国移民都加入了牛仔和牧羊人的行列。对东部美国人来说，他们到西部牧区是因为新兴的牧牛业和牧羊业能为他们提供相对较多的机会。如果幸运的话，他们还可以挣到钱，获得进一步发展。来自欧洲贫穷农村的移民，因其原来的生活难以维持，便到美国西部，做了牛仔或牧羊人。

第二，许多年轻人涌入西部争做牛仔是为了追求浪漫传奇的生活。在美国缔造巨大工业帝国的时代，工人被束缚在流水线上，每天机械地干着12—14小时的紧张工作，住在贫民窟里过着艰难的岁月。他们发现自己成了垄断资本家的牺牲品，被迫生活在非自然的环境中。牛仔是作为自由选择自己命运和具有个人主义独立性格的英雄人物出现的。媒体把牛仔生活过分浪漫化的宣传，使一些青年人将牛仔视为传奇英雄人物的象征。他们认为牛仔纵马驰骋在辽阔的大草原上，自由地生活在大自然的世界里，能主宰自己的命运。正是想象上把这种牛仔生活过分理

---

① Charles W. Towne, et al., *Shepherd's Empire*, Norman, 1945, p. 175.

想化、浪漫化与东部把人变成机器、毁灭民主的现实形成巨大反差，使包括富家子弟在内的青年人把当牛仔视为他们实现"美国梦"的最好选择。为实现自己的理想，越来越多的年轻人到西部牧区去寻求独立、自主和冒险的生活。

二、艰苦的放牧工作

牛仔生活并不像西部影片和小说描绘的那样充满浪漫的情趣。他们同牧羊人一样历尽磨难，多有艰辛。内战后到 19 世纪末，美国西部牧区多是没有围篱的牧场，牧场主采用原始、传统的放牧经营，这种粗放的经营方式使放牧工作极为繁重和艰苦。

首先，牛仔与牧羊人的生活条件和工作环境非常艰苦。在早期的牧场里，牛仔经常驻守在极其破陋的"边界营地"。他们夏天睡帐篷、窝棚，甚至露宿。冬天他们不得不像草原鼠一样钻进阴冷的地穴里。后来，大多数牛仔可以住在牧场主为他们提供的工棚里，不用再吃、睡在牧场边界的帐篷或洞穴里。工棚仅仅是一间简陋的房子，室内什么设备也没有，牛仔们只能睡在地上。多数大牧场都为牛仔提供了一间厨房或食堂，小牧场的牛仔工棚兼做厨房，在俄克拉何马的 T5 牧场，其工棚就兼做厨房，小屋长 30 英尺，宽 16 英尺。[1] 这间吃住合而为一的木工棚不足以为所有的牛仔提供住处，有的牛仔在较暖和的日子就睡在工具车旁。有的牧场主毫不关心牛仔的疾苦，连工棚都不准备。牛仔们就把牧场边界的洞穴和帐篷等叫作工棚，并给予"狗窝""垃圾堆"或"公羊圈"等诸多蔑称。[2]

牧羊人的居住条件更为简陋。在固定的牧羊点，他们住的只是一间土墙破屋或是一间长满青草、仅能遮住头顶的木屋。在加利福尼亚的一个牧羊营地，一间木屋里住着两个牧羊人，他们放牧着 4 000 只羊，他

---

① David Dary, *Cowboy Culture, A Saga of Five Centuries*, Lawrence, 1989, p. 285.

② David Dary, *Cowboy Culture, A Saga of Five Centuries*, p. 284.

们的床是一张脏羊皮，盖的"毯子"是另一张脏羊皮。① 在加利福尼亚境内的另一个绵羊放牧点，一间土坯小屋孤立在辽阔的草原上，无遮无挡，显出可怕的荒凉。在小屋的周围，除了羊栏之外别无他物。地上散落着白骨和羊残骸。小屋灰暗而阴冷的墙上没有窗户，屋内没有床，没有椅子，除了卷着的毯子和羊皮，再无其他卧具，木柴、长枪和手枪、几顶乱糟糟的帽子、靴子和发霉的雨披零落地散放在布满灰尘的泥地上。内墙满是血渍，好像是一个羊头被用力掷到墙上留下的污迹。墙上的长道血痕，可能是某个被杀害的人喷出的血。墙角从顶端到底部，挂满多层的蜘蛛网。一些又肥、又老、又懒的蜘蛛整天待着不动，嗅着那血迹的血腥气味。那地方从来不见一缕光线。② 游牧的牧羊人，整天随身携带着卷起的毯子随羊群露宿。到山区放牧时，只有少数富有的牧羊主为牧羊人装备了货车、火炉和其他物品，多数牧场主只为牧羊人提供一顶帐篷，有的牧羊人连帐篷也没有，只能栖身在山洞之中。在四野茫茫的牧区，牧羊人多半靠豆子和咸肉维持生活。到较远的山谷放牧时，牧羊人要自带一袋午餐。牧羊人的食品供应，大约每隔 3 天有人往牧羊点送一次。如果食物因故不能送到，牧羊人就会断了口粮，他只好临时杀只羊充饥。③

其次，"巡边"牛仔和牧羊人的生活非常枯燥、单调和孤寂。西部牧区地广人稀，许多牧场是无主荒地，有的大牧场从牧屋到牧场大门须骑马走 100 英里。④ 因为牛群被散放在牧区，相邻牧场没有围篱相隔，所以不同牧场的牛群经常混杂在一起。牧场主为了防止牛群走失和牧群混杂，阻止临近的牛群侵入，便让牛仔"走马巡边"。牛仔一般是两人一组，驻守在偏僻的"边界营地"里。组与组之间相隔 20 英里。每日

---

① William H. Brewer, "Up and Down California in 1860 – 1864", *The Journal of William H. Brewer*, New Haven, 1930, p. 277.

② Charles W. Towne, et al., *Shepherd's Empire*, pp. 263 – 264.

③ Charles W. Towne, et al., *Shepherd's Empire*, p. 264.

④ Ray A. Billington, *Western Expansion*, *A History of the American Frontier*, p. 588.

早晨，同组的两名牛仔从自己的营地骑马出发，背向而行，直到同临近营地出发的牛仔相遇为止。这些骑马巡边的牛仔沿途不断把本牧场的牛群赶回牧地中心地带，将邻人的牛群朝它们自己牧场的方向驱赶。日复一日的巡边生活非常艰苦。他们不仅自备吃的东西，而且生活也非常单调、枯燥和孤单。一个骑手每日在马背上要骑行数小时，有时他可能好几天都遇不到其他人。当他遇到另一个边界骑手或偶尔遇到一辆车带有杂货时，这便是他当日或每周日常生活的"大事"。这个骑手便停下来，与赶车人进行货物交换，有时是几支雪茄或一满管烟草。骑手最困难的时期是干旱季节。当牧场上的水坑或小溪干涸时，巡边牛仔有时甚至不可能将出走找水的牛赶回来。

牧羊人的放牧生活更孤独寂寞。夏季和冬季，牧羊人必须到较远的山区放牧羊群。每天清晨，牧羊人迎着黎明的冷风赶羊群去放牧。他们整天看护着羊群，让羊在山坡间奔跑吃草。直到夜晚，他才把羊群赶回羊栏。牧羊人就睡在羊群的近旁，以免它们遭受狼群、熊和山狮的袭击。数月之内，牧羊人很少见到有来访者。① 这就是牧羊人所过的一成不变且令人生厌的单调放牧生活。一个孤单的牧羊人的身影在蓝天之下，在他周围有数千只绵羊，在视野之内，再没有其他人和住所。在数周之内，牧羊人看不到一个人。或许，当货车前来为他送食物时，他才能见到人，但那只不过是短短的几分钟而已。荒凉环境带给他的是离疯狂不远且难以抑制的恐惧。② 还有的记述称，牧羊人6—9月在山区放牧，过着孤独寂寞的生活，除偶遇个别过路人和送供应品的赶车人之外，几乎无人涉足他的牧羊地。③ 四野茫茫，只有忠实的牧羊狗帮助牧羊人呵护着羊群。

---

① Charles W. Towne, et al. , *Shepherd's Empire*, p. 266.

② Edward N. Wentworth, *America's Sheep Trails*, p. 402.

③ Fred A. Shannon, *The Farmer's Last Frontier: Agriculture, 1860–1897*, New York, Toronto, 1945, p. 213.

　　再次，牛仔和牧羊人的工作繁忙而艰辛，有时还有危险。放牧牛群和割牛角等是紧张劳累或危险的例行工作。"得克萨斯长角牛"的双角非常锐利。牛发起疯来不但用角与另外的牛相撞相残，而且极易抵伤牛仔。牛仔们每隔一段时间就得把每头牛的双角尖割掉。割牛角极具危险，稍有疏忽，发狂的长角牛就会把牛仔抵死。此外，牛仔们还要围捕、驯服野马，承担着牧场里的其他许多杂事。春季他们要四处把陷入草地泥沼中的牛救出。夏日他们要在无数的牧场上挖防火线，以防草原火灾。随着牧场规模的扩大和向现代化经营方式转变，牛仔们在秋季里要连续不断地收割牧草和庄稼，为牛群储备冬饲料。严冬季节停止放牧时，牛仔们要确保牛不被饿死或冻死，捕捉伤害牛群的狼等野兽。他们还要干一些诸如修理畜栏、收集取暖的烧柴和铁匠活等。牛仔们承担了牧场所有的劳动，没有他们的艰苦劳动，牧场就无法正常经营。

　　牛仔在牧场上从事的一项最艰巨、最繁重的工作是参加"赶拢大会"。因为"走马巡边"并不能完全避免相邻牧场牛群的混杂，所以牧场主们便以"赶拢"的形式来区分他们的牛群。"赶拢"是将在辽阔牧区混杂在一起的牛群实行分割并为牛打上主人烙印的过程。赶拢大会是非常艰苦的工作。从开始的当日，牛仔们被分成若干个小队。每天天未亮，各小队就在队长的指挥下奔赴放牧区的指定地段去收集牛群，把它们赶回赶拢大会的中心集中地。牛散落在放牧区的各个角落。牛仔们在挥动牛鞭驱赶成群或放单的牛时，既要准确抛出套索套住欢蹦乱跳的小公牛，又要驾驭座下的烈马，时刻防止坐骑受惊带来的危险。由于搜寻牛群和往回驱赶要不断穿行荒野、涉过河流和翻山越岭，牛仔的坐骑常常被累垮倒下，疲劳至极的牛仔不得不换骑备用马继续驱赶牛群。从各处驱赶到集中地的数千头牛挤在一起，聚成一大群。随后，牛仔们在赶拢工头指挥下，开始紧张的打烙印工作。每个牧场的牛仔按顺序骑马穿行于牛群之中，赶出每一头母牛，它的小牛便尾随其后。这样就把这头母牛和它的小牛从大牛群中分离出来。大牛群形成若干小牛群。紧接着，牛仔们就开始套小牛。较大的小公牛经常把套住它角的绳子绷得紧紧的，拽得牛仔和他的坐骑跟跟跄跄。如果绳子缠住了马，牛仔就有丧生的危险。牛仔把被套住的小牛拖到火堆边，由两名牛仔按住。另一个牛仔从火堆中抽出相应的烙铁，在牛身的适当部位用力一压。随着小牛的惨叫，它身上就打上了与其母相同的烙印。如果被打烙印的是头小公牛，牛仔们要顺便对它进行阉割。也有的牧区在给小牛打烙印时随手给它割角。这些工作都极具危险性。牛仔要持续不断地工作一个月到一个半月，整个赶拢活动才能结束。其工作之繁重、紧张和艰辛可想而知。①

牧羊人的工作更劳累艰辛。牧羊人在多数情况下要独自去放牧一群羊。这群羊的价值超过 1.5 万美元，羊毛的价值超过 1 万美元。② 他追随着羊群，负责羊的安全、健康和觅食，保护它们免遭恶劣天气袭击以及野兽和盗贼的侵袭，阻止他人进入放牧地。

在草原放牧，牧羊人经常遭受暴风雨雪和雷电的袭击，几乎没有一个夏天不留下几具牧羊人的尸体。有一个牧羊人在照看羊群时，被一场突如其来的暴风雨的雷电击死。两天后，寻找他的人才发现他惨死在一块高大岩石的向外突出处，他的羊群散落在四面八方。③ 牧羊人遇到暴风雨，从来不独自寻找避身处。即使惨遭雷劈电击时，他也与羊群待在一起。在一个多暴风雪的冬天，人们发现一位老牧羊人被掩埋在离牧羊营地几英里远的雪堆里。他的羊群就在近旁。老牧羊人的双手都已冻伤坏死。他除保留一个大拇指外，其他手指都被截掉了。尽管他已严重伤残，但这位坚强的牧羊老手很快又平静地重新开始了放牧。④ 在科罗拉多，一场空前的暴风雪袭击了一个大羊群，牧羊人和他的羊群再没有生

---

① 关于美国西部牛仔的"赶拢大会"工作，参见周钢：《美国西部牧区的"赶拢大会"》，载《世界历史》2002 年第 3 期。

② Edward N. Wentworth, *America's Sheep Trails*, p. 402.

③ Charles W. Towne, et al., *Shepherd's Empire*, p. 270.

④ Charles W. Towne, et al., *Shepherd's Empire*, p. 270.

还。暴风雪过后，人们发现那位墨西哥人的尸体和很多羊被深深埋在悬崖下的雪堆里。[①]

牧羊人必须用他的智慧保护羊群免遭野兽袭击。在美国西部牧区，有狼、郊狼（又称草原狼）、熊、山猫和山狮等食肉动物，它们经常加害于羊群。有一年，在国家森林区被食肉动物咬死的绵羊和山羊达78 404只。[②] 在这些野兽中，对羊群危害最大的是郊狼。在不到3个月的时间里，得克萨斯的一位牧场主，被6只郊狼毁掉了300多只羊，损失达3 200美元。[③] 为了保护羊群，牧区家畜委员会规定，杀死一只郊狼奖赏1美元。[④] 产羔季节是郊狼最爱袭击羊群的时期。牧羊人让母羊和羊羔在夜间安卧在一个用燃烧的篝火围起来的保护圈里，以吓退郊狼。除了防止四条腿的野兽外，牧羊人还要防止两条腿的盗贼偷盗羊群和阻止牛群侵占牧羊地。

一个好牧羊人必须善于识别对羊有害的植物，以免它们误食而中毒死亡。牧区有61种牧草含有对家畜有害的毒素，其中8种毒性最大的毒草分布在加利福尼亚、大平原和山区的一些草地上。[⑤] 牧羊人应能迅速辨别有毒植物群，赶着羊群避开。

在产羔期，牧羊人更加繁忙和辛苦。5月是母羊的产羔期。羊群幼羔需要牧羊人予以特别的精心照料，因为初产的母羊不认其幼羔，刚刚咩咩落地的小羊羔便成了没有奶吃的"叫花子"羊，它们必须依靠人工喂养才能活下来。母羊的产羔率高达80%以上。[⑥] 在西部牧区，大多数牧羊主必须使新产羊羔存活率达90%以上才能获利。[⑦] 这极为困难。

① Leroy R. Hafen, et al., *Western America*, Englewood Cliffs, 1970, p. 437.
② Charles W. Towne, et al., *Shepherd's Empire*, p. 216.
③ Charles W. Towne, et al., *Shepherd's Empire*, p. 217.
④ Virginia Paul, *This was Sheep Ranching*, *Yesterday and Today*, Seattle, 1976, p. 103.
⑤ Charles W. Towne, et al., *Shepherd's Empire*, p. 240.
⑥ Fred A. Shannon, *The Farmer's Last Frontier: Agriculture, 1860 – 1897*, p. 213.
⑦ Edward N. Wentworth, *America's Sheep Trails*, p. 409.

在产羔季节，一群羊中常有 1 000—1 500 只母羊临产。在产羔期的数天内，母羊需要每天喂草 2—4 次。[①] 有的母羊白天临产，有的母羊夜间产羔。牧羊人既要精心照料母羊，适时给它们喂草，观察它们的临产征兆，又要喂养照看刚出世的羊羔。牧羊人在母羊产羔的地上，从每天凌晨 5 点甚至更早的时刻开始工作，一直持续到晚上 8 点才能结束。看护人的工作还要延长到深夜，他要照看夜里产羔的母羊。像这样紧张的工作要持续 3—4 星期。[②] 遇到阴天下雨或晚雪突降，产下的羊羔极易受寒死亡，牧羊人要点燃火堆为它们保暖，加倍呵护。较早产下的小羊羔，常离群躲在矮丛里，牧羊人要四处把它们搜寻回来。夜晚，牧羊人和看护人还要加倍警觉，以防止郊狼的偷袭。在产羔期，牧羊人的辛苦可想而知。

牧羊人在剪羊毛季节也极为劳累。在格兰德河平原，每年有两个剪羊毛的季节：春季由 4 月持续到 6 月，夏秋季由 8 月延至 9 月。[③] 在剪羊毛前的两个星期，牧羊人要把羊放入消毒液中，清洗羊毛。羊毛剪完后，牧羊人要立即为羊治愈剪毛时不慎弄破的伤口。然后，他还要把羊放入消毒液中再次清洗，以杀死羊身上的寄生虫。手工剪羊毛每人每天得剪 80—100 只羊的毛。剪下的羊毛被打成 300—400 磅的大包，运往火车站装运。[④] 产羊毛季节与产羔期交织在一起，牧羊人得集放牧、剪毛和接羔等数种工作于一身，其劳苦无须多言。故牧羊主扩大羊群和收获羊毛的季节，也是牧羊人最紧张、繁忙和辛苦的劳作之时。

三、艰险的长途驱赶

牛仔和牧羊人还负有把畜群长途驱赶到市场和新牧区的艰巨任务。

---

① Edward N. Wentworth, *America's Sheep Trails*, pp. 409 – 410.
② Charles W. Towne, et al., *Shepherd's Empire*, p. 293.
③ Paul H. Carlson, *Texas Woolly Backs*, *The Range Sheep and Goat Industry*, College Station, 1982, p. 58.
④ Fred A. Shannon, *The Farmer's Last Frontier: Agriculture, 1860 – 1897*, p. 213.

大规模的长途驱赶牛群始于 1866 年春。有大量的牛群被赶往牛镇出售，也有大量牛群被驱赶到遥远的北部牧区。在内战后的 20 年内，从得克萨斯被赶上牛道的牛有 1 000 万—4 000 万头之多。① 在这期间被赶进北部牧区的牛达 600 万头。② 恶劣的自然条件，难行的牛道，意想不到的凶险，长时间枯燥难熬的时光，每日粗糙单调的伙食，这一切使牛仔的牛道生活倍加艰辛。

长途驱赶所以能成为"牧牛王国"发展史上最具传奇色彩的壮丽篇章，不仅在于其规模巨大和场面壮观，还在于牛仔的赶牛生涯与当时美国一般城市的固定职业者相比更具挑战性、刺激性、风险性和传奇性。

长途驱赶具有严密的组织性和纪律性。它通常要组成一个大小适当的赶牛队。一支理想的赶牛队通常为 11—12 人。除赶牛老板外，其中有看马人、车夫、厨师和 6—7 名牛仔。牛队的成员由赶牛老板在产牛区或外地招雇。一支牛队通常赶 2 000—3 000 头牛组成的牛群为宜。在牛道上，牛队以每天行进 10—15 英里或每月行进 300—500 英里为宜。③牛队行进时，牛仔们要按赶牛老板分派的任务各司其职。赶牛队的组织形式如准军事组织，充分体现了资本主义大生产分工合作的管理原则。因为长途赶牛的成功，并不完全取决于牛仔们的主观努力，还要受许多自然的地理气候条件和人为外在因素的制约，若稍有不慎，不但前功尽弃使牛群荡然无存，而且要付出生命的代价。

在长途驱赶中，牛仔每日都处在高度紧张之中。天刚破晓赶牛老板就让牛仔们起程上路。两名最有经验的牛仔骑行在牛队前引路，牛群形成一个长达 1 英里的队伍并疏密适当。牛队行进的快慢，取决于左右两

---

① Leroy R. Hafen, et al. , *Western America*, p. 430.

② Robert E. Riegel, et al. , *America Moves West*, New York, Chicago, 1971, p. 480.

③ 贝阿德·斯蒂尔：《美国西部开发纪实，1607—1890》，张禹九译，北京：光明日报出版社 1988 年版，第 205 页。

翼的牛仔与牛群的距离，靠近则快，离远则慢。牛队一般保持 50—60 英尺宽，靠得最近时只有 10 英尺左右。领头的牛仔必须稳住牛队，防止牛窜来跑去。两翼的牛仔既要防止牛群挤作一团，又要防止它们拉成一条稀稀落落的长线。两名殿后压阵的牛仔负责照看体弱和跛足的牛，以免它们被强壮的牛踩死或掉队。保持整齐的队形，体现了赶牛队组织的严密性和分工的明确性。在数千头长角牛行进的牛道上，滚滚的尘烟冲天而起，弥漫四野。殿后的牛仔因为迎风，帽子上的尘土有半英寸厚，眉毛和胡子上的尘土厚得像兽毛。他们一摇头，尘土像下雨一样落下。两翼的牛仔走完一天后，喉咙里、肺里也都吸满了尘土。很多牛仔患肺病和呼吸道疾病。牛群的蹄声震耳欲聋，牛仔们彼此不能听到招呼声，他们只能凭手势互相联络。尘土和噪声对牛仔来说是无法忍受的精神折磨。日当中午，人困马乏时，牛停在一条河边吃草。牛仔们分两批轮流吃午饭。饭后随即更换坐骑，迅速回到牛群吃草的地方。让牛吃 2—3 小时草后，牛仔们便赶牛起程向前赶路，以便在天黑前赶到另一个宿营地。在新宿营地，牛仔们吃过晚饭后还要让牛在周围继续吃草。直到晚 9 点牛群卧地睡觉前，牛仔们不能休息。夜里，牛仔要轮流值班放哨，照看牛群。放哨的牛仔通常两人一班，每班约 2 小时。他们既要防止野兽对牛群的侵扰，又要让牛安睡。当班的牛仔骑马围着卧地牛群，边巡逻边轻声吹着口哨，或哼着歌曲小调。牛听着熟悉的小调，知道"围着自己的是朋友而不是敌人"[1]。这样牛不易炸群，牛仔们也能过一个平安夜。在没有任何意外的情况下，牛仔们每天都要紧张地工作长达 18 个小时。[2] 如果天气好，不出事，牛仔们一夜能睡 5 小时；如果遇到坏天气，或有意外发生，他们能睡 1 小时就算幸运了。[3] 在牛道上，牛仔们感到最难受的是睡眠不足。他们在数个月内几乎天天如此。

---

[1]　Addy Adams, *A log of a Cowboy*, Boston, 1903, p. 268.

[2]　Walter P. Webb, *The Great Plains*, Waltham, Toronto, London, 1959, p. 26.

[3]　贝阿德·斯蒂尔：《美国西部开发纪实，1607—1890》，第 208 页。

这是何等艰苦的劳动和难熬的日月啊！

　　牛道的路况很差，给牛仔的赶牛工作增加了很大难度。漫长的牛道，有时要通过令人和牛都感到恐惧异常的无边森林和无尽荒原，有时要翻越险峻的山岭，涉过湍急的河流。在这些情况下，牛仔都很难使牛群保持完好的队形。有些牛逃离牛群、散入森林或山野中，有些牛在波涛滚滚的大河边止步不前。牛仔们不得不四处去搜寻逃入林中和山间的牛，或用尽浑身的解数赶牛群过河。从得克萨斯往堪萨斯赶牛，沿途必须涉过科罗拉多河、布拉索河、雷德河、加拿大河、北加拿大河、锡马龙河和阿肯色河。从得克萨斯西部的佩科斯前往蒙大拿的斯廷金沃特，也要横渡许多条河流。① 在一般情况下，牛仔选择水浅的地方，让马和牛群蹚水过河。如果遇到河水暴涨，水流湍急，人、马和牛都不得不游过河去。游泳过河极具危险性。一些胆小的牛无论怎样轰赶，就是不肯下水。下水的牛也极易受惊。受惊的头牛会掉头往后回游，数百头牛便立刻挤成一堆，混乱不堪。体弱的牛或小牛有的被急流裹挟而去，有的被漩涡吞没。此刻，牛仔们必须从马上跳入水中，用踢打、咒骂和大声吼叫等一切手段迫使头牛向前游，把牛群领向对岸。常有牛仔被滔滔河水吞没。乔治·C. 多菲尔德的牛队在过布拉索河时丢失了 200 头牛，在过雷德河时有 100 头不肯过河。牛仔们奋力驱赶了一天，但有 50 头牛仍留在了得克萨斯。② 迪克·威瑟斯驱赶他的 3 500 头小公牛过奔腾咆哮的北加拿大河时，牛群一入水就有 116 头被急流吞没。③

　　牛仔在赶牛途中要经受恶劣气候的磨难。从得克萨斯南部往大平原北部长途驱赶牛群，历时数月。一路上大自然变幻莫测，牛仔们为经常遇到的坏天气付出了惨重的代价。多菲尔德一行在 1866 年 4 月 5 日从

------

① Joe B. Frantz, et al., *The American Cowboy, The Myth & The Realty*, Westport, 1981, p. 44.

② David Dary, *Cowboy Culture, A Saga of Five Centuries*, p. 178.

③ J. Frank Dobie, *The Longhorns*, New York, 1941, p. 84.

得克萨斯的圣萨巴起程，次日牛队冒着狂风暴雨行进了 12 英里。5 月 1 日—6 月 2 日，牛队遇到了三次暴风雨和一次寒流。头两次暴风雨中，惊逃走失的牛共 300 头。牛仔们累得精疲力竭，总共才找回来 98 头。在 6 月 2 日暴风雨中，所有人从夜里起都在追寻惊逃失散的牛群，直到次日下午 4 点，大家才在距宿营地 14 英里处找到了 195 头牛。此时牛仔们已经有 60 个小时没有吃东西了。又过了 8 个多小时，他们才返回宿营地。①

在牛道上，牛仔经受的最大灾难是突降暴风雪。1886 年新年伊始，大平原暴风雪肆虐。从达科他到得克萨斯，连续遭受 3 天暴风雪的袭击。到处是冰天雪地，气温骤降到 − 20℃以下。② 1887 年的暴风雪从 1 月 9 日起持续了 10 天，气温最低达 − 56℃。③ 成千上万头小公牛被冻死在牛道上。许多牛被暴风雪驱赶着，跌进了被白雪覆盖的深谷，在那里互相挤压，直到冻僵而死。在这场暴风雪中，有许多牛仔在牛道上丧生。

牛仔们在牛道上还要克服人为因素设置的种种困难。有时，他们要躲避索要过境税的印第安武士；有时，牛队遭到当地不友好的农民和定居者的堵截和驱赶。牛仔们还要时时防范武装强盗的拦路抢劫以及偷牛、盗马贼的袭击。遇到这种情况，牛仔们或绕路远行，在牛道上度过更多的艰苦日子；或钱财被抢劫，牛马被偷盗，遭受重大经济损失。为了保护牛群，牛仔们在迫不得已时用"六响枪"与敌对者交火。④ 牛仔们经常有生命危险或付出生命的代价。

牛仔最害怕的事莫过于牛群在夜晚突然炸群和惊逃。长角牛极易受惊。只要一头牛受惊跑动起来，所有的牛就会被搅得炸群，疯狂地在黑

---

① David Dary, *Cowboy Culture*, *A Saga of Five Centuries*, pp. 177 – 178.

② Laurence I. Seidman, Once in the Saddle, *The Cowboy's Frontier*, *1866 – 1896*, p. 131.

③ Thomas A. Bailey, *The American Pageant*, *A History of the Republic*, Vol. II, Lexington, Toronto, 1983, p. 530.

④ John A. Scott, *The Story of America*, Washington, 1984, p. 206.

夜中四处逃散。尤其在暴风雨之夜，炸群更易发生。呼啸的狂风，倾盆的大雨，夹着闪电的震耳雷鸣，顿时使牛群受惊到处乱冲乱撞，逃向茫茫的四野。此刻牛仔们必须立即一跃而起，跳上马背，冒着被牛群践踏身亡的危险，果断地采取围追堵截的行动。否则，整群牛可能在顷刻之间荡然无存。但是，十几个牛仔要想让惊逃狂奔的牛群停下来是极其困难的。牛盲目地互相狂乱冲撞，挤作一团。牛的尖角互相撞击出耀眼的火花。牛的毛皮摩擦出灼人的电光。牛蹄互相践踏，使很多牛受伤。狂奔的牛群使大地抖动，散发出的巨大热浪蒸烤得在两旁骑行的牛仔脸上起了水疱。牛蹄撞击后发出的难闻气味让牛仔窒息难忍。每一次炸群都使赶牛队付出惨重代价。一些小公牛逃散到茫茫四野永远找不到了，一些牛跌落到悬崖下摔死，一些牛落入河中被急流吞没，一些牛伤残严重，痛苦地在地上爬行。牛仔们在围追堵截牛的过程中，有人不慎被牛蹄践踏，有人在追击牛群时连人带马跌落在悬崖下。比这些更悲惨的是，有的牛仔未能起身追赶牛群就被雷电击中，有的骑在马上在奔跑中遭雷击身亡。在惊牛多发的牛道上，有不少牛仔为保护牛群献出了宝贵的生命。

　　从得克萨斯往阿比林赶牛需要2—4个月的时间，而到达科他或蒙大拿则需要6个月。牛仔们数月每天只能睡四五个小时，甚至有时连一个小时也不能睡。他们长年累月以马为伴，与牛为伍。其工作之劳累、路途之危险、生活之枯燥孤独不言而喻。在牛道上，牛仔们要与自然界的和人为的各种凶险搏斗。这是一种挑战人类生存极限的"长途驱赶"。在20年间，3.5万名牛仔历尽千辛万苦，克服重重困难，把数千万头长角牛从得克萨斯驱赶到许多牛镇和整个大平原的牧区。这无疑是英雄般的冒险事业！

　　长途驱赶羊群是牧羊人负担的一项艰苦工作。大规模的长途赶羊始于内战以后。长途驱赶的目的地既有山区放牧地和北部牧区，也有横越北美大陆的东部市场。有的牧羊人从产羔时赶着羊群先到春季牧区，秋天再至山区，冬季前往沙漠地带，最后再返回原出发地。在整年牧羊的行程中，牧羊人要赶着羊群长途跋涉 200 英里。① 往北部、东部赶羊，牧羊人驱赶着由 5 000—7 500 只母羊和公羊组成的羊群。② 从起程地到交给买主的目的地，长途赶羊的行程为 1 500—2 500 英里。③ 一些羊被赶往落基山区的采矿营地，更多的羊被赶往育肥地及堪萨斯、内布拉斯加和明尼苏达的火车终点站。与牛仔长途驱赶牛群相比，牧羊人在赶羊小道上会有更多困难和艰辛。羊群行进的速度比牛群慢，每天走 8—10 英里，一个完整的行程得用 7 个多月。④ 长途赶羊用的一般时间超过长途赶牛用的最长时间。

在赶羊途中，羊群比牛群更难找到可饮水源。羊对水质过于挑剔。在长途跋涉的羊道上，羊仍然像在牧场一样只想喝池塘、湖泊里缓缓的溪流或泉中的活水，不喜欢强碱水。羊最讨厌沼泽里的水，即使干渴难耐，也极少喝。羊在喝水时不像牛那样听从指挥，往往乱成一团。在内华达，有一群羊经过长途奔跑被赶到了一个水洞边，因水面极为平静，所有的羊都认为是死水。尽管它们已十分干渴，但都不肯喝洞里的水。过了很长时间，羊见到水洞一边有少量的水泡冒出，明白了是泉水。于是所有的羊都冲上去，争相喝水。它们在水中相斗和践踏，以致不久就把水洞变成了一个浑浊不堪的烂泥塘。⑤ 羊都弃之不喝了。羊主达尔文·B. 莱昂从加利福尼亚往怀俄明赶羊时也遇到了麻烦。羊群在酷热的天气条件下已经行走了 5 天，人和羊都没有喝一点水，都已渴到了极限。莱昂派了一个牧羊人带着所有的牧羊狗去寻找水源。当晚午夜，莱昂自己的狗在找到水喝后恢复了生气，便返了回来。受此鼓舞，莱昂最终迫使 6 000 只羊随狗继续前进。次日，在清冷的晨风中，羊群

---

① Virginia Paul, *This was Sheep Ranching*, *Yesterday and Today*, Seattle, 1976, p. 84.

② Robert G. Ferris, *Prospector*, *Cowhand and Sodbuster*, Washington, 1967, p. 63.

③ Charles W. Towne, et al., *Shepherd's Empire*, p. 165.

④ Robert E. Riegel, et al., *America Moves West*, p. 488.

⑤ Charles W. Towne, et al., *Shepherd's Empire*, p. 178.

抵达了牧羊人发现的那条河边。① 由于长时间的干渴，这些羊都变得呆傻了。它们只是疯狂地在河岸上跑上跑下而不知啜一口水。牧羊人和所有的牧羊狗一次次把乱作一团的羊赶去喝水，但羊就是不听指挥。直到过了很久，羊才渐渐明白河里是真正可饮的水，才洋洋得意地啜饮这久违的河水。

赶羊群过河花费更大。在横渡大河和急流时，赶羊人通常摆渡羊群过河，或找到一座桥把羊赶过去。这需要花很多过河费。在斯内克河渡口，水流狭窄，有两根砍下的原木横在河上作为渡桥。赶羊人从这里过河，每群羊需交50美元的过桥费。一位牧羊主的4 000只绵羊在过科罗拉多河时，摆渡人收了400美元的过路和摆渡费。② 过河费约可购买160—200只羊。

在长途驱赶中，羊群比牛群更难管，更容易受到野兽和盗贼等的侵害。在羊道两边，羊群比牛群走散得更远。一支数千只的羊群能分散到5英里远的地方。③ 牧羊人在傍晚把羊赶拢宿营颇不容易。最令牧羊人烦恼的是夜间羊群因饥渴或郊狼的嚎叫而变得很不安。在顺利的条件下，牧羊人都难得有几小时的睡眠。如果在半夜安卧的数千只羊被搅动起来，牧羊人会被弄得极度紧张。牧羊人要环绕羊群巡视，以保持羊能安卧和防止狼群或盗贼的侵袭。虽然在正常情况下羊群每天行进的路程较牛群短，但在穿越特别缺水的沙漠时，牧羊人经常强迫羊群一次行走约20英里。④ 这样的赶羊往往在夜晚进行。这种驱赶与放牧连续超过两夜，便易招致灾难。因为在长途赶羊中，牧羊人是徒步行走，连续的夜间赶羊弄得人困羊乏。困顿不堪的牧羊人再承担夜间放牧和值班的任务，无疑是一种过分沉重的负担，他们会因过度劳累和困乏而难以预防

---

① Charles W. Towne, et al., *Shepherd's Empire*, p. 180.

② Charles W. Towne, et al., *Shepherd's Empire*, pp. 169 – 170.

③ Paul H. Carlson, *Texas Woolly Backs*, *The Range Sheep and Goat Industry*, College Station, 1982, p. 134.

④ Charles W. Towne, et al., *Shepherd's Empire*, p. 177.

突发的危险。赶牛的牛仔从不夜间放牧。与他们相比，长途赶羊的牧羊人更为辛苦。

总之，牧羊人长途赶羊也要翻越高山，穿越沙漠，渡过激流，面对恶劣天气的考验。除了躲避印第安武士外，他们还会受到沿途牧牛场主所派牛仔的阻拦和刁难。每次长途赶羊需要持续更长的时间，每支赶羊队的牧羊人要比每支赶牛队的牛仔少得多。羊比牛每日行走得慢且对饮水更加挑剔。羊群比牛群更易遭受野兽、盗贼、雷电、大火和暴风雪等危险的袭击和伤害。牛道上的牛仔每天有数匹坐骑换乘。赶羊小道上的牧羊人却日夜靠双脚长途跋涉。在种种险情下，牧羊人还要防止羊群溃散。与赶牛的牛仔相比，牧羊人在长途赶羊的途中经受了更大的艰辛和磨难。

四、紧张的劳资关系

美国西部牧牛业和牧羊业的兴起、发展与繁荣，是牛仔和牧羊人艰苦创业的结果。没有他们的吃苦耐劳和开拓进取，就不会有"牧牛王国"和"牧羊帝国"的崛起。然而，美国西部开放牧区的黄金时期给雇主与雇工带来的却是天差地别的两种结果。牧区社会的统治者——牧牛大王和牧羊大王都因牧业的繁荣而发财致富。牧主的雇工——牛仔和牧羊人虽然付出了辛劳，创造了财富，但仍处于牧区社会的下层，过着艰辛的日子。正是这种极为悬殊的状况，导致了劳资关系的紧张，甚至引发了牛仔的罢工。

牧牛场主和牧羊主都因牛羊贸易而发了财。丹·瓦格纳于1850年在得克萨斯怀斯县沿登顿河初建牧场时，只带去了242头长角牛。他从1869年开始在堪萨斯北部售牛，获利很大。在19世纪80年代，把3 000头牛赶到市场出售，可得1万美元的纯利。① 到1895年，他成了

---

① Marin Ridge, et al., *America's Western Expansion*, p. 610.

富翁，拥有 4.5 万头牛、2 500 匹马。1904 年瓦格纳去世时，其牧场覆盖了 100 多万英亩的土地。[1] 弗朗西斯·E. 沃伦是西部牧羊业中杰出的人物和怀俄明的政治家。沃伦自 1871 年开始经营牧羊业，并于 1883 年成立"沃伦家畜公司"。到 1889 年，该公司拥有 28.4 万英亩土地、38 处牧场房屋和遍布整个放牧区的牧羊点。各个牧场间用电话相互联系。这在 19 世纪 80—90 年代是令人吃惊的。到 1891 年，该公司拥有绵羊 11 万只，安哥拉山羊 2 500 只。[2] 沃伦在牧羊业中取得的巨大成功使他在怀俄明的政坛不断攀升。他先为领地总督，后成为该州在国会的第一位参议员。[3]

牧场主们极力改善自己的居住条件，过着富翁的生活。他们的新牧屋多是一层的木制或土坯结构建筑物。许多牧场主的房子在南面留有长长的阳台，以便冬季有充足的阳光和夏季有良好的通风。室内有客厅、餐厅、大厨房和卧室，还有一间牧场主的办公室。瓦格纳则独出心裁地在迪凯特东部建了一座城堡式的石屋。得克萨斯的许多牧场主都从沃思堡和圣安东尼奥的商店中订购家具。在牧场主的客厅里，窗户上挂着带花边的窗帘。夜晚，牧场主的住宅内点着明亮的蜡烛或煤油灯。这样的牧场主住宅在当时已相当时尚和舒适。

有些牧牛大王长期住在城镇，雇人替他管理牧场，很少到牧场去。还有些牧牛大王前往豪华的"夏延俱乐部"，坐在舒适的椅子上，吸着哈瓦那雪茄，"常常用英国方言与同行们讨论着账本"[4]。总之，美国西部牧业的繁荣造就了一个富有的牧场主集团，产生了一些大牧场主和经营牧业公司的巨商。

与富有的牧牛场主和牧羊主形成鲜明对照的是牛仔和牧羊人。他们

---

① David Dary, *Cowboy Culture*, *A Saga of Five Centuries*, p. 256.

② Edward N. Wentworth, *America's Sheep Trails*, pp. 213–214.

③ Howard R. Lamar, *The Reader's Encyclopedia of the American West*, New York, 1977, p. 1238.

④ Joseph R. Collin, *The American Past*, Chicago, 1987, p. 546.

的生活和工作条件极其艰苦。虽然 19 世纪 70 年代后期多数牛仔住进了
工棚，但那些被指定走马巡边的牛仔仍然经常住在牧场边界的洞穴或被
废弃的窝棚里。每个牛仔必须自备卧具。被称作"热卷"的卧具，外
面是两层油帆布，行李夹在中间——通常是几条"粗毛毯"和毛毡充
当被褥。这就是他的全部家当。上层油帆布用来临时防雨。① 牛仔的伙
食也较为单调。他们每天吃不到新鲜蔬菜，日复一日地吃着同样的食
物。牧羊人的居住条件和食品比牛仔还差。单独放牧的牧羊人必须学会
像"野蛮人"一样的自我生存方式。前面我们已较详细地论析了牛仔
和牧羊人从事的劳累、艰辛和危险的工作。

　　牛仔和牧羊人的辛勤劳动为雇主创造了巨大财富，但他们的工资却
很少，其付出与所得极不相称。内战刚一结束，在南部牧区，一个普通
的牛仔每月的最低工资为 15 美元，60 年代末、70 年代和 80 年代为
20—30 美元，90 年代达到 45 美元。一个有经验的头等牛仔每月多得
5—10 美元。特别有经验的赶牛牛仔偶尔每月可以领到双倍的工资，达
到 60 美元，甚至高达 75 美元；但是，一个"放青"的男孩（看马人）
每月只有 5—7.5 美元。赶牛老板和牧场工头每月的工资一般为 100—
150 美元。厨师的工资与拿头等工资的牛仔相当，但在赶牛队中他通常
比最好的牛仔每月多得 5—10 美元。北部牧区的牛仔一般比南部牧区的
牛仔每月多得 10 美元。② 牛仔的工资中包括伙食及卧具的开支。他们
还得自置服装、马鞍、辔头、鞍垫以及马刺等。即使我们以付最高工资
计算，一个由 12 人组成的赶牛队完成一次长途驱赶的全部工资所得，
仅为牧场主所得 1 万美元纯利的 24.2%。③ 对一个普通的牛仔来说，作
为对他在充满尘埃、饥饿、酷暑、严寒和危险的牛道上数月艰辛劳动的

① Dane Coolidge, *Texas Cowboys*, Tucson, 1985, p. 82.
② Kenneth W. Porter, *Negro Labor in the Western Cattle Industry*, L. H., 1969, p. 363.
③ 根据 19 世纪 80 年代牧区雇工的最高工资与同期售牛利润计算所得。12 人 4 个月的
　 工资为：$150 \times 4 + 75 \times 4 \times 3 + 10 \times 4 + 30 \times 4 \times 7 + 10 \times 4 = 2\,420$（美元）。

回报，仅有微不足道的 100 美元。这些工资收入只是一顶新帽子和一双精美鞋子的价钱。① 牧牛大王们是靠剥削牛仔的劳动致富的。

与牛仔相比，牧羊人的工资更低。内战以后，墨西哥牧羊人的工资每月为 15 美元，其伙食费每月平均为 4.75 美元。来自新墨西哥普韦布洛和纳瓦霍波的优秀印第安牧羊人的工资待遇与墨西哥牧羊人相同。② 在 1892 年，亚利桑那牧羊人的月工资为 40—45 美元。受经济危机和羊毛价格下跌的影响，到 1894 年，该领地牧羊人的月工资减少到 15—25 美元。③ 甚至到了 1935—1940 年，新墨西哥州牧羊人的月工资也只有 35 美元。④ 牧羊主只支付给牧羊人少量的现金。牧羊人的大部分工资以记账的方式作为其家庭的消费之用。然而，在很多情况下，牧羊人辛苦劳作后还欠牧羊主的钱。一个牧羊主的一些牧羊人欠款最多时达 0.8 万—1.2 万美元。⑤ 这样，牧羊主就可以控制这些牧羊人。直到还完欠债，这些牧羊人才能离开该牧羊主。

在西部牧区，牛仔和牧羊人几乎享受不到什么权利。他们被置于牧牛场主和牧羊主的严格管理和控制之下。牛仔不但要完成牧牛场主和工头分派的各项艰苦的工作，而且还要忍受种种苛刻的限制。特别是在大牧场出现以后，牧牛场主制定的限制牛仔的规定更加全面和严格。得克萨斯州西部的"XIT 牧场"制定的规则竟有 23 条之多。⑥ 对于这些规定，牛仔必须服从。不遵守这些规定的牛仔会受到严厉的处罚，甚至会被解雇。牧场的任何决定权都属于牧场主，他们不允许牛仔在牧场上拥有牛。在规章中，牛仔没有任何权力。在西南部地区，牧羊主与牧羊人的关系是父辈长期传下来的家长式控制。牧羊主与牧羊人签合同是一项

① William H. Forbis, *The Cowboys*, Alexandria, 1977, p. 142.
② Edward N. Wentworth, *America's Sheep Trails*, p. 391.
③ Edward N. Wentworth, *America's Sheep Trails*, p. 254.
④ Charles W. Towne, et al., *Shepherd's Empire*, p. 273.
⑤ Charles W. Towne, et al., *Shepherd's Empire*, p. 274.
⑥ William H. Forbis, *The Cowboys*, Alexandria, 1977, p. 82.

重要的规定。甚至只是一项 6 个月的合同，双方都得签名。按照合同，墨西哥牧羊人的工作有专门分工。有的牧羊人只放牧公羊群，有的只放牧母羊群，有的则只放牧旱地母羊。有一些人是专门的冬季牧羊人，负责羊的繁殖和喂养；另一些人是夏季牧羊人，要照看羊羔，剪羊毛，把羊群赶到高原牧区放牧。① 牧羊主以合同和记账工资的方式控制牧羊人，使他们更尽心尽力地照看好羊群。

随着牧牛业的发展，牛仔们在西部牧区逐渐形成一个独立的劳工阶层。他们为改善自身的生活状况和工作条件，采取了不同的斗争形式。由于牛仔无法与牧牛场主的经济实力抗衡，也没有自己的政治组织，所以最初的斗争只是个人的行为，而且是消极的逃避方式。如某个牧牛场主对牛仔非常不好，他们就离去，另找雇主。牛仔的流动性非常大，许多牛仔在一个牧场只待 6—8 个月。② 虽然在牧牛场主建立起"家畜饲养者协会"后有许多牛仔加入了"劳动骑士团"，但牛仔始终未能建立起其独立的组织。牛仔们在牧区的频繁流动性，实际是他们反抗牧牛场主剥削的一种自发的斗争形式。

有记载的牛仔罢工有两次。1883 年 3 月，在春季赶拢开始前，得克萨斯潘汉德尔地区 3 个牧场的牛仔举行联合罢工，有 24 名牛仔签署了罢工声明。主要要求之一是提高工资，由每月 25—35 美元提高到 50 美元，好厨师的工资要达到 50 美元，巡边骑手的工资不少于 75 美元；要求之二是改善伙食，特别是要增加蔬菜。后来，参加罢工的牛仔扩大到 5—7 个大牧场的 300 人（另一说为 200 人）。罢工持续了一年。得克萨斯的牧牛场主们联合破坏了这次罢工。③ 尽管这次罢工失败了，但它表明牛仔们已开始关注自己的权利，并为改善工资待遇和生活条件进行了有组织的斗争。1886 年，在怀俄明领地爆发的牛仔罢工

---

① Charles W. Towne, et al. , *Shepherd's Empire*, p. 175.

② Bill Oden, *Early Days on the Texas – New Mexico Plains*, Canning, 1965, p. 32.

③ Bill Oden, *Early Days on the Texas – New Mexico Plains*, Canning, 1965, p. 128.

起因于牧牛场主削减牛仔的工资。牧牛场主决定将当时流行每月 35—40 美元的牛仔工资至少减 5 美元。恰在春季赶拢之前，鲍尔河南支流的牛仔们举行了罢工。他们为周围地区所有的牛仔每月获得 40 美元工资而斗争。这次罢工扩展到斯威特沃特—普拉特地区。罢工取得了胜利。[①]

大多数牧羊人嫌恶牧羊主，甚至强烈痛恨雇主的家长式控制和管理。有时，属于不同雇主的牧羊人偶尔在公共放牧区相遇时，他们也常常发泄对牧羊主的不满。牧羊人之所以没有形成牛仔那样的反雇主罢工，主要是因为他们各自单独的放牧特点所决定的。即使是同为一个牧羊主放牧的那些牧羊人，也被分派到不同的牧羊点，数月难得相见，很难形成集体的反抗行动。

综上所析，我们可以清楚地看出，牧牛场主与牛仔、牧羊主与牧羊人的关系是雇佣和被雇佣、剥削与被剥削的关系。牛仔和牧羊人是牧场主雇用的牧场工人，他们属于"镀金时代"美国垄断资本统治下的劳工阶级的一个组成部分。由于美国西部牧区地域辽阔，牛仔和牧羊人具有很大的流动性，他们未能建立起自己的组织。牛仔所进行的为数不多的罢工，仅限于提高工资和改善生活的经济斗争，甚至连缩短工时的要求也没有提出。相对美国社会的其他利益集团而言，牧牛场主和牧羊主共同成为西部牧业集团的代表。在牧区社会，他们却为自身利益展开了争夺牧场和水源的残酷斗争。分别从属于牧牛场主和牧羊主的牛仔和牧羊人，不得不为各自的雇主争夺放牧地，经常发生冲突和流血事件。牛仔和牧羊人互相成仇，不利于他们联合起来进行反对雇主的斗争。由于牛仔和牧羊人无法建立自己的劳工组织，他们只能听任牧牛场主和牧羊主主宰牧区社会。然而，从牛仔的两次罢工可以看出，分散性、独立性很强的牛仔们，毕竟为维护自身的利益进行了联合斗争。

---

① Robert V. Hine, *The American West*, *An Interpretive History*, Boston, 1984, p. 135.

五、明显的抑扬倾向

通过对牛仔和牧羊人的历史考察，我们可以看出，他们产生于美国从自由资本主义向垄断资本主义过渡的特定历史时期，产生于美国内战后西部兴起"牧牛王国"和"牧羊帝国"的特定环境中。牛仔和牧羊人都是西部开放牧区的主要劳动力，是受牧牛场主和牧羊主剥削的雇佣劳动者。他们为牧场主和牧业公司创造积累了大量财富，自己却靠微薄的工资度日。牛仔和牧羊人都是美国西部拓荒的先驱和英雄。他们的艰苦创业和开拓进取的精神都应该是美利坚民族性格的体现和象征。然而，牛仔和牧羊人在美国人的心目中却是两种形象。前者是被褒奖称颂的"民间英雄"，后者是被轻蔑贬低的"下等人"。这种扬抑不同的明显倾向是极不公正的。

在西部牧区，要成为一个好牛仔必须具备熟练的骑术、高超的套索本领和娴熟的枪术三种基本技能。得克萨斯牛仔骑在疾驰的马上能从地上捡起帽子。最好的骑手能用右手从马左侧的地上捡起一枚硬币。[①] 1882年，奥斯汀一次定期集市上进行套小公牛比赛时，技艺最好的牛仔仅用1分45秒的时间就用绳索套住了小公牛并把它拉倒在地。[②] 在荒野之中，枪是牛仔用以对付野兽、击退盗匪的自卫武器。快速、准确地用六响枪击中目标，也是牛仔必须掌握的技能。牛仔是集骑手、套索手和枪手于一身的职业雇佣劳动者。只有拥有这些技能，一个牛仔才能够在蛮荒的西部生存和从事艰苦的牧牛工作。

牧羊人对"牧羊帝国"的崛起做出了巨大贡献。在西部开发中，牧羊人所付出的艰辛和表现出的智慧并不亚于牛仔。虽然牧羊人不需要掌握骑马、套索和射击的技能，但他们精于计算、应对突发事件和独创的工作能力超过了被人崇拜的牛仔。由于放牧对象的不同，牛仔与牧羊

---

① Clifford P. Westermeier, *The Cowboy in His Home State*, S. H. Q., 1954, 58, p. 225.
② Clifford P. Westermeier, *The Cowboy in His Home State*, p. 231.

人相比，两者有一些显著的不同特点。其一，牛仔是马背上的劳工，牧羊人靠双脚行走劳作。前者不论放牧或长途驱赶都以马代步。后者牧羊和赶羊只能徒步跋涉。因此，牧羊人劳作的艰辛有甚于牛仔，他们对疲劳的承受能力超过了牛仔。其二，牛仔是每日清晨按照工头的分派，骑上牧马去完成当日的任务；牧羊人是赶着一群羊，到偏远山地牧区，去完成数月的艰辛放牧任务。牛仔的工作通常是一个牧牛队或赶牛队在工头的领导下实行分工协作；牧羊人一般是个人单独放牧，他必须自己制订数月内的放牧计划，竭尽全力保护好价值 2 万—3 万美元的羊群，以确保返回牧场时，使羊比放牧前长得更肥壮，产的羊羔和羊毛更多。因此，牧羊人除了独自应对暴风、雨雪和食肉动物对羊群的袭击及识别毒草外，还要千方百计保护好来之不易的放牧地，挫败劫掠者和竞争者的侵入。其三，牛仔在牧场有同桌共餐、同住工棚的集体生活，在艰苦的赶牛途中还有在牛镇的放松与欢乐；牧羊人在放牧和赶羊中，要长时间地过着少有人际交往的孤独寂寞的生活。尽管牧羊人普遍厌恶辽阔放牧地的空旷孤寂，但为了呵护好羊群，他又必须置身于那个环境之中。牧羊人对其羊群尽了"母亲般"的照顾和保护，[①] 为此耗尽全部精力。这种"母亲般"的呵护潜入牧羊人的意识和性格中，体现在行动上，并逐渐形成一种耐心、坚韧和独立性的本能。牧羊人孤立的放牧生活，迫使他去认识并排除各种自然因素对羊群的威胁。他的工作需要足智多谋、独立的思考判断、坚韧不拔的意志、随机应变的能力和忠诚的品质。当然，牧羊人的这种忠于职守不是因为他爱其雇主——牧羊主。牧羊人的忠于职守，主要是出于他对自己所管羊群的热爱，并在长期的放牧实践中形成一种实质性的本能。这种"母亲般"关爱羊群的本能渐渐潜入牧羊人能承受孤寂的坚韧性格中和他对所管羊群能获丰厚利润的期盼中。因此，牧羊人能不顾一切干扰，面对一切危险与困难，承受过

---

① Charles W. Towne, et al., *Shepherd's Empire*, p. 273.

度劳累的痛苦。牧羊人应对艰险的能力和付出的辛劳，超过了被浪漫化和英雄化了的牛仔。实践证明，牧羊人是有能力的管理者。正是他们的辛勤放牧和悉心管理，为美国西部牧羊业的蓬勃发展奠定了坚实的基础。

牧羊人虽然对西部开拓做出了重要的贡献，却受到不公正的待遇。除劳动报酬较牛仔低之外，牧羊人在美国西部还倍受轻蔑。在英格兰、苏格兰和比利牛斯山，牧羊人受到人们的尊重和赞美。然而，牧羊人在美国西部却成了被中伤和诋毁的对象。在美墨战争以前，新墨西哥等牧羊业占优势的地区还保持着一些尊重牧羊人的遗风。内战以后，美国控制了密苏里河直到太平洋沿岸的所有西部土地。牧羊人的状况发生了令人难以理解的变化。他们受到美国人的歧视。在得克萨斯，牧牛场主甚至在内战之前就认为牧羊不是"白人"干的工作。① 内战以后，在牧牛场主和牧羊主竞相扩大牧场和抢占牧区的斗争中，牧羊人更受歧视。对牧羊人不利的荒谬流言四处传播，对其人格和品质的诽谤贬低之词被信以为"真"。② 相反，人们对西部牛仔却赞美有加。牛仔被誉为西部的开拓英雄，是浪漫的传奇人物，甚至连牛仔在牛镇的放纵荒唐都可以原谅。牛仔的冒险精神被西奥多·罗斯福等政要称为美利坚民族精神。素有"牛仔总统"之称的罗斯福认为以几个牛仔在牛镇的活动来评价这个群体是"不公正的"。他主张评价牛仔应该把他们放在主要的工作环境——牧区来考察。因为牛仔在那里"度过了他一生的岁月，干着他毕生的事业"。牛仔具有"勇敢、好客、耐劳和冒险精神"，是美利坚民族"不屈的先驱者"。③ 笔者赞同这一观点，评价牛仔应看其主流。但是，牧羊人同样是西部开拓的先驱者和英雄。他们不但没有受到应有的肯定和称赞，而且多被轻蔑诋毁。相比之下，人们对美国西部牧羊人

---

① Paul H. Carlson, *Texas Woolly Backs*, *The Range Sheep and Goat Industry*, p. 179.

② Edward N. Wentworth, *America's Sheep Trails*, p. 402.

③ Theodore Roosevelt, *Ranch Life in the Far West*, Golden, 1981, p. 87.

的态度岂不有失公正吗？

在美国西部史和牧业史的研究中，牧羊人也是被漠视的群体。在美国学者的研究中，历来存在重牧牛业轻牧羊业的倾向。与牛仔生活在同时代的人，就把牛仔作为崇拜的偶像。此后，牛仔更是成了西部史、牧业史研究的"热点"课题。关于牛仔的论著、传记、回忆录和百科全书汗牛充栋。现实生活中的西部牛仔，只不过是骑在马背上为牧场主管理牛群的雇工。他们与好莱坞影片中的"牛仔英雄"毫无相似之处。然而，长期以来在美国造成了一个持久的、迷人的牛仔神话，赋予了他们浪漫、传奇的色彩。在艺术、音乐、绘画和影视作品中，牛仔成了被争相讴歌的主角。相比之下，同样在美国西部开拓中做出巨大贡献的牧羊人，在文学艺术作品中却很少得到反映。甚至在牧羊史的著作中，牧羊人也没有得到应有的尊重。《牧羊人的帝国》和《美国的赶羊小道》是迄今为止最重要的两部关于美国牧羊业的著作，但重点写的是牧羊主，而不是牧羊人。书中对牧羊主们的姓名、家世、社会背景、发迹经历和业绩贡献都有较详细的论述。然而，在这两部著作中，作者不但对牧羊人的贡献论之甚少，而且连牧羊人的姓名也没提到几个，只是笼统地说有数千之众。20 世纪六七十年代以来，写下层群众的历史成为美国史学研究的主要趋势。有关牛仔的论著大量出版，甚至连过去无人关注的"牧牛女郎"（Cowgirl），在近年中也有不少研究著作面世。相比之下，美国学者对牧羊业的研究仍然较少；在已出版的一些论著中也没有改变漠视牧羊人的倾向；在美国的牧业史研究中，依然存在对牛仔的过度褒扬和对牧羊人明显贬抑的状况。笔者认为，这是很不公平的现象。

（原载《史学月刊》2004 年第 7 期）

美国"牧牛王国"里的非裔牛仔

美国牛仔是由不同肤色、不同种族和不同国籍的人构成的，非（洲）裔牛仔是这个特殊社会群体的重要组成部分。非裔牛仔同白人牛仔、墨西哥牛仔（墨裔美国人）和原住民印第安牛仔一样，在辽阔的牧区骑马放牧，看护牛群，从得克萨斯踏上"赶牛小道"，经过漫长而艰险的长途驱赶，把牛群赶到东北的市场、小牛育肥地和新牧区。许多非裔牛仔对美国"牧牛王国"在西部辽阔大平原上的兴起和繁荣献出了毕生的精力，甚至付出了生命的代价。然而，由于美国对黑人的种族歧视政策，使"牧牛王国"里的非裔牛仔长期被美国的史学家和作家所忽视。直到20世纪中期民权运动兴起，非裔牛仔的研究才受到美国学术界的关注。

菲利普·德拉姆和埃弗里·L．琼斯合著的《黑人牛仔》于1965年出版。这是第一部也是迄今为止唯一的研究美国非裔牛仔的学术专著。这一著作主要集中在对非裔牛仔参与在美国西部牧区持续20余年的长途驱赶牛群的论述上。同年，德拉姆和琼斯还出版了《黑人牛仔》的简写本《黑人牛仔的历险》，以便于青少年读者阅读。1986年，保罗·W．斯图尔特和华莱士·伊冯娜·蓬斯编辑出版了《黑人牛仔》一书，是关于88位非裔牛仔的人物传记。萨拉·R．马西编的《得克萨斯的黑人牛仔》于2000年出版，是一本关于非裔牛仔传记性的研究论文

集。该论文集共收入 24 篇论文，论及牛仔先驱、赶牛牛仔和现代牛仔
三方面的重要代表人物。除上述论著外，还有纳特·洛夫、比尔·皮克
特和博内斯·胡克斯等著名非裔牛仔的自传和传记。自 20 世纪中期至
今，在美国的一些报刊上还发表了数十篇关于非裔牛仔的论文。这些论
文多数是关于非裔牛仔的个案研究，也有一些论述非裔牛仔在得克萨斯
牧区、牛道和牛镇的活动，其中有的文章涉及他们的经济待遇和社会地
位问题。论述非裔牛仔的重要论文有菲利普·德拉姆在 1955 年发表的
《黑人牛仔》、德拉姆和埃弗里特·L. 琼斯于 1964 年发表的《马背上
的奴隶》，以及肯尼思·W. 波特于 1969 年发表的《1866—1900 年西部
牧牛业中的黑人劳工》等。《黑人牛仔》一文是美国历史上第一篇研究
非裔牛仔的论文，强调了这项研究的重要意义。《马背上的奴隶》论述
了在美国内战以前就有数千名黑人奴隶劳作在得克萨斯的牧场上，他们
是美国牛仔的先驱者之一。波特的文章论及美国西部牧牛业的发展历史
概况、看马人、赶牛人、各个岗位上的牛仔与追随者，及其工资、工作
与生活条件、牛仔罢工、娱乐社交和种族生活等十余个方面的问题。该
文虽论述全面，但不够深入，有些问题仅仅是提及而已①。纵览美国学
者对非裔牛仔的研究，我们可以看到大量论著集中在著名非裔牛仔的个

---

① Philip Durham & Everett L. Jones, *The Negro Cowboys*, Lincoln & London: University of Nebraska Press, 1965; Philip Durham & Everett L. Jones, *The Adventures of the Negro Cowboys*, New York, 1965; Paul W. Stewart and Wallace Yvonne Ponce, *Black Cowboys*, Colorado, Denver: Black American West Museum and Heritage Center, 1986; Sara R. Massey, *Black Cowboys of Texas*, College Station: Texas A&M University Press, 2000; Nat Love, *Life and Adventures of Nat Love: Better Known in the Cattle County as "Deadwood Dick"*, Los Angles, 1907; reprinted, New York: Arno Press, 1968; Colonel Bailey C. Hanes, Bill Pickett, *Bulldogger: The Biography of a Black Cowboy*, Norman: University of Oklahoma Press, 1977; Bruce G. Todd, *Bones Hooks: Pioneer*, *Negro Cowboy*, Gretna: Pelican Publishing Company, 2005; Philip Durham, "The Negro Cowboy", *American Quarterly*, Vol. 7, No. 3 (1955); Philip Durham & Everett L. Jones, "Slave on the Horseback", *Pacific Historical Review*, Vol. 10, No. 3 (1964), pp. 405 – 409; Kenneth W. Porter, "Negro Labor in the Western Cattle Industry, 1866 – 1900", *Labor History*, Vol. 10, No. 3 (1969), pp. 346 – 374.

案研究上，而对这个独特的社会群体在牧场和牛道的劳作状况以及他们能在美国"牧牛王国"立足的原因和境遇的论述似显薄弱。本文拟从非裔牛仔在牧场的艰辛劳作、在牛道上遭遇的凶险、在"牧牛王国"立足的原因以及在美国对黑人种族歧视和种族隔离特别严重的特殊年代他们在西部牧区的独特生存状态做初步论析。

一、牧场里的艰辛劳作

美国西部的牧牛区在内战以后迅速从得克萨斯向西向北拓展。在二十多年的时间里，大平原（Great Plain）上兴起了一个辽阔的"牧牛王国"（Cattle Kingdom）。"牧牛王国"的疆界南起格兰德河，北抵美加边界，东起密苏里河，西抵落基山脉脚下，约占美国陆地面积的1/5，覆盖十个州和领地的草原。"牧牛王国"的兴起，主要是由于美国内战后工业化和城市化对肉类巨大需求的推动，同时也是数万名牛仔艰辛开拓西部边疆的结果。数万名牛仔作为牧场主和牧牛公司巨商的马背劳工，日夜在牧场上放牧，照料着牛群。在数万名牛仔中，有万余名非裔牛仔。在非裔牛仔中，既有内战前就劳作在得克萨斯牧区的马背奴隶，也有战后逃离美国南部到西部投身牧牛业的黑人①。在"牧牛王国"里，

---

① 关于美国西部牛仔的数字没有确切的统计资料记载。对于踏牛道长途赶牛的牛仔数字，乔治·桑德斯提供的是在1868—1895年有35万人踏上牛道。《美国牛仔：神话与现实》一书称1870—1885年有4万名牛仔参与赶牛。《马背上的奴隶》一文认为，美国内战前有数千名黑人作为马背奴隶劳作在得克萨斯和俄克拉何马的牧场上。对于踏上牛道的非裔牛仔，《黑人牛仔》一书认为有5 000人，肯尼思·W. 波特的文章认为有八九千名非裔牛仔踏上了牛道。又有文章指出，至20世纪60年代末，西部牧区有1万—1.5万名非裔牛仔。以上论著提供的牛仔总数与非裔牛仔的人数极不一致，故本文对牛仔总数和非裔牛仔人数采用数万和万余的约数。参见Joe B. Frantz and Julian Ernest Choate，Jr.，*The American Cowboy*：*The Myth & The Reality*，p. 34；J. Marvin Hunter，ed.，*The Trail Driver of Texas*，p. 453；Philip Durham & Everett L. Jones，"Slave on the Horseback"，*Pacific Historical Review*，Vol. 10，No. 3，1964，p. 409；Philip Durham & Everett L. Jones，*The Negro Cowboys*，p. 45；Kenneth W. Porter，"Negro Labor in the Western Cattle Industry，1866—1900"，p. 373；R. I. P.，*Black Cowboys*，http：// www. vincelwis. net/ blackcowboys. html.

非裔牛仔和其他少数族裔牛仔（墨西哥人和原住民）一样，要比白人牛仔付出更多的辛劳。

在大平原牧区，牧场的各个工作岗位上都有非裔牛仔，但通常他们承担的是白人牛仔不愿意干、最危险和最困难的工作，如地位最低的看马人、常遭牛仔们不满的厨师以及最危险的围捕和驯服野马等。

在牧牛营地，牧场主常雇用非裔牛仔（有时也有墨裔）当看马人。看马人的工作主要是照料那些不立即使用的马。牛仔在干不同的工作时，要骑乘不同的马。在辽阔的无围篱牧场走马巡边时，他们骑被驯服的快速幼龄烈马；在放牧或围拢牛群时，他们则换乘较为温顺的马；夜间值班守护牛群时，牛仔们又骑乘夜用马。因此，每个牛仔可以从牧场工头那里领到8—10匹归他使用的不同加鞍备用马和一匹夜用马。在通常情况下，一个放牧队要有100—125匹马①。这样多的马集成马群，由看马人照看。每匹马都有自己的名字。看马人不但要熟记每匹马的名字，而且要知道它们各自的用途，哪些马归哪个牛仔使用。在夜晚，除了挑出值夜班的牛仔骑的夜用马外，其余的马多数要集中起来，由看马人照料。

看马人的工作非常辛苦。每天从早晨到夜晚，看马人要根据牛仔们干不同活的需要，随时挑出适合他们骑乘的马。如果有一匹马丢失，看马人只要把马群环视一圈，就能知道是哪匹马逃失。可能某日看马人离开马群数小时，等他回来时，所有的马都待在一起；而有时他仅离马群20分钟，也可能所有的马都逃失②。因此，看马人几乎每时每刻都要与马群待在一起，看护马吃草。由于看马人日夜都要看护好马群，所以在一个牧牛营地里有两个看马人。夜里值班的看马人更辛苦，因为马群只

---

① Ross Santee, *Men and Horses*, New York and London：Century Co.，1926，pp. 85，86.
② Ross Santee, *Men and Horses*，p. 85.

是圈在用绳子简单拉成的围栏里，他要防止有马丢失①。

　　看马人除照看好马群外，还要帮助厨师干些杂活，如协助运回木料，有时还要按厨师要求准备咖啡和冷肉排等②。在牧牛队里，看马人与头等牛仔的关系同餐馆中"洗碗工与厨师长的关系极其类似"③。也就是说，看马人是地位最低的工种④。

　　一些过了骑行年龄而经验丰富的非裔牛仔常被牧场主雇为厨师。在牛仔群体中，厨师是地位较高的职位。他仅位居牧场工头和牧牛营地的老板之下，而高于其他岗位上的牛仔。尽管一些白人拒绝听命于非裔厨师，但很多牧场主对厨师的选择"总是喜欢黑人"。究其基本原因，在牛仔中"黑人比较好的平均数高于白人"⑤。在很多情况下，一个牛仔选择加入哪个牧牛队取决于该队厨师的名誉。在厨师履职的竞争中，只有少数人能够胜任这一职务，其中不乏非裔厨师。

　　一些非裔厨师能够在牧区获得好的声誉，原因在于他们能保证在任何困难的条件下为牛仔们准备好一顿饭的能力。在牧场的厨师通常只是管好厨房和看好牧屋，而在牧牛营地，厨师要掌管好炊事工具车周围60平方英尺的地盘⑥。相较而言，牧牛营地的厨师比牧场的厨师要面对更多的困难。在北部牧区，牧场厨师在一间大牧屋的后部掌管火炉，南部牧区牧场的厨房则是与牧屋相连的单独房间。至于牧牛营地的厨师（还有赶牛队的），除了在荒野之中的炊事工具车外，没有厨房和任何遮蔽物⑦。牧牛营地的厨师必须有驾驭骡子或公牛拉炊事工具车渡过河

①　Douglas Branch, *The Cowboy and His Interpreters*, New York：Cooper Souare Publisher, Inc., 1961, p. 42.

②　Ross Santee, *Men and Horses*, pp. 83, 85.

③　Ross Santee, *Men and Horses*, p. 83.

④　Douglas Branch, *The Cowboy and His Interpreters*, p. 10.

⑤　Kenneth W. Porter, "Negro Labor in the Western Cattle Industry, 1866 – 1900", pp. 355, 356.

⑥　Kenneth W. Porter, "Negro Labor in the Western Cattle Industry, 1866 – 1900", p. 355.

⑦　Douglas Branch, *The Cowboy and His Interpreters*, p. 27.

水暴涨的河流和穿过任何难行地段的能力。他必须能在暴风雨雪等恶劣的天气下为11—12名艰苦劳作的牛仔做好一日三餐[①]。与白人厨师相比，非裔厨师具有更强的能力管理炊事工具车和在困难条件下的烹饪能力。部分原因是他们曾有过这方面劳作的经历。强加给黑人的种族歧视，使非裔厨师在未成年时，就被迫在种植园或牧场的厨房或马厩里干活，他们在少年时就学到了一些烹饪知识和骑马的技术。黑人少年干的杂活，成就了日后他们能胜任厨师的职务。而少年时期没有这种经历的白人牛仔，在年长后当厨师时便缺乏烹饪和管理炊事工具车的能力。

一些非裔厨师的厨艺在牛仔中赢得了赞誉。牧牛队牛仔每日三餐的饮食是很粗糙单调的。厨师用的食材主要是装在工具车上的面粉（多是玉米面）、豆子、咸猪肉、水果干、糖和咖啡等，最初一两天偶尔有点牛肉。面包是厨师自制的。主食不是玉米饭就是玉米面面包。菜不是切成厚条的咸猪肉煮豆子，就是把咸猪肉煎一煎，饮料主要是咖啡[②]。牛仔的一日三餐基本就是这些单调乏味的东西。过不了几天，牛仔们便厌烦了[③]。一些优秀的非裔厨师总是想尽办法来改变令牛仔们生厌的食谱。他们在早午两餐的时间，用炊事工具车上带的防护武器去打些飞禽走兽等野味来改善伙食。如在佩科河一个牧场的非裔厨师杰克用他打的鹿和野火鸡丰富牛仔们的食谱。1878年，在皮斯河一支放牧队的非裔厨师萨姆更是充分展示了他的精湛厨艺，为牛仔准备了一顿数年后还被人记住的丰盛晚宴。有人称那顿饭是"从未享受过"的"最美味"的吃食。其中有满烤箱的野牛排、烤熊肉，味道都比猪肉好；煎锅里火鸡胸脯肉浸泡在用水、面粉和油脂熬成的灰色汤汁中；一根棍子上架烤着羚羊的肋条。萨姆有时会在坑中烧熟一只带毛的火鸡，也会焖熟野李子

---

① Don Worcester, *The Chisholm Trail*: *High Road of the Cattle Kingdom*, New York: Indian Head Books, 1980, p. 59.

② Edward E. Dale, *Frontier Ways*: *Sketches of Life in the Old West*, Austin: University of Texas, 1959, pp. 29, 32.

③ Edward E. Dale, *Frontier Ways*: *Sketches of Life in the Old West*, pp. 29, 32.

做成厚厚的水果饼。在牧牛区，萨姆仅是一个出众厨师的代表。其他非裔厨师也用他们打的鹿、火鸡和其他猎物来改善牛仔们单调的食谱，每人各有专长，如烤120出桃子馅饼、"钟形饼干"，等等①。

在牧牛队遇到危险时，非裔厨师经常独自奋力保护炊事工具车和车里装载的食品、炊具等。在放牧区扩展的过程中，经常侵占原住民（印第安人）的土地，也必然引发他们的反抗和袭击。1877年，一支放牧队在得克萨斯科尔县放牧牛群，突然遭到了原住民的袭击。4个白人牛仔和3个非裔牛仔躲进了一个洞里。只有非裔老厨师安迪独自躲在炊事工具车后，用枪击退了袭击者，保住了炊事工具车和供应品②。炊事工具车周围是牧牛队牛仔们食宿的场所，炊事工具车是他们赖以生存的"城堡"。他们每日三餐的食品、炊具和夜宿的"热卷"（卧具）、工具和武器等都在炊事工具车中。每有突发事件，非裔厨师都会冒着生险为牛仔们固守"城堡"③。

一些非裔厨师还有为人称赞的多方面才能。前面提到的非裔厨师萨姆不仅有烹饪野味的特殊才能，而且是位好骑手，经他训练骑术的人可以学到驾驭烈马的本领④。"XIT牧场"最好的厨师黑人吉姆·佩里被白人牛仔W. T. 布朗称为他生活的那个时代的最好的骑手⑤。"布洛克圈"（Blocker loop）是美国西部牧区著名的套牛马的方法之一，由非裔牛仔布洛克发明。有一次，一个助手对这种套法的精准性表示怀疑，布洛克就让绰号为"山羊"的非裔厨师拿来一条套索并拉出一匹矮种马。布洛克骑在马上，在一头母牛从栏门刚迈出时，他用套索抛出了一个规

① Kenneth W. Porter, "Negro Labor in the Western Cattle Industry, 1866-1900", pp. 356, 358.
② J. S. Hart, *Jesse Hart, Callahan Country Pioneer, Frontier Times*, 1953, June, p. 86, Kenneth W. Porter, "Negro Labor in the Western Cattle Industry, 1866-1900", p. 356.
③ Don Worcester, *The Chisholm Trail: High Road of the Cattle Kingdom*, p. 69.
④ J. Frank Dobie, *A Vaquero of the Brash Country*, pp. 137-138.
⑤ Cordia Duke & Joe B. Frantz, *Six Thousand Miles of Fence: Life on the XIT Ranch of Texas*, p. 176.

范的"布洛克圈",套住了母牛的两只前脚,把它拉倒,而坐骑还停在原地。接着布洛克让"山羊"用同样的方法套住第二头母牛。然后,两人交替着套,直到套了 20 头而无一失手①。事实上,许多非裔厨师是著名的骑手和套索手。有些非裔厨师有多方面的才能。人称"老李"(Old Lee)的黑人被认为像一个"方便的上衣口袋",他几乎能做任何事情。从烹饪到驯马、缝补马鞍和靴子等,他都行。被称为"老巴特"(Old Bat)的黑人约翰·巴特维亚·欧诺特的主要工作是厨师,但他又是牧场的头等牛仔,有经验的赶牛人、猎手和赶车人。"老巴特"被认为是非裔厨师中最多才多艺的人之一②。

非裔厨师能让牛仔们在艰苦的劳作之余享受欢乐。非裔厨师大多是歌手、乐手,甚至有人是作曲家。尽管厨师每天的工作非常劳累,但他是放牛队中唯一能携带乐器并能演奏的人,上面论及的多位非裔厨师都有很高的音乐天赋。斯劳特的非裔厨师"老巴特"能拉小提琴和吹横笛。"XIT 牧场"的厨师吉姆·佩里是最好的小提琴手③。佩科斯河那个牧场的厨师杰克不仅能唱歌和弹吉他,他还为赞扬牧牛生手骑上了难驯服的野马的歌曲《泽布拉·唐》谱了曲④。能做出味美晚宴的厨师萨姆在牛仔们用餐时,总有"祝贺词"或一首"祝福歌",还会弹班卓琴并能唱歌。一天晚上,有人踏着节拍,带着一伙人给萨姆一把买来的小提琴,他便拉着诸如"青玉米,青玉米,拿到台上来"之类的歌曲⑤。不过,在美国西部牧区产生更大影响的是非裔厨师戈登·戴维斯。他曾骑在拉炊事工具车的左边的公牛上,用小提琴演奏着《野牛

---

① J. Evetts Haley, The XIT Ranch of Texas and the Early Days of the Uano Estacado, pp. 77 – 78.

② Kenneth W. Porter, "Negro Labor in the Western Cattle Industry, 1866 – 1900", pp. 358, 359.

③ Kenneth W. Porter, "Negro Labor in the Western Cattle Industry, 1866 – 1900", p. 358.

④ John A Lomax, *Cowboy Songs and Other Frontier Ballads*, New York: Macmillan Publishing Co. , 1918, pp. XXIV – XXV, 154 – 157.

⑤ J. Frank Dobie, *A Vaquero of the Brash Country*, pp. 137, 138.

加尔斯》，穿过了道奇城。戴维斯被称为"公开登上牧区舞台的出色的黑人厨师音乐家"①。

非裔牛仔被牧场主们雇用是因为他们在围捕和驯服野马方面具有特殊的能力和极高的天赋。在美国西部牧区，牛仔所有的劳作都在马背上进行。内战后的二十余年，随着牧牛区从得克萨斯扩及整个大平原地区，仅靠牧场饲养的马已无法满足牧业蓬勃发展的需要。因此，很多牧场必须围捕大量漫游在大平原上的野马并驯化为牛仔的坐骑。围捕驯服野马颇具危险，很多非裔牛仔被牧场主雇为野马猎手和驯马人。因为，由一匹雄马统领多匹母马和幼马组成一个关系紧密的野马群，能在一个方圆 25 英里的地区迅捷地驰骋，人们很难摸清其活动规律②。围捕野马通常是由能力很强的非裔牛仔去找寻、追踪野马群。牛仔们通过与野马群的百般周旋，才能把马领进事先筑好的围栏中。

非裔牛仔鲍勃·莱蒙斯独具取代野马群中的雄马而被牝马视为统领的本领。莱蒙斯从准备寻找野马群开始，便断绝与人的交往，不换衣服，不换坐骑，把带的食物放在树上风干，使之失去人的气味。他能很快地找到一群野马。在第一周，莱蒙斯只是远远尾随野马群。在追到一块小牧区时，他开始被野马群接受为其中的一员。第二周，莱蒙斯赢得群马的信任，被牝马们接受为统领而取代了领群的种马。在野马群毫无察觉的情况下，他把马群带到了一个陌生的地方。一路上，莱蒙斯除了不吃草外，他已成了"野马群中领头的马"③。最后，他把野马群引领进围捕它们的围栏里。

著名的非裔牛仔纳特·洛夫则是挑选精干的牛仔组成包围圈猎捕野马。一次，洛夫精选了 20 名牛仔，把 60 匹野马围在了一个 10—15 英里方圆的包围圈里。牛仔们被分在包围圈固定点上。在被围住的野马发

---

① Kenneth W. Porter, "Negro Labor in the Western Cattle Industry, 1866—1900", p. 358.

② J. Frank Dobie, *A Vaquero of the Brash Country*, p. 243.

③ J. Frank Dobie, *The Mustangs*, pp. 239 – 240.

疯似的狂奔时，牛仔们则绕圈慢慢骑行。用这种方法，牛仔每人每天只骑行 10 英里，而野马群则在包围圈内奔跑六七十英里。十余天后，疲劳使野马的奔跑速度迅速减慢。牛仔们的包围圈则逐渐缩小。30 天后，累得精疲力竭的野马群便被牛仔们捕获归栏①。

被围捕的野马入栏以后，非裔牛仔又承担起更困难的驯马任务。圈在围栏里的野马在种马的引领下时刻想撞毁围栏逃回荒野草原。如果有两三百匹野马组成的大马群被赶入围栏，那么极易发生崩栏群逃或马匹互相践踏造成伤残或死亡的事故。在此情况下，非裔牛仔要冒着个人受伤的危险进入大围栏，把一些健壮幼龄的马用套索套住放入小围栏中，将其他马放掉。在驯马的最初几天，牛仔不给围栏中的野马喂草，并让它们不停地跑动。直到野马因过度疲劳和饥饿变得老实起来，驯马人才用套索套住一匹马的前蹄，用力把它拉倒在地，顺势给它戴马勒或笼头，再给它拴上缰绳，把缰绳的另一头牢牢地拴在结实的木桩上或一棵树上。被拴住的野马会暴怒地嘶鸣，使出浑身解数前踢后跳，不停地挣扎反抗，企图挣脱逃走。两天过后，疲劳过度且饥饿难耐的野马才暂停抗争，驯马人便就势从侧面给它备上马鞍。这匹饥饿过度的野马才被允许吃草，直到它吃得过饱，胃胀难受为止。因为暴怒的野马在任何一个环节都可能对人造成伤害。这个过程多由驯马技能高超的非裔牛仔去完成。备了马鞍的那匹野马紧接着要天天交由数名牛仔轮流骑乘。经过数天骑乘之后，直到那匹马完全听从骑手的命令、不再挣扎反抗、平静地低头向前奔跑为止，才算初步将它驯服②。

有的雄野马凶如野兽，即使是有经验的非裔牛仔有时也难以把它驯服。非裔牛仔乔治·亚当斯受雇于"7D 牧场"时，是最杰出的骑手和套索手。亚当斯因技能出众成为"7D 牧场"地区的传奇人物。在驯服一匹诨名叫"草莓男人"的雄马时，几乎遭受致命的伤害。因为"草

---

① Philip Durham & Everett L. Jones, *The Negro Cowboys*, pp. 199 – 200.
② John H. Moor, *The Cheyenne*, Cambridge：Blackwell Publishing, 1996, p. 44.

莓男人"过于暴烈，亚当斯和另一名牛仔一起驯它。两人给它加上马鞍。亚当斯刚骑上马鞍，"草莓男人"突然把他高高抛起摔在地上，马蹄迅疾向他狠狠踏去。亚当斯敏捷地躲开。在野马掉转头时，亚当斯又跃上马鞍。"草莓男人"又故技重演，就是不让骑。最后他们两人只得把它拉上可以俯视佩科斯河的高悬崖上，消磨它的斗志。他们两人同另一名守护野马的牛仔，整整与"草莓男人"周旋了一天。但它仍猛窜狂跳，就是不让人跃上马鞍。亚当斯再次骑到"草莓男人"背上。为防止"草莓男人"跃入河中游到对岸逃跑，亚当斯等人只得把它拉回牧场，关进 7 英尺高的围栏里。次日凌晨，亚当斯等人再去查看时，"草莓男人"已在夜间跃出高围栏，逃归荒野[1]。如果不是亚当斯有出众的驯马技术，他可能被"草莓男人"多次伤及生命了。

除野马外，非裔牛仔也要驯服饲养马中像布朗科马那样的烈马。被人们称为"阿德"的非裔牛仔艾迪生·琼斯具有不寻常的套马技能。他把套索的绳头系在自己的臀部，在围栏里或在开阔的草地上引出一匹未驯服的烈马。在烈马全速向阿德冲撞时，他立即抛出套索，套住马的脖子，然后以超人的技巧和十足的力量把马拉倒在地，再迅速给它加戴各种马具。此后，他对这匹马再进行多次骑乘，直到把它驯服。阿德每天做的工作就是从挑出烈马开始到骑乘烈马结束。他每天早晨要骑乘数匹烈马，直到它们变得温顺后，再交其主人使用。在佩科斯地区，阿德是最好的驯马高手之一[2]。

绰号为"博内斯"的非裔牛仔先驱马修·胡克斯是由布朗科马骑手、驯马人而成为专业驯马师的。他第一次在得克萨斯北部骑野马时只有 12 岁。15 岁时，博内斯以最佳布朗科马骑手而名扬得克萨斯博内斯

---

[1] Kenneth W. Howell, "George Adams: A Cowboy All His Life", Sara R. Massey, ed., *Black Cowboys of Texas*, p. 164.

[2] J. Evetts Haley, *George W. Little Field*, *Texan*, Norman: University of Oklahoma Press, 1943, pp. 181-186.

县整个牧区。在 1886—1887 年那个可怕的寒冬，博内斯在得克萨斯潘
汉德尔地区是看马人、布朗科马驯马人，并成了驯马师的先驱者①。

　　在驯马人中也有黑人妇女。1857 年（或 1858 年）出生于墨西哥的
具有黑人与森密诺尔人（美国原住民摩斯科格人的一部分）血统的约
翰娜·朱莉是一位典型的代表人物。约翰娜一家在 19 世纪 70 年代初移
居得克萨斯南部。她从小就跟父亲学习了养马、放牧山羊和牛等家畜的
技术。后来成为侦探的亚当·威尔逊教会她骑马。在 10 多岁的年龄段，
约翰娜的养马和骑马的技能就已经非常好。当时，在得克萨斯南部仍然
沿袭墨西哥骑马牧人从西班牙殖民者那里学到的残暴的旧驯马方式。约
翰娜却以女性的温柔和实践经验创造了不同于旧习的轻柔驯马方法。她
在下格兰德河洗澡时带几匹马入水。在深水处，马害怕得不得了，完全
失掉了野性。约翰娜向上游时，只要骑在马上抓住马鬃往上提，马也昂
头向上游，不会前倾把她摔下来。在深水中马是不想往前倾的。在水中
驯马可以不对马施暴，也能减少驯马人被马伤害的危险。然而，马在水
中的态度是顺从还是反抗，取决于水的深度。如果马发现它站在浅水
中，便载着年轻的约翰娜狂奔起来，甚至有把她摔下来的危险。马和轻
柔的驯马方法成了约翰娜生活中的一部分。她在父亲去世后，还向年轻
的男女牛仔们传授驯马和养马的技术②。

　　除史上留名者外，还有很多骑驯布朗科马的非裔牛仔并没有留下他
们的名字。在 19 世纪 80 年代美国西部牧区向公司化牧场转型的时期，
随着牧场规模的扩大和牛群的增多，需要有更多的马为牛仔提供坐骑。
如"XIT 牧场"在 19 世纪 80 年代拥有 15 万头牛、300 多万英亩土地、
1 000 多匹马和 150 名牛仔。驯马成为重要的工作。刚到"XIT 牧场"

①　Bruce G. Todd, *Bones Hooks*：*Pioneer Negro Cowboy*, Gretna：Pelican Publishing Company, 2005, pp. 11, 12.
②　Jim Coffey, *Johanna July*：*A Horse – Breaking Woman*, Sara R. Massey, ed., *Black Cowboys of Texas*, pp. 75, 76, 77.

的新手练习骑马时一天都要被摔到地上两三次，都喊"干不了驯马这活"①。一些初进牧场的白人牛仔不敢给烈马佩戴马具和骑驯它们。所以，这种最困难和最危险的驯马工作大多由非裔牛仔承担。

在牧场上劳作的还有被称为"牧牛女郎"的非裔女牛仔。生于密西西比州的亨利埃塔·威廉斯·福斯是个女奴隶。她18岁时被卖往得克萨斯南部的沿海地带，成为那里牧牛业开发的先驱者之一，赢得了"里蒂姑姑"的赞誉。"里蒂姑姑"和男人们一起管理牛群，骑马不备马鞍。她是当时唯一与男人一起在牧场上劳作的妇女，能赶不同的牛群在不同的牧场往来②

非裔牛仔绝大多数劳作在得克萨斯牧区，少数人去了大平原的新牧区。在牧牛业起步较早的得克萨斯南部海湾地区，非裔牛仔的数量特别多。在努埃西斯河东部沿海的灌木丛区、布拉索斯河河口、休斯敦以南和原住民保留区俄克拉何马部分地区的一些牧场上，非裔牛仔是唯一的劳动力③。美国内战以后，在"牧牛王国"由得克萨斯向大平原北部和西部扩展时，一些优秀的非裔牛仔在向新牧区赶牛后，留在了当地的牧场。他们把在开放大牧场管理牛群的方式带到了新牧区。一些非裔牛仔成了当地技术能手。虽然非裔牛仔的数量不及白人牛仔多，但他们在牧场付出的辛劳和经受的危险多于白人牛仔。非裔牛仔是促成美国"牧牛王国"兴起和发展的重要力量。

二、长途驱赶中勇对凶险

非裔牛仔不但在"牧牛王国"的牧场里艰辛劳作，而且在把牛群从得克萨斯赶往东北部市场和大平原新牧区的"长途驱赶"（Long

---

① Cordia Duke & Joe B. Frantz, *Six Thousand Miles of Fence*：*Life on the XIT Ranch of Texas*，pp. 4，8，129.

② Louise S. O'Cornnor, Henrietta Williams Foster, "'Aunt Ruttie'：A Cowgirl of the Texas Coastal Bend", Sara R. Massey, ed., *Black Cowboys of Texas*, pp. 68，69.

③ Kenneth W. Porter, "Negro Labor in the Western Cattle Industry, 1866 – 1900", p. 348.

Drive）中勇对各种凶险。"长途驱赶"是通过"赶牛小道"（Cattle Trail）把牛群从牧场赶往最近的铁路站点或新牧区。在铁路没有通到得克萨斯前，"长途驱赶"是把牧区和市场联系起来的唯一可取的经济运营方式。"长途驱赶"也是顺应美国内战结束后工业化、城市化迅速兴起的一种经济活动。东部农场饲养的牲畜不能满足东部城市人口需要的大量肉食供应，而得克萨斯牧区却四处漫游着当地卖不出去的 500 万头长角牛。美国东部的城市居民渴望吃到长角牛的牛肉。与此同时，美国西部的开发伴随第二次现代化浪潮的勃兴而迅速展开。横贯大陆铁路的修建、矿业开发、农业开发同步进行，更多的联邦军队进驻西部，都需要大量的肉类供应。为了解决美国肉类市场的供需失衡，不但需要把得克萨斯现有的牛群销往东部市场，而且更需要建立新的牧区，在大平原上建立庞大的畜产品生产基地。在此背景下，大规模的"长途驱赶"从 1866 年持续到 1885 年。此后，西部牧区零散的"长途驱赶"活动到 1895 年终止①。

赶牛队是由不同肤色的牛仔组成的，有很多非裔牛仔被雇用。"长途驱赶"是与西部牧区春秋两季的"赶拢"紧密相连的经济活动。"赶拢"是把相邻几个牧场混杂在一起的牛围拢起来，给跟随不同母牛的小牛打上与其母身上的烙印相同的烙印，以此来确定这些新生牛的归属。得克萨斯的牧场主们在赶拢之后，从牧场选出两三千头牛组成牛群，根据牛的数量，招雇由 8—20 人组成的赶牛队②。赶牛队把牛群赶往牧场主要求前往的目的地。在相当多的赶牛队里，至少有 1 名或 1/3 乃至更多的非裔牛仔③。每个赶牛队由 1 名牛道老板负责，成员有 1 名

① William H. Forbis, *The Cowboys*, New York：Time – Life Books, 1973, p. 136；Richard W. Slatta, *Cowboys of the Americas*, New Haven and London：Yale University Press, 1990, p. 168.

② Richard W. Slatta, *The Cowboy Encyclopedia*, Sarta Barbara, California：ABC – CLIO, 1994, p. 371.

③ Kenneth W. Porter, "Negro Labor in the Western Cattle Industry, 1866 – 1900", p. 347.

看马人、1 名厨师和多名被分派在牛队各个岗位上的牛仔。牛道老板基
本上是白人，只有在极特殊的情况下才由黑人担任。其他成员白人牛仔
居多，并有黑人或墨西哥人，看马人和厨师常用黑人（或墨西哥人）
担任。

在"长途驱赶"中，赶牛队要遭遇许多凶险。当时赶牛队常走的
"赶牛小道"长达数百英里乃至千余英里。赶牛沿途地势复杂多变，既
有多条河流拦路，又经沙漠荒山和深谷峻岭。一次赶牛行程历时三个
月、半年甚至更长的时间，牛仔们有时会遭遇春夏秋冬四季无常的突
变，承受暴风雨雪恶劣天气来袭。"赶牛小道"沿途，牛队常受毒蛇猛
兽的侵扰，也有人为因素造成的凶险，还有牛群炸群等突发事件的
发生。

在"赶牛小道"上，非裔看马人比在牧场更为辛劳。在漫长的牛
道上，一个牛仔有 10 匹换乘马。每个赶牛队要为牛仔们准备数十匹至
百余匹的换乘备用马和多匹夜用马。看马人的主要工作就是管理、放牧
马群。每日凌晨赶牛队起程前，看马人要为每个牛仔挑出他选骑的马。
牛队行进时，他赶着马群随炊事工具车骑行在牛队前面。到牛队停下让
牛吃草时，看马人要放牧马群，并为牛仔们选好换乘的马。在近黄昏
时，看马人要赶着马群随炊事工具车前往临时宿营地。晚间，他要夜牧
下午骑乘的马，并为每班守夜看护马群的牛仔选好夜用马。牛道沿途没
有畜栏。夜里，看马人还要看护好马群，防止盗贼偷盗和野兽的袭击，
也要防止有马逃离。看马人还要为马医治伤病。只有保护好马群，才能
保证牛仔们经过漫长的骑行把牛群赶抵目的地。非裔牛仔阿列克·格罗
斯多次加入阿伯·布勒克尔领导的赶牛队当看马人，直到他成了白头老
人时仍在赶牛队中。牛仔们都尊称他为"阿列克叔叔"①。

在早期的赶牛队中，很多厨师都是美国内战前的黑人奴隶（或墨

---

①　J. Frank Dobie, *Up the Trail from Texas*, New York：Random House, Inc., 1955, p.
115.

西哥人)①。在"赶牛小道"上，做一名好厨师更为困难。在赶牛队里，厨师是每天起得最早睡得最晚的人。每天天没有亮他就起床。夏天在凌晨3点，厨师就起来做早饭。然后，他叫醒牛仔们起床。待牛仔们依次吃完早饭以后，他洗完餐具后装上工具车。天还没有亮，厨师就赶着炊事工具车先行，到前面牛仔们吃午饭处去准备午餐。牛仔们轮流吃过午饭后，厨师又得先于牛队起程，赶往牛道老板选好的宿营地，去准备晚餐。看马人帮助厨师挖一道两米长、6—10英寸深的槽沟，用来安放锅、壶等炊具，点火做饭，并燃起篝火。在牛仔们赶着牛队到宿营地时，篝火已经燃起。赶牛队抵达宿营地把牛和马群安顿好后，牛仔们才围着篝火吃晚饭。晚饭后牛仔们陆续睡觉后，厨师还要洗炊具餐具。如果备好的面包已吃完，厨师要马上做烤面包的发面。在寒冷之夜，要把面盆放在篝火上或烧水的壶上加热，以便不误次日早餐，让牛仔们吃上面包。如果是在酷热的夏夜，厨师得把发面放在炊事工具车尾部底上的地上，为的是不让面发过头。有时，为防止面发过头，他还得当夜烤第二天的面包。在这种情况下，厨师得工作到午夜。次日，他又必须最早起床。在数个月的牛道生活中，厨师几乎天天这样周而复始地劳作。

为了保证牛仔们的食宿，厨师要克服许多困难。在牛道沿途，获得做饭和燃篝火的烧料也很困难。在很多情况下，厨师要在看马人的帮助下，在沿途草地上寻找燃料。草原上很难找到木头，他们只能收集被称为"草原上的煤"的野牛粪和牛粪做烧料。如果找不到足够的干牛粪，厨师还要焙干湿牛粪。厨师必须保证有充足的燃料，因为在寒冷之夜只有保证篝火整夜烧着，才能使睡在炊事工具车附近的牛仔稍增点暖意。缺水也是厨师必须克服的困难。牛队穿越沙漠或干旱地区时，炊事工具车上的储水罐只能保证做饭用。餐具只能装上沙子或青草，用抹布擦一擦。厨师还必须保证在任何恶劣的条件下为牛仔们准备一日三餐。在狂

① Don Worcester, *The Chisholm Trails: High Road of the Cattle Kingdom*, p. 72.

风大作的天气里，他必须精神专注，防止灶具被风掀倒或壶盖等被风卷走。在大雨使水漫营地时，厨师必须挖泥堆成高过水面的泥堆，在上面生火做饭。在炊事工具车上的储备食材用完而得不到及时补充时，厨师必须打野牛、野火鸡和野兔等野味或杀头疲弱的小牛来保证鞍马劳顿的牛仔们不至于挨饿。

无论在任何困难的情况下，厨师必须守护好牛仔的"家园城堡"———炊事工具车。因为在赶牛途中赶牛队每天都要在不同的地方宿营，炊事工具车周围就是牛仔们的"临时家园"，是他们食宿的地方。为了炊事工具车的安全，厨师不允许任何牛仔骑马进入工具车周围60英尺地盘以内。除牛道老板之外，不准任何人把马拴在工具车上。有时在牛队行进途中遇到河水暴涨，河面增宽到五六英尺。厨师必须使炊事工具车安全过河①。如果炊事工具车受到损坏，会影响赶牛队的行程。在牛道上，做一个好厨师是如此不易，难怪很多白人牛仔即使过了骑行的年龄，也不愿意干这份工作。

在数千名投身于"长途驱赶"队伍的非裔牛仔中，被雇为看马人和厨师的只占少数，他们中的大多数人被牛道老板以其能力和经验分派在赶牛队的其他岗位上。在前面引领牛队前进的"道头"虽然多数由白人牛仔担任，但一些优秀的非裔头等牛仔也被委此重任。作为引路的道头，他必须防止排在牛队前头的强壮小公牛向前狂奔，拉乱了队形。被分派在牛队左右骑行的牛仔多是普通牛仔，其中也有黑人。骑行在两侧的牛仔通过调整坐骑离牛队的距离远近来保持牛队行进的快慢，以此防止牛队挤成一团或拉成稀稀拉拉的长线。刚加入赶牛队没有经验的牛仔被分派到牛队尾部殿后压阵，其中也有黑人。殿后的牛仔主要负责照

---

① J. Frank Dobie, *Up the Trail from Texas*, pp. 99, 100, 102; Don Worcester, *The Chisholm Trails：High Road of the Cattle Kingdom*, pp. 71, 72; John K. Rollinson, *Wyoming：Cattle Trails*, Idaho Caldwell：The Caxton Publishing Company, 1948, pp. 39, 40, 173.

看体弱跛足的牛，避免它们被强壮的牛冲倒踏死或掉队。这些刚出道的殿后牛仔天天都要吸食整个牛队踏起的尘土①。

在赶牛队遭受恶劣天气时，一些非裔牛仔总是让老板、队友到安全的地方而不顾自己的安危。1881 年，非裔牛仔比尔·"泰格"·埃弗利随一个赶牛队往蒙大拿赶牛。赶牛队在内布拉斯加境内沿普拉特河行进时遭遇到暴风雪的袭击，温度骤降到零度以下。牛道老板下令让牛群跑动起来，奔向南方躲避风雪，让牛仔们钻进铺盖中御寒。埃弗利打开自己的铺盖给年轻的牛道老板盖上。牛道老板拉他一同钻进了铺盖。虽然牛队的马全都冻死了，但赶牛队的成员都活了下来②。还有一名没有留下姓名的非裔牛仔，在牛队遭遇寒冷北风的袭击时，他让其他人躲进工具车里藏身避寒，自己只穿着很少的衣服而被冻死在马鞍上③。

在难以防范的牛马群炸群四散的突发事件中，非裔牛仔总是冒着生命的危险，堵截、守护畜群。1872 年 3 月 28 日，非裔牛仔詹姆斯·凯利引领的赶牛队从得克萨斯踏上了"奇泽姆小道"，向北行进。在第一个星期的每个夜晚都有牛群炸群逃散的事件发生。凯利作为这个赶牛队的牛道老板兼看马人，不仅要领着所有的牛仔拦截四处惊逃的牛群，还要平息个别白人牛仔制造的事端④。1867 年，大牧场主查尔斯·古德奈特赶的牛群经历了一个可怕的暴风雨之夜。一些受惊吓的牛离群，搅动

---

① Charles A. Siringo, *Riata and Spurs*：*The Story of a Lifetime Spent in the Saddle as Cowboy and Ranger*，Boston：Houghton Mifflin，1931，p. 27.

② 在暴风雪之夜，非裔牛仔埃弗利不顾个人有被冻死的危险，把自己的卧具盖在道头身上，以及道头拉他一起同盖过一床被的历史事实，是一个在极度天气下不同肤色的牛仔共渡难关的感人例证。然而，这并不等于在牛道上就没有白人对黑人的种族歧视。笔者在后面还要叙及白人牧场主歧视非裔牛仔的事例。参见 Lawrence Clayton，"Bill 'Tige' Avery"，Sara R. Massey, ed.，*Black Cowboy of Texas*，p. 155.

③ J. Frank Dobie, *A Vaquero of the Brush Country*，Dalas：The Southwest Press，1929，pp. 100 – 101.

④ 詹姆斯·凯利是牧场主普林特·奥利夫的看马人、枪手和保镖。凯利多次随普林特·奥利夫长途赶牛。有时，奥利夫不参加赶牛时，让凯利引领赶牛队。参见 James Smallwood，"James Kelly"，Sara R. Massey, ed.，*Black Cowboy of Texas*，p. 145.

整个牛群狂奔。在危险时刻，牛队中最优秀的骑手非裔牛仔鲍斯·伊卡德从夜里 1 点直到凌晨，一直追随着牛群，直到把所有的牛稳定下来①。1868 年 3 月 15 日，J. M. 汉金斯所在的赶牛队在锡沃罗河和瓜达卢普河之间行进时，夜雨使牛群受惊逃散。直到雨停，狂奔的牛群才停了下来。此前非裔牛仔拉尼·劳特罗斯一直骑行在前面，引领着惊恐的牛群。待牛群停止奔跑后，劳特罗斯迎着随后追来的牛仔们，并告诉骑行在前头的汉金斯，牛群停在前面稍远的地方②。由志愿厨师助手升为厨师的非裔牛仔"多克"·利特尔在牛群炸群的突发事件中，总是第一个跃上马背。斯特劳的非裔厨师"老巴特"在 500 匹马炸群惊逃时，在马背上颠簸骑行，带头把马群拢住③。上述例证表明，在牛马发生炸群惊逃时，非裔牛仔不论在什么岗位上，总是率先去追堵畜群，并总是与牛马待在一起。

　　赶牛群渡过暴涨而湍急的河流比牛群炸群更具危险性，但一些非裔牛仔在危急关头不仅显示了他们的胆量，而且具有化险为夷的智慧和能力。在落基山脉冰雪融化和暴风雨频发的春天，牛道沿途条条河流河水暴涨。河流变得河面宽广，河水极深且急流翻滚。要把牛群赶过这样的河流是极其困难而又危险的。牛群面对奔腾咆哮的急流，不是吓得止步不前，就是掉头逃跑。每当赶牛队面临这种窘境，非裔牛仔会想各种办法，试着帮助牛群过河。1877 年的一天，阿比·布洛克所赶的牛群行进到普拉河边。此前从未见过横跨在河面上的软桥的长角牛，拒不从桥上过河。一位非裔牛仔见此情景，建议让牛群游过河。这一建议被采纳后，牛仔们让一头名为"比利"的老公牛先下河引游，那些领头的小

---

① Bruce M. Shackelford, "Bose Ikard", Sara R. Massey, ed., *Black Cowboy of Texas*, p. 136.

② J. M. Hankins, "Reminiscences of Old Trail Driving", J. Marvin Hunter, ed., *The Trail Drivers of Texas*, p. 112.

③ Kenneth W. Porter, "Negro Labor in the Western Cattle Industry, 1866 - 1900", pp. 357 - 358.

公牛在老公牛之后跟游。整群牛也跟着过了普拉特河①。1884 年, S. B. 布赖特所在的赶牛队抵近加拿大人河边时, 正赶上河水暴涨。在赶牛群过河时, 一匹系在工具车上的马溺水而死。一名非裔牛仔引牛过河, 他的马在游到河中间时沉没。那名非裔牛仔被留在了沙洲上。等到所有牛全部过河后, 那个非裔牛仔跟随在布赖特骑的马后抓着马尾游过河②。1895 年, R. F. 加尔布雷思随一支赶牛队往怀俄明赶牛。在过雷德河时, 加尔布雷思和另外两个白人牛仔乘渡船过了河。非裔牛仔托尼·威廉斯骑着一头骡子, 引导着牛群游泳过河。高大的巨浪把威廉斯从骡子上冲下卷走。正当加尔布雷思以为威廉斯不能生还时, 不一会却看到他紧紧地抓住一头公牛的尾巴浮出了水面, 并一直随公牛游上了岸③。事实证明, 在赶牛群渡过水流湍急的大河出现险情时, 非裔牛仔总是承担最危险的引领牛群过河工作。他们靠自己的能力保全生命, 并和同伴共同设法把牛群赶过河继续向前行进。

在漫长的牛道上, 非裔牛仔能勇敢地面对人为因素引发的突发事件。这种突发事件主要是赶牛队与原住民和拓荒农场主的武装冲突。原住民的保留地俄克拉何马是通向北部牛道的必经之地, 不经过这里赶牛队就得绕远而行。在长途赶牛的 20 余年间, 原住民赖以为生的野牛基本上被开发者屠杀殆尽。原住民因此而面临生存危机。与此同时, 数万名牛仔踏上牛道, 牛群经常穿越俄克拉何马, 破坏了原有的生态环境, 扰乱了原住民部落的传统生活。原住民为了生存便向赶牛队索要牛作为过路费。很多赶牛队恃强拒付, 与原住民频发冲突, 乃至发生流血事件。在这类事件中, 非裔牛仔为保护牛群往往不顾个人安危。前面述及的鲍斯·伊卡德就是突出的一例。在那个暴风之夜牛群发生两次炸群。

---

① J. Frank Dobie, *The Longhorns*, New York: Grosset & Dunlap, 1941, pp. 246 – 247.

② S. B. Brite, "A Thorny Experience", J. Marvin Hunter, ed., *The Trail Driver of Texas*, pp. 47 – 48.

③ R. F. Galbreath, "Got a Trail—Hold and Held On", J. Marvin Hunter, ed., *The Trail Driver of Texas*, pp. 987 – 988.

第一次，伊卡德奋不顾身地飞马在前，帮助古德奈特把牛群截住。第二次，伊卡德尾随牛群追赶，防止原住民在天亮时乘牛群炸群前来偷袭。因为在牛群雨夜炸群前他们的赶牛队已与原住民发生了一次冲突，一个牛仔的脖子被箭射中①。牛道沿途各州和领地的农场主都非常仇视牧场主。大量牛群踏上牛道，不但会毁坏农田和庄稼，而且农场主饲养的牛也会被长角牛传染上"得克萨斯热病"而死亡。因此，牛道沿途的农场主会制造各种麻烦甚至武装起来阻截赶牛队，不许牛群过境。在赶牛队受到原住民攻击或与农场主发生冲突时，非裔牛仔乔治·麦克道总是第一个自愿站出来，去抗击敌对者②。

加入赶牛队的大多数牛仔只有一两次长途赶牛的经历，但一些非裔牛仔却多次踏上牛道。1866—1869 年，非裔牛仔鲍斯·伊卡德随古德奈特骑行在"古德奈特－洛文小道"上。4 年中，伊卡德在从得克萨斯经新墨西哥至科罗拉多的长途赶牛中多次历险③。1871—1872 年，得克萨斯的大牧场主尚海·皮尔斯每星期往古巴出口 500 头牛。从皮尔斯的牧场把牛赶往墨西哥码头装船的人员中很多是非裔牛仔。非裔牛仔普丘恩·霍姆斯是赶牛队中的重要成员。到 19 世纪 80 年代，皮尔斯又往奥加拉拉和堪萨斯城赶牛。在多次"长途驱赶"中，霍姆斯成了皮尔斯在辽阔、开放草地上的"牛海"的守护人④。非裔牛仔本·金奇洛在 1871 年加入了索尔·韦斯特领导的赶牛队，踏上了"奇泽姆小道"。韦斯特共进行了 12 次"长途驱赶"，把牛群从得克萨斯赶往科罗拉多、

① Bruce M. Shackelford, "Bose Ikard", J. Marvin Hunter, ed., *The Trail Driver of Texas*, p. 136.
② Ira Lott, "George McDow: A Black Cowboy", J. Marvin Hunter, ed., *The Trail Driver of Texas*, pp. 127, 129.
③ Paul W. Stewart and Wallace Yvonne Ponce, *Black Cowboys*, Colorado, Denver: Black American West Museum and Heritage Center, 1986, p. 16.
④ Kitty Henderson and Charlie Woodson, *Neptune Holmes: A Lifetime of Loyalty*, Sara R. Massey, ed., Black Cowboys of Texas, p. 119.

堪萨斯和内布拉斯加。金奇洛参加了所有这些"长途驱赶"[①]。

"长途驱赶"是美国西部开发史上最富传奇色彩的壮丽篇章，而这一历史奇迹正是由包括非裔牛仔在内的数万名牛仔组成的赶牛队所创造的。为了把牧区和市场联结起来，在 20 余年的时间里，有 3.5 万名牛仔从得克萨斯踏上了"赶牛小道"[②]。在所有参加"长途驱赶"的牛仔中，白人约占 63%，非裔美国人占 25%，墨裔美国人占 12%[③]。跻身赶牛队中的非裔牛仔有 5 000 多人[④]，甚至达到八九千人之多[⑤]。数万名牛仔踏上漫长的"赶牛小道"。数百万头长角牛被从得克萨斯赶往东北部市场和新的牧区，使牧牛业扩展到整个大平原，形成疆域辽阔的"牧牛王国"。"牧牛王国"成为美国新的畜产品基地。"长途驱赶"的规模之巨大，场面之恢宏超过了大平原历史上的野牛群大迁徙。

作为马背劳工的牛仔与同时代美国工矿业的劳工相比，他们骑行在牛道上，食宿在荒野中，经受着人类生存极限的考验。在 20 余年的"长途驱赶"中，非裔牛仔成为不可或缺的力量。这不是因为非裔牛仔在赶牛队中占有较大比例，而是因为在很多情况下，他们往往要承担更困难更危险的工作任务。在危急关头，非裔牛仔敢于挺身而出，不顾个人安危，守护牛群。在"长途驱赶"中，非裔牛仔发挥的重要作用足以使他们彪炳史册。

三、能在牧区立足的原因

无论是在牧场还是在牛道上，多数非裔牛仔的表现都被认为是最好

① John H. Fuller, "Ben Kinchlow: A Trail Driver of the Chisholm Trail", Sara R. Massey, ed. , *Black Cowboys of Texas*, pp. 108 – 109.

② George W. Saunders, "Reflections of the Trail", J. Marvin Hunter, ed. , *The Trail Driver of Texas*, p. 453.

③ Kenneth W. Porter, "Negro Labor in the Western Cattle Industry, 1866—1900", p. 347; Richard W. Slatta, *Cowboys of Americas*, p. 168.

④ Philip Durham & Everett L. Jones, *The Negro Cowboys*, p. 3.

⑤ Kenneth W. Porter, "Negro Labor in the Western Cattle Industry, 1866 – 1900", p. 373.

的。如果没有非裔牛仔在牧场和牛道上的辛勤劳作和不惧危险的精神，美国西部牧牛业的发展就不会那么顺利。牧牛业也像工矿企业一样需要大量的劳动力从事生产，不同的是牧场和牛道上所需要的雇工是具有较高素质和特殊技能的牛仔。数千名非裔牛仔之所以能够立足牧区成为不可或缺的力量，原因是多方面的。

首先，非裔牛仔能勤学苦练各项专业技能，许多人成了顶尖的专业技术能手。牧牛业雇用的牛仔不仅仅是一个能骑在马背上的人，他必须娴熟地掌握骑马、使用套索和打烙印等技术并拥有精准的枪法。这些特殊的技能不是能轻易掌握的，必须勤学苦练才行。

最著名的非裔牛仔纳特·洛夫经过苦练成了优秀的骑手和套索手。在这之前，洛夫已进行了多年的刻苦练习。为了练好使用套索的技术，洛夫从套兔子开始，然后再练套牛和套马。在练习骑马的过程中，洛夫曾被马摔到地上，伤了脖子，但仍坚持骑乘烈马，直到把它们驯服①。

1869 年，当洛夫 15 岁时，他凭着高超的骑术在一个牧牛营地成了牛仔。牧牛营地老板让洛夫骑一匹被称为"老好眼"的烈马。洛夫此前虽然骑过一些爱前倾的烈马，但都没有这匹马这样坏。骑上"老好眼"的瞬间，洛夫才明白他从来不懂什么是马的"前倾"。幸好牵来"老好眼"的非裔牛仔暗示，洛夫才双腿紧紧把它夹住，没有被从前面摔下来。围观的营地牛仔们都吃惊地看着洛夫与"老好眼"的较量。因为他们完全把洛夫看作生手，没有想到他能制服这匹最坏的烈马。牧牛营地老板看到洛夫是个骑马好手后，把他留了下来②。

在一次赶牛中，洛夫所在的赶牛队抵达南达科他的次日，一些赌徒和矿工要牛道老板组织 12 名牛仔进行一次套马比赛。为此，他们包了

---

① Nat Love, *The Life and Adventures of Nat Love: Better Known in the Cattle County as "Deadwood Dick"*, Los Angles, 1907; reprinted, New York: Arno Press, 1968, pp. 82 – 87.

② Laurence I. Seidman, *Once in the Saddle: The Cowboy's Frontier, 1866 – 1986*, New York: Alfred A. Knopf, Inc., 1973, p. 17.

200 美元作为获胜的奖品。牛道老板挑选出 12 匹最难骑的野马，决定参赛人员，安排了比赛的细节。12 名参赛者中有包括牛道老板在内的 6 名白人和包括洛夫在内的 6 名黑人。按规定，谁在最短的时间内完成规定的所有比赛技能并最终拾起钱包便是获胜者。分给洛夫套的那匹马很难骑。从"45 响"的信号枪响起，所有的参赛者都骑马迅速冲向为他们备好的特殊野马。洛夫从枪响冲到为他备好的野马前把它套住，放倒在地，拴好，上辔头，加马鞍，跃上马背，然后策马疾驰，敏捷地捡起钱包，只用了 9 分钟。与洛夫竞争的对手完成这一切用了 12 分 30 秒。洛夫用最短时间完成了比赛而获得冠军。洛夫创下的这一纪录一直保持到 1890 年他离开牧区。当时在比赛现场观看的群众称洛夫为"戴德伍德·迪克"，并宣布他为西部牧区获胜的套马人①。

非裔牛仔詹姆斯·凯利被认为是在美国、加拿大和阿根廷所见的优秀骑手之一②。凯利 10 多岁就劳作在普林特·奥利夫的牧场上。他赶牛，驯马，练就了无人匹敌的能力。美国内战以后，成了自由人的凯利又回到奥利夫牧场上当看马人、驯马师。他的高超驯马技能使奥利夫牧场的马成为当地最优等的马。凯利不但熟练地掌握了赶牛、驯马等全面的专业技能，而且研究掌握了各种长短枪支的性能，练就了精准的枪法，这使他有能力成为奥利夫的家庭枪手和武装放牧队的教练。在长途赶牛时，凯利被雇为保镖。在危急时刻，凯利曾三次救了奥利夫的命③。

被称为"80 约翰"的非裔牛仔丹尼尔·韦伯斯特·华莱士以套野牛的独特方式展现了非凡的技能。华莱士不到 12 岁就是在棉田里劳作的奴隶，并不具备牛仔的技能。经恳求一个牛道老板让他参加一次赶牛

---

① Nat Love, *The Life and Adventures of Nat Love*: *Better Known in the Cattle County as* "*Deadwood Dick*", p. 97.

② Kenneth W. Porter, "Negro Labor in the Western Cattle Industry, 1866 – 1900", p. 352.

③ James Smallwood, "James Kelly", Sara R. Massey, ed., *Black Cowboy of Texas*, pp. 143, 144.

后，华莱士并没有回家，而是急于学习牛仔应掌握的各种技能。他先后跟野牛猎手学习捕捉无主牛，围拢驯服野性十足的布朗科马，又跟不同的放牧队学习在开放牧场围拢牛群和给牛打烙印的各种技能。华莱士还多次骑在马上进行套野牛的练习。虽然有一次华莱士差点被野牛危及生命，但他多次成功地套住了野牛①。经过长时间的刻苦训练，华莱士成了一名优秀骑手和套索手。华莱士并不满足于成为一名优秀的牛仔。他继续努力求学，为他人打工，积累资金购置土地，选购优质种牛。由于华莱士的锐意进取，他最终成了得克萨斯西部的一名非裔牧场主②。

在美国西部牧区还有一些专业技术超群的非裔牛仔。他们也像上面几位著名的人物一样，在牧场和牛道的劳作过程中，以能者为师，善于学习，刻苦练习各种专业技能。正是有了多年的失败和成功经验的积累，许多非裔牛仔成了美国西部牧区各种最优秀的专业技术能手。虽然许多优秀的非裔牛仔并没有载入美国的史册，但过硬的专业技能使他们能立足牧区。

其次，非裔牛仔的音乐天赋和歌唱能力受到雇主的青睐。中文成语"对牛弹琴"带有对乐师弹琴不看对象的讥讽之意。然而，在美国西部牧区牛仔却必须对牛唱歌。神经极为敏感的得克萨斯长角牛极易炸群逃窜。因此，不论是在牧牛营地还是在漫长的牛道上，牛仔们要轮流值班守护，用唱歌安抚牛群夜宿，减少牛群炸群的危险。故大多数牧牛队和赶牛队的老板都希望有能唱歌的非裔牛仔加入其中。除了很多非裔厨师

---

① Douglas Hales, "Black Cowboy: Daniel Webster '80 John' Wallace", Paul H. Carlson, *The Cowboy Way: An Exploration of History and Culture*, Texas Tech Press, 2000, p. 35.

② 在美国西部牧区虽然有不少优秀的非裔牛仔，但能成为牧场主者则凤毛麟角。经过多年在牧场和牛道上的艰苦磨练已成为优秀牛仔的华莱士并不满足，他在 24 岁与牧场主曼签订协议，其每月 30 美元的工资中 20 美元用小公牛支付。华莱士在 25 岁时利用从事运货攒钱在米切尔县的洛雷恩附近登记购买了两块宅地养牛。同年，华莱士又回到学校读了两年书。与此同时，他又为其他牧场主打工积累资金，购买优质种牛改良牛群。最终华莱士成了得克萨斯西部的黑人牧场主。参见 Joyce Gibson Roach, "Daniel Webster: A West Texas", Sara R. Massey, ed., *Black Cowboys of Texas*, pp. 181–187.

有音乐天赋外，牛队中也有善于唱歌的牛仔。如查利·威利斯和约翰·亨利等都是史上有名的精于唱歌的非裔牛仔。

查利·威利斯会唱很多牛仔歌曲。他 15 岁时便到 E. J. 莫利斯的牧场当牛仔，在那里劳作了 25 年。威利斯不但驯马和干其他牛仔干的所有活，而且还会唱歌。他有很好的听力和音乐悟性。长途驱赶返回得克萨斯后，威利斯唱了一些与牛道相关的牛仔歌曲，其中最有名的是《再见老画布》。"老画布"指的是一匹马，唱的是牛仔们要离开怀俄明的夏延前往蒙大拿的惜别之情。大约在 1885 年，威利斯在为牧主驯马时，又把《再见老画布》教给了雇主之子杰西·莫里斯①。这首著名的牛仔歌曲经历百余年历史，一直传唱至今。

约翰·亨利也是一位善于在赶牛途中唱歌的非裔牛仔。白人牛仔特迪·布卢在 1939 年出版的传记中讲述了他第一次听约翰·亨利唱《奥加拉拉之歌》的深刻记忆。《奥加拉拉之歌》是为赶牛队过河写的歌。赶牛队从得克萨斯最南端的努埃西斯起程，向北每过一条河都唱这首歌，最终抵达锡马龙河。在一个月光明亮的夜晚，有 13 支赶牛队在锡马龙宿营。布洛克尔的赶牛队靠近特迪·布卢他们的营地，两队相互都能看清对方的篝火。布卢看到布洛克尔牛队的优秀的非裔牛仔约翰·亨利正在骑马守护牛群，听到他唱着《奥加拉拉之歌》。他听亨利唱道："1881 年我们离别努埃西斯河，赶着当地出生的牛，它们都知道向前奔跑着。哦，哦，哦，哦，哦哦！"② 布卢觉得此前似乎听人唱过《奥加拉拉之歌》，但使他永怀不忘的是约翰·亨利的歌唱。

对牛唱歌不仅能减少炸群事故，还能缓解赶牛队的牛仔们的疲劳。从得克萨斯往堪萨斯牛镇赶一次牛要持续 3 个月，而前往蒙大拿牧区要

---

① Jim Chilcote, "Charley Willis: A Singing Cowboy 26", Sara R. Massey, ed., *Black Cowboys of Texas*, pp. 174, 175.

② E. C. Abbott ("Teddy Blue"), Helena H. Smith, *We Pointed Them North: Recollections of a cowpuncher*, Norman: University of Oklahoma Press, 1955, pp. 224, 226.

费时半年。在牛道上，如果没有牛群炸群或突起的凶险事件发生，牛仔们每天都要鞍马劳顿 18 个小时①。如果一支赶牛队每天夜宿点燃篝火时只是闷闷地吃晚餐、安顿牛群，而没有歌声，那么牛仔们的牛道生活就是枯燥乏味的。在没有歌声的牛队里，不仅牛仔倍感疲惫，而且牛群炸群也易频发。多数牛道老板愿意招一个会唱歌的牛仔加入的原因也在于此。

再次，非裔牛仔能与他人友好相处，合作共事。在牧场，牛仔的主要工作是骑马巡边，把牛群赶往放牧区放牧，以及参加最紧张、最劳累的春秋两季的牧区赶拢。在牛道上，牛仔们要经过数月鞍马劳顿把牛群赶往目的地。这些工作都是在牧场工头或放牧工具车老板的安排和指挥下进行，需要不同肤色、不同族裔和不同国籍的牛仔们通力合作，才能有序进行。非裔牛仔不论被分派何种工作，都能服从指挥，与队友协作，有很好的职业操守。

非裔牛仔一般被牧场雇来做最艰苦的驯马工作。后来成为牛仔作家的安迪·亚当斯讲述了他目睹 12 名非裔牛仔每人骑乘一匹白人牛仔不敢加马具的烈马。他们进行"最长距离的烈马骑行"，直到这些马被完全驯服②。在驯烈马过程中时有生命危险，但非裔牛仔毫无怨言。除厨师或看马之外，非裔牛仔不论被分派在何种岗位上，都得同占多数的白人牛仔搭档，共同完成某一工作。在中午轮流吃饭时，非裔牛仔总是排在后面。在值夜班保护牛群时，他们总是排在午夜到凌晨最难熬的一班。在牛道上，非裔牛仔总是承担最困难和最危险的工作。对此，本文前面已有较多叙述。总之，不论在牧场还是在牛道上，非裔牛仔都与队友协作共事，友好相处。

---

① Walter Pescott Webb, *The Great Plains*, Altham, Massachusetts：Blaisdell Publishing Company, 1959, p. 268.

② Wilson M. Hudson, *Andy Adams：His Life and Writings*, Dallas：Southern Methodist University Press, 1964, pp. 184, 251.

　　一些年长而有经验的非裔牛仔经常像师傅带徒弟一样，指导年轻白人牛仔的工作。每个年轻的牛仔都需要展示他的技能和胆量。尤其是年轻的牛仔很想参与检验综合技能的"赶拢大会"，但这需要一个有经验的牛仔做搭档。然而，有时白人牛仔不愿意做没有经验的年轻人的搭档。在这种难堪的情况下，年轻的白人牛仔会得到非裔牛仔的帮助。年轻的白人牛仔詹姆斯·E.麦考利第一次参加赶拢时，没有一个白人牛仔愿意做他的搭档。因为给小牛打烙印不但需要有足够的力气压住小牛，而且需要有娴熟的使用烙铁的技术。如果牛仔的力气不足，就可能受到暴怒小公牛的伤害。在白人牛仔拒绝时，一名被称为"老杰里"的非裔牛仔愿意做麦考利的搭档。"老杰里"称麦考利为"白小伙"，来缓解年轻搭档的紧张。在"老杰里"的帮助下，麦考利很快掌握了从小牛的侧面较省力地拉倒小牛的方法，克服体力的不足。"老杰里"便称赞麦考利是干这种重体力活的最好的小伙子。经过有经验的"老杰里"的这次点拨之后，麦考利再也没有找不到搭档的烦恼了①。

　　概而言之，非裔牛仔能与队友协作共事，向不分肤色的年轻同伴传授各种技能。不论是在牧场还是在牛道上，所有的工作都要在工头或牛道老板的统一指挥下，各个岗位上的牛仔必须通力协作才能很好地完成。因为非裔牛仔能较好地处理各种关系，所以很多牧场主愿意雇用他们。

　　最后，也是最重要的是，非裔牛仔比白人牛仔能更好地恪守"忠于雇主"的"牛仔准则"。正是因为"对雇主的忠诚"，一些非裔牛仔不仅成为牧场优秀的头等牛仔，而且成了牧场主的"亲信""保镖"和"银行家"。甚至在19世纪80年代发生两次牛仔反对大牧场主的罢工时，"忠于"牧场主的非裔牛仔都没有站到罢工的白人兄弟一边。

　　在美国西部牧区，"忠诚于牧场主"是衡量一个牛仔好坏的不成文

---

　　① James E. McCauley, *A Stove - Up Cowboy's Story*, Dallas: Southern Methodist University Press, 1965, p. 12.

准则，非裔牛仔在坚守这一职业道德准则方面尤为突出。在美国西部牧区开发的早期，牧场是牧场主和牛仔在原始荒野中立足的一种生存方式，也是牛仔的共同利益所在。牧场主经常给牛仔少量的牛代替应支付他们的部分工资。牛仔的少量牛也被允许在牧场主的放牧区放牧。这种早期牧区习俗使牛仔怀着拥有自己的牛群并最终成为小牧场主的"美梦"。因此牛仔把管理好牧场主的牛群和扩大雇主的牧场经营视为也是维护自身利益。每个牛仔都希望长期被同一个牧场雇用，以此来实现他们的梦想。为了梦想，牛仔们一般对牧场主忠诚。有很多非裔牛仔在美国内战前是奴隶主的马背上奴隶，成为自由黑人后仍然在原先主人的牧场上做工。与白人牛仔相比，非裔牛仔更忠诚于雇主。

在非裔牛仔中，鲍斯·伊卡德是一生"忠诚于雇主"的典型例证。1866 年，约 19 岁的伊卡德被大牧场主查尔斯·古德奈特雇用。当年，伊卡德随同古德奈特驱赶着牛群，开辟"古德奈特－洛文小道"。正是这一年第一次赶牛的艰苦磨砺，使伊卡德与古德奈特结成的友谊一直持续到生命的终止[1]。因为对雇主的忠诚，伊卡德随古德奈特在牛道上历险 11 年。在长途赶牛中，古德奈特的牛队受到原住民的攻击时，古德奈特受了重伤。伊卡德保护他的同时，又管理着数千头牛。他把古德奈特和牛群都带到安全的地方，只有极少的牛丢失[2]。伊卡德是古德奈特最信任的牛仔。古德奈特购买或出售牛群的资金都让伊卡德随身携带。这是最安全的方法。因为窃贼不会想到黑人床下有钱。经伊卡德保管的钱多达 20 万美元[3]。古德奈特称，在丹佛，伊卡德是他最近的和唯一

---

[1] Bruce M. Shackelford, "Bose Ikard", Sara R. Massey, ed., *Black Cowboy of Texas*, pp. 136，137.

[2] Paul W. Stewart and Wallace Yvonne Ponce, *Black Cowboys*, p. 16.

[3] James E. Haley, *Charles Goodnight: Cowman & Plainsman*, Boston: Houghton Mifflin, 1936, pp. 242，243.

的银行①。古德奈特在晚年仍然能记住在牛道上的所有经历。他称赞伊卡德是所有雇工中对他最忠实的。他对伊卡德的信任超过任何一个人。古德奈特认为，在科罗拉多、新墨西哥以及他生活的其他荒野地区，伊卡德都是他的侦探、银行家及其一切②。

内普特恩·霍姆斯是另一个忠诚于雇主的非裔牛仔典型。1866 年，霍姆斯还是一个 14 岁的孩子时，就成为得克萨斯的大牧场主尚海·皮尔斯雇用的牛仔。直到 1900 年皮尔斯去世，霍姆斯在 35 年的时间里都为雇主劳作。在皮尔斯的牧场上，霍姆斯拦截马群，围拢牛群，给牛割角，修筑围篱，干所有需要干的活。在通往堪萨斯城的牛道上，霍姆斯总是保护雇主皮尔斯及用以支付雇工工资和购牛的金子。霍姆斯因忠诚和勇敢而成为牧场主的亲信、保镖、"银行家"和追随者③。

"老巴特"和詹姆斯·凯利也都是对雇主忠诚的非裔牛仔。"老巴特"是牧场主约翰·斯劳特雇的厨师。"老巴特"除能做好本职工作外，还能做牧场上的其他任何工作。然而，更重要的是，"老巴特"是斯劳特出行时的保镖。斯劳特外出买牛时，"老巴特"在雇主睡觉时负责看管价值 1 万美元的金子。因为"老巴特"健壮，可以跟阿帕奇人打斗，并能协助另一个非裔牛仔击退墨西哥劫匪，所以在斯劳特一行人进入墨西哥时，"老巴特"负责保护驮着美元的骡子④。非裔牛仔詹姆斯·凯利是牧场主普林特·奥利夫雇用的看马人和驯马师。然而，更重要的是凭着精准的枪法，凯利成了雇主的得力助手和保镖。凯利在多次长途赶牛中不但帮助赶牛队排除了牛道上的种种困难，保护装有金币和

---

① William L. Katz, *The Black West*, Arden City, New York: Doubleday & Company, Inc., 1971, p. 148.

② Bruce M. Shackelford, "Bose Ikard", Sara R. Massey, ed., *Black Cowboy of Texas*, pp. 136, 137.

③ Kitty Henderson and Charlie Woodson, "Neptune Holmes: A Lifetime of Loyalty", Sara R. Massey, ed., *Black Cowboy of Texas*, pp. 118, 119, 120.

④ Kenneth W. Porter, "Negro Labor in the Western Cattle Industry, 1866 – 1900", p. 361.

纸币的马褡子，而且以其勇敢和迅捷的反应，在奥利夫遭劫匪袭击时，以快速射出的子弹三次挽救了他的性命①。

对雇主的"忠诚"还表现在有经验的非裔牛仔经常像师傅带徒弟一样，向牧场主之子和亲属传授各种技能。如威尔·罗杰斯最初就是由他父亲雇用的一名非裔牛仔教会了骑马和使用套索的技术②。如前所述，杰西·莫利斯的成功也是其父雇用的非裔牛仔对他口头传授的结果。1885 年，非裔牛仔查利·威利斯教会杰西·莫利斯唱《再见老画布》之后，另一名非裔牛仔杰里·尼里从《再见老画布》的曲子起步教会了他拉小提琴。杰西·莫利斯一生都按照威利斯教唱的版本唱《再见老画布》。1947 年，杰西·莫利斯应民间音乐家约翰·洛马克斯之邀，为美国国会图书馆录唱了《再见老画布》③。著名的牛仔歌曲《再见老画布》经录制唱片成了传世之作。帮助杰西·莫利斯成名的是教他演唱和演奏这首歌曲的两名非裔牛仔。

恪守对雇主的"忠诚"不仅使非裔牛仔没有参加牛仔罢工，而且有人与牧场主站在了一起。19 世纪 80 年代是美国西部牧区由个体牧场向公司化牧场转型的时期。公司化牧场处于英国和美国东部资本的掌控之下。牧场公司化之后，牧区惯例都被废除，牛仔变成了只挣微薄工资的马背雇工④。牧区惯例的取消，不仅把牛仔排除在牧牛业繁荣的经济利益之外，也阻断了牛仔社会地位的提升。因为维系劳资关系的基础被资方破坏，所以牛仔对雇主的"忠诚"变成了怨愤。在劳资对立日益严重的情况下，牛仔们要求增加工资和反对减少工资的诉求又遭到资方

---

① James Smallwood, "James Kelly", Sara R. Massey, ed., *Black Cowboy of Texas*, pp. 146, 147.

② Kenneth W. Porter, "Negro Labor in the Western Cattle Industry, 1866 - 1900", p. 350.

③ Jim Chilcote, "Charley Willis: A Singing Cowboy", Sara R. Massey, ed., *Black Cowboy of Texas*, p. 176.

④ John L. McCarty, *Maverick Town: The Story of Old Tascosa*, Norman: University of Oklahoma Press, 1946, pp. 82, 108.

的拒绝。于是在 19 世纪 80 年代爆发了美国历史上的两次牛仔罢工①。在 1883 年得克萨斯西部潘汉德尔地区发生牛仔罢工时,不但没有一名非裔牛仔加入白人牛仔罢工队伍中,而且"T‐锚牧场"的非裔牛仔格斯·李被牧场主委以重任。牧场受到罢工者攻击时由他引爆地雷②。怀俄明牧区的非裔牛仔人数较少。在 1886 年的鲍德河牛仔罢工中,没有一名非裔牛仔参与罢工③。由于很多非裔牛仔与雇主有一种特殊的劳资关系,内战前的奴隶在战后又成了原来主人牧场上的雇工;又因为在 19 世纪 80 年代牧区劳动力过剩,要在牧场保住一个长期工的岗位并不容易。因此,非裔牛仔宁肯"忠诚"于雇主而不参加罢工。

综上所述,投身于牧牛业的大多数非裔牛仔都勤学苦练,很多成为各种专业技术能手,承担了牧区最艰苦、最危险的工作;他们具有驯服野马的特长和音乐天赋,成为牛队不可或缺的成员。多数非裔牛仔能与不同肤色的人合作共事,有良好的职业操守。特别是,非裔牛仔比白人牛仔对雇主更加"忠诚"。虽然非裔牛仔的人数不如白人牛仔多,但就以上几个方面的综合平均值而论,前者要高于后者。这是非裔牛仔能在"牧牛王国"立足的原因所在。

四、"牧牛王国"不是非裔美国人的"理想国"

非裔牛仔是美国牛仔群体中重要的组成部分,但他们在大平原地区没有被平等对待。特别是在非裔牛仔中,有很多人是因为不堪忍受内战后南部对黑人实行的极端的种族歧视和隔离政策,而逃到西部牧区的。但"牧牛王国"也不是黑人追求种族平等的"理想国"(utopia)。因为在内战后美国普遍盛行着对黑人的种族歧视和种族隔离,"牧牛王国"

---

① 参见周钢:《美国历史上的牛仔罢工》,载《史学月刊》2013 年第 2 期,第 74—96 页。

② John L. McCarty, *Maverick Town: The Story of Old Tascosa*, p. 113.

③ Helena H. Smith, *The War on Powder River*, New York: McGraw‐Hill, 1966, p. 33; John Clay, *My Life on the Range*, New York: Antiquarian Press, 1961 reprint, p. 123.

绝不是"世外桃源"。所不同的是，在"牧牛王国"里因受劳作方式、工作生活环境的影响，其种族歧视和隔离不像美国南部那样有更多的暴力和私刑。

虽然由于劳作方式和自然条件的限制对非裔牛仔实行种族隔离是困难的，但这并不等于在牧场和牛道上就没有种族歧视。在美国内战后20多年的时间里，西部牧区的劳作方式都是在半军事化管理下进行的。无论是在牧牛营地，还是在牛道上长途赶牛，不同肤色的牛仔按其专业技能高低被分派在不同的岗位上，在放牧队老板或牛道老板的统一指挥下，共同完成工作任务。一些优秀的非裔牛仔各方面专业技能超群，被分配在重要的工作岗位上。如在牛道上，不允许让一个担任牛队引路人的非裔牛仔与一个殿后的白人生手互换工作岗位。这看起来似乎没有种族歧视。然而，在牧场上，每天早晨非裔牛仔要为白人牛仔骑驯桀骜不驯的烈马。非裔牛仔还被分派做牧场上最困难的工作，特别是白人牛仔不愿意干的看马人和厨师等工作。这些方面都隐含着种族歧视的色彩。在居住条件方面，很多牧场没有工棚，有的牧场只有简陋的工棚。在放牧营地只有帐篷。在牛道上，有的赶牛队甚至连帐篷也没有，牛仔们只能在炊事工具车周围露宿。这种自然的居住条件，使得对非裔牛仔难以实行严格的隔离。在天气极坏的条件下，牧场主、牛道老板、白人牛仔和非裔牛仔不得不同睡在一间简陋的房屋内或一顶帐篷中，甚至同盖一条毯子。在暴风雪之夜，甚至有非裔牛仔被允许睡在牧场主夫妇住的简陋牧屋的地板上的特例。然而，这是恶劣的天气条件和简陋的住宿条件使然。为了维护牧场的正常生产，减少人员伤亡，在严酷的生存条件下，不允许对非裔牛仔实行种族隔离。即便如此，在牧场也有对非裔牛仔实行种族歧视的极端例证。1878年，"22牧场"被称为"黑人杀手"的白人牛仔要把一名非裔牛仔赶出该牧场，并在一个清晨要开枪射杀他。绝望的非裔牛仔伏在马背上逃离，那名白人牛仔随后追杀。结果，只有白人牛仔返回了营地。次日，非裔牛仔骑的马才带着马鞍回到牧牛营地。几年后，人们在相邻牧场的营地发现了那位非裔牛仔的尸骨①。1885 年，在怀俄明的一个牧场，一个爱尔兰厨师拒绝让非裔驯马人住在同一间工棚里②。

有妇女在场的牧场娱乐社交场合，非裔牛仔会受到更严格的隔离。在牧场工作不太紧张时，特别是在相对清闲的冬天，牛仔们会参加舞会。非裔牛仔也很乐意参加这种娱乐社交活动，以展示他们的音乐和舞蹈天赋。如果只是男性参加的"工棚舞会"，非裔牛仔有机会作为乐手或舞者或两者兼之，来展示他们的才艺。如果是有相邻牧场和相近城镇的妇女参加的"正规舞会"，非裔牛仔只能作为乐手为舞会伴奏，或者提供舞蹈表演作为舞会娱乐活动的一部分。但是，非裔牛仔不论是个人或者是一个组合，都不能与白人妇女同场而舞③。

与牧场和牛道相比，牛镇对非裔牛仔实行的种族歧视和种族隔离更明显。在牛镇的酒馆里，对白人和黑人的服务区是分开的。白人的服务区在酒吧的一端，而黑人的在另一端。在酒吧，也曾发生过一个白人恶棍强迫一名非裔牛仔一口喝下满啤酒杯的威士忌。如果说在酒馆的隔离实行得还不十分严格，允许过分拥挤的黑人到两个服务区的中间处饮酒的话，那么非裔牛仔在餐馆里就会受到完全的隔离。原因是有白人妇女在餐厅就餐或在咖啡馆饮咖啡，非裔牛仔不得入内与她们同桌而坐。牛镇没有专为黑人开的餐厅和咖啡馆，非裔牛仔只能从咖啡馆的后门买到食品或被允许在厨房中吃饭④。牛镇中对非裔牛仔实行种族隔离最严厉的是白人妓院，那里不准他们光顾。为了赚取非裔牛

---

① Kenneth W. Porter, "Negro Labor in the Western Cattle Industry, 1866 – 1900", p. 370.

② Amanda Wardin Brown, "A Pioneer in Colorado and Wyoming", *Colorado Magazine*, Vol. 35, 1958, Oct, p. 274, Kenneth W. Porter, "Negro Labor in the Western Cattle Industry, 1866 – 1900", p. 368.

③ Cordia Duke & Joe B. Frantz, *Six Thousand Miles of Fence: Life on the XIT Ranch of Texas*, pp. 189, 190.

④ Kenneth W. Porter, "Negro Labor in the Western Cattle Industry, 1866 – 1900", pp. 371, 372.

仔数月鞍马劳顿获得的工资，道奇城开设了黑人妓院。在牛镇的小社区，也有个体非裔妓女。1878 年，道奇城有非裔妓女 40 多人，有的研究认为，比这个数字更高。1885 年，道奇城牛贸易的繁荣期已过，但至少仍有 5 名非裔妓女从业①。在与妓女的交往中，非裔牛仔只能找非裔妓女，而不能找白人妓女，而白人牛仔则既可以光顾白人妓女，也可以与非裔妓女往来。

在美国西部牧区，种族歧视还表现在白人牛仔对非裔牛仔的侮辱、伤害和挑衅等方面。美国内战以后，过去的黑人奴隶虽然在法律上成了自由人，但白人对他们带有严重种族歧视的"黑鬼"（Nigger）称呼却依旧保持了一个多世纪，直到 20 世纪 70 年代以后才逐渐停止使用。在各种著作中，对非裔牛仔带有侮辱的"黑鬼"称谓比比皆是。诸如最会唱《奥加拉拉之歌》的约翰·亨利被称为"布洛克的头等黑鬼"②。布洛克的赶牛队中非裔牛仔多，白人牛仔称他们为"布洛克的黑鬼们"③。牛仔歌曲《谁的老牛》是为颂扬非裔牛仔"老阿德"而作。他是识别牛耳戳记和牛身上烙印印记的"活字典"。凭其超人的能力，阿德能确定赶拢中所剩的 3 头母牛应属于谁。就是这样一首称赞阿德的作品，歌词中多次出现歧视的称呼"黑鬼阿德"④。

种族歧视还表现在对非裔牛仔极具伤害的看法上。例如，在牛道上，白人牧场主即使在暴风雪之夜也不愿意挨着非裔牛仔睡。1892 年，非裔牛仔比尔·"泰格"·埃弗里参加的赶牛队把 4 000 头牛赶往位于达科他领地的"雷诺牧牛公司牧场"（Reynolds Cattle Company Ranch）。

---

① C. Robert Haywood, "No Less a Man: Blacks in Cow Town Dodge City, 1876 – 1886", *Western Historical Quarterly*, Vol. 19, No. 2, 1988, p. 176.

② E. C. Abbott ("Teddy Blue"), Helena H. Smith, *We Pointed Them North: Recollections of a cowpuncher*, p. 224; J. Marvin Hunter, ed., *The Trail Driver of Texas*, p. 778.

③ J. Marvin Hunter, ed., *The Trail Driver of Texas*, p. 778.

④ N. Howard Thorp, *Whose Old Cow?*, N. Howard Thorp, "Jack Thorp", *Songs of the Cowboys*, Boston, New York: Houghton Mifflin, 1921, pp. 166 – 168.

牧场主菲恩·雷诺与赶牛队同行。7 月 1 日天一黑，赶牛队遭遇了一场毁灭性的暴风雪。牛道老板让牛仔们躲到炊事工具车下躺着躲避风雪。为了生存，牛仔各自把"热卷"人挨人地挤在一块防雨布下，每个人把随身所带衣物都盖在身上。无意中，非裔牛仔埃弗里与牧场主雷诺的"热卷"紧挨在了一起。在雷诺爬进他的"热卷"时，竟喊道："上帝啊，我闻到了多难闻的气味呀！"①

非裔牛仔常遭白人牛仔的戏弄。一名白人牛仔嘲笑非裔厨师萨姆"作为人头太大，而作为马又不够大"②。白人牛仔还经常向非裔牛仔寻衅，即使被牧场主指定做牛道老板的非裔牛仔也会受到白人牛仔的挑衅。在 1872 年 3 月向埃尔斯沃思赶牛时，非裔牛仔詹姆斯·凯利被牧场主普利特·奥利夫指派为看马人兼牛道老板。一个新加入赶牛队的白人牛仔对凯利发泄了种族偏见的言论③。在 1879 年的一次长途赶牛中，凯利和普林特·奥利夫的兄弟艾拉·奥利夫都被指定为牛道老板。一天，因为一些原因艾拉拔出枪辱骂凯利，并用枪敲掉凯利的两颗牙齿。凯利因与普林特的亲密关系而没有对艾拉做出过激反应④。

在美国西部牧区，最明显的种族歧视是限制非裔牛仔社会地位的提升。在历史记载中，我们很少见到非裔牛仔被提升为牧场工头或牛道老板的例证。即使有个别非裔牛仔成了工头、牛道老板甚至牧场主，那也是基于某些特殊原因。优秀的非裔牛仔吉姆·佩里为巨大的"XIT 牧场"劳作了 20 年。到 1900 年，该牧场分为七个分场，其中一个分场缺少一个工头。凭本领和经历，佩里完全能胜任牧场工头。然而，佩里只

---

① Lawrence Clayton, "Bill 'Tiger' Avery", Sara R. Massey, ed., *Black Cowboys of Texas*, p. 155.

② J. Frank Dobie, *A Vaquero of the Brash Country*, p. 137.

③ James Smallwood, "James Kelly", Sara R. Massey, ed., *Black Cowboy of Texas*, p. 145.

④ E. C. Abbott ("Teddy Blue"), Helena H. Smith, *We Pointed Them North: Recollections of a cowpuncher*, p. 33.

当了"XIT 牧场"的厨师。"XIT 牧场"的一个白人雇员曾听到佩里哀伤地说:"如果不是我这张该死的老黑脸,我早就该成为这些分场中的一个老板了。"①非裔牛仔奥拉·黑利是科罗拉多西北部牧区的著名人物。在 30 年的时间里,黑利成功地培养了"整整一代人的放牧经理、工具车老板和使牧牛业有更好效益的牛仔"。然而,因为黑利是黑人,他"从来未成为放牧经理,甚至没有成为一个工头"②。詹姆斯·凯利凭其与奥利夫家族的关系、专业技能和精湛的枪法成为普林特的枪手、亲信、保镖和救命人。因为这种特殊的关系,普林特两次指定凯利为牛道老板,但都招致了很多麻烦。第一次,一个白人牛仔拒绝承认他的权力,进行挑衅。第二次,普林特的兄弟艾拉容不下凯利与他同为牛道老板,不但辱骂还暴力相加。至少略带原住民血统的非裔牛仔阿尔·琼斯成为一个能向白人牛仔下命令的牛道老板仅是少有的特例。琼斯至少有 13 次踏上"赶牛小道",仅 1885 年就有 4 次。作为牛道老板,琼斯引领着非裔和墨裔牛仔,有时有白人牛仔长途赶牛。琼斯 6 英尺的高大身材、有自尊的举止的人格力量、丰富的赶牛经验、足智多谋和果断的领导能力以及处事圆润的方法,才使他得到牛道老板这一职位③。

在美国西部牧区,"有幸成为牛道老板的黑人非常少,他们甚至受到种族攻击"④。在美国西部牧区,非裔牛仔社会地位上升的变化并不比美国其他地方多⑤。究其原因,主要是美国西部牧牛区在内战以后实行的种族歧视特别严厉,19 世纪后期甚于内战前的奴隶制时期。这是

---

① Cordia Duke & Joe B. Frantz, *Six Thousand Miles of Fence*: *Life on the XIT Ranch of Texas*, p. 172.

② Philip Durham & Everett L . Jones, *The Negro Cowboys*, p. 125.

③ J. Marvin Hunter, ed. , *The Trail Driver of Texas*, p. 378; Kenneth W. Porter, "Negro Labor in the Western Cattle Industry, 1866 – 1900", p. 360.

④ Robert V. Hine, *The American West*: *An Interpretive History*, Boston: Little Brown & Company, p. 1973, p. 132.

⑤ Richard W. Slatta, *Cowboys of Americas*, p. 168.

因为在大平原牧牛区的白人大部分是美国南部人或是与南部相关的西部人（如在西部出生的白人后裔），而非裔美国人不是白人以前的奴隶，就是奴隶的后代。因此在西部牧牛区，白人对非裔美国人的种族歧视一直存在。19世纪70年代，随着牧区白人妇女的增多，对非裔美国人的种族歧视和隔离较以前更为明显。

白人的种族优越感和根深蒂固的种族歧视观念成为阻碍非裔牛仔社会地位提升的主要障碍。多数白人牧场主乃至大多数白人牛仔认为非裔美国人不具备担任牧场工头和牛道老板的品质。像奥拉·黑利这样能培养经理、放牧工具车老板和优秀牛仔的卓越人物，也不被白人牧场主认可。黑利虽然有非凡能力，有才智和进取精神，但在种族歧视观念很强的白人看来，他就是一个普通的黑人，不能当工头。因为牧场工头和牛道老板这些较高的职位多是属于白人牛仔的。有能力和雄心的白人牛仔谋求被提升为牧场工头或牛道老板，而不屑于当厨师。然而，那些与白人牛仔能力相当甚至优于他们的非裔牛仔过了骑行年龄后，最后的归宿只能是厨师。

一般情况下，非裔牛仔用防卫的方法来化解白人牛仔的种族歧视。对待侮辱和伤害，他们一般不用拳头或武器还击，而是用良好的行为、机智的策略、卓越的技能和在多数白人牛仔中的好名声来保护自己。上面论及的一些非裔厨师就是凭着精湛的厨艺、骑驯烈马的能力、使用套索的技巧和音乐天赋等回应一些白人牛仔的挑衅的。

非裔牛仔是美国西部牛仔群体中重要组成部分。虽然从人数上看，非裔牛仔不如白人牛仔多，但就职业道德素质、专业技术技能和独具的特长能力而言，非裔牛仔的平均水平高于白人牛仔。如果在牧场和牛道上缺少各个岗位的非裔牛仔，美国西部牧牛业的发展就会遭遇很多困难。因为有很多工作是白人牛仔不屑于做和不敢做的。在美国西部"牧牛王国"的兴起和发展中，非裔牛仔虽然同白人牛仔一样做出了重要贡献，但他们并没有与白人牛仔一样得到平等的社会地位。非裔牛仔仍然受到种族歧视。"牧牛王国"并不是非裔牛仔摆脱种族歧视的"理想国"。如果不是美国长期存在的种族歧视作祟的话，那么非裔牛仔就不会长期被美国的主流史学排斥，对非裔牛仔的研究也不会比对白人牛仔的研究晚半个多世纪。

（原载《史学月刊》2015 年第 10 期）

1878 年 "林肯县战争" 与 "比利小子"

　　1878 年，在新墨西哥领地的林肯县，发生了一次长达 5 个月的流血冲突，史称 "林肯县战争"。在美国内战后的西部大开发中，发生了大量的牧区纠纷和流血冲突。"林肯县战争" 是一次重要的、颇具典型性的 "牧区战争"。它的发生绝非偶然，而是有着深刻的政治和经济背景的。这次流血冲突因墨菲派与麦克斯温—滕斯托尔派争夺对林肯县的经济和政治的控制权而发。墨菲派得到了由共和党人组成的圣菲集团的支持。林肯县的行政司法当局和联邦军队在当地驻军的长官也都站到了墨菲派一边。战争的结局是墨菲派获胜。它确保了墨菲家族在林肯县的垄断地位。在 "林肯县战争" 中，"比利小子"① 只不过是麦克斯温—滕斯托尔派雇用的一名枪手，然而在此后的有关传说中，他却变成了这次流血冲突的主角。甚至在长达一个多世纪的岁月里，关于 "比利小子" 的历史著作、小说、电影、歌曲和传说可谓汗牛充栋。"圣徒比利" 逐渐取代了 "魔鬼比利"，"林肯县战争" 则被世人淡忘了，即或有人偶尔记得它，也是从 "英雄比利" 的出场背景中得知的，"林肯县战争" 的真相却完全被 "比利小子" 的传说湮没或扭曲了。拂去岁月的风尘，尝试恢复这一重大历史事件的本来面目，是笔者撰写这篇小文

---

　　①　原名威廉·邦尼（William Bonney），以 "比利小子" 而闻名。

的目的所在。由于国内的美国史论著尚无关于"林肯县战争"的著述，[①] 本文的资料来源主要取自美国学者的论著，其中所引美国学者的著作，笔者以参考文献的形式体现出来。

一、林肯县牧牛业的兴起

新墨西哥的林肯县创建于 1869 年。县城所在地此前是一个墨西哥人居住的村庄。它始建于 1850 年，名为"拉普西塔德尔·里奥博尼托"。林肯县建立时，该村庄更名为"林肯"。它位于佩科斯河与格兰德河之间，距离得克萨斯北部边界约 100 英里。离林肯城 8 英里的斯坦顿堡，曾被用作控制"梅斯卡莱罗阿帕奇人居留地"的军事哨所。[②] 林肯县建立时，正值牧牛边疆由得克萨斯向北向西推进。新墨西哥是"牧牛王国"的疆界向西部扩展的重要地区之一。

新墨西哥约有98%的土地不适合农作物的生长，这些土地的主要用途是用来放牧牲畜。[③] 新墨西哥的牛和羊都是由西班牙殖民者胡安·德·奥尼亚特于 1598 年带入该领地的。然而，从殖民地时期至美国内战，绵羊更适合人们的生活需要，新墨西哥因此而成了美国西部牧羊业的中心和"牧羊帝国"崛起的源头。[④] 新墨西哥牧牛业的兴起是在美国内战以后。

内战结束时，在得克萨斯四处游荡的长角牛已达 500 万头。[⑤]于是，

---

① 国内学者的美国史著作都没有涉及"林肯县战争"。国内出版的译著中，只有丹尼尔·J. 布尔斯廷的《美国人——民主的历程》稍有论述。但布尔斯廷对这场战争着墨不多，主要介绍亡命之徒"比利小子"，且侧重于他在战前和战后活动的论述上。参见丹尼尔·布尔斯廷：《美国人——民主的历程》，生活·读书·新知三联书店 1993 年版，第 42—45 页。

② Philip Durham & Everett L. Jones, *The Negro Cowboys*, Lincoln, London, 1965, p. 101.

③ Warren A. Beck, *New Mexico, A History of Four Centuries*, Norman, 1962, p. 258.

④ 参见周钢：《略论殖民地时期至 19 世纪末新墨西哥的牧羊业》，载《首都师范大学史学研究》（第一辑），首都师范大学出版社 1999 年版。

⑤ Walter P. Webb, *The Great Plains*, Waltham, Massachusetts, Toronto, London, 1959, p. 216.

该州由美国西部牧牛业兴起的"摇篮"变成了向"牧牛王国"输送牛群的"大本营"。在牛群源源不断地被赶往北部的堪萨斯时，大牧场主查尔斯·古德奈特决定向西部赶牛，开辟不同的"赶牛小道"。古德奈特认为，在整个得克萨斯沿着相同的"牛道"到北部寻找市场时，西部存在着更大的商机。①

1866年6月，古德奈特与他后来的合伙人奥利弗·洛文从沃斯堡以西的一个地点赶着牛群起程，他们向西南而行，到达佩科斯河的霍斯黑德渡口。尔后，古德奈特的牛队沿佩科斯河北行，在霍普斯渡口进入了新墨西哥。最初，赶牛的终点是萨姆纳堡。1867年6月，古德奈特和洛文赶着牛群沿原路抵达佩科斯河。沿河行进了100英里后，古德奈特决定与洛文分道而行。洛文赶一部分牛继续前行，进入新墨西哥，再到科罗拉多，以便按合同期限在7月把牛群交给买主。②。尽管两周以后洛文在萨姆纳堡被印第安人杀害，③ 但他们开辟的"古德奈特—洛文小道"却吸引着越来越多的牧牛场主到新墨西哥经营牧牛业。

古德奈特和洛文开辟由得克萨斯向西的"赶牛小道"，以便在新墨西哥获得更多的商机，这在当时被世人视为近似"疯狂的梦想"。然而，他们却获得了成功。这是因为新墨西哥为他们的"梦想成真"提供了重要机遇和条件。

首先，新墨西哥为牛群提供了良好的销售市场。在古德奈特向新墨西哥驱赶牛群时，恰值那里的金矿开采刚刚开始。采矿营地需要大量牛肉供应。另外，为控制印第安人，在新墨西哥布满许多军事哨所。联邦军队的士兵提供了巨大的牛肉消费市场。再者，靠近萨姆纳堡的印第安人居留地，有8 500名印第安人需要政府提供食品。④古德奈特等牧场

---

① Warren A. Beck, *New Mexico, A History of Four Centuries*, Norman, 1962, p. 258.

② J. Marvin Hunter, *The Trail Drivers of Texas*, Austin, 1985, pp. 903 – 904.

③ J. Marvin Hunter, *The Trail Drivers of Texas*, p. 913.

④ Warren A. Beck, *New Mexico, A History of Four Centuries*, p. 259.

主把握住了新墨西哥的市场商机，把牧牛业扩展到那里。

　　其次，新墨西哥有丰富的牧草资源，林肯县是很好的牧场。古德奈特认为，即使他的牛群因偶然事件一时无法交给买主，新墨西哥的开阔地区也是极好的牧场，其牛群可以放牧在那还未被人占据的草地上。古德奈特等牧场主最初就是把牛群赶到了距得克萨斯最近的林肯县地区。林肯县约占新墨西哥领地面积的 1/5，相当于佛蒙特和新罕布什尔两州面积之和。[1]　该县面积为 27 万平方英里，[2]　其水草丰茂的牧场为牛群提供了美好的家园。古德奈特在靠近佩科斯河的博斯基格兰德建立了牧场[3]。因为看好林肯县的发展前景，很多牧牛场主和牧羊主随后都到那里经营牧业。一些农场主也前往该地区，沿河流开垦农田。因为牛贸易的发展和社区生活的需要，林肯遂成为典型的牛镇。林肯县的牧牛业迅速兴起。

　　在林肯县牧牛业的发展中，出现了牧牛大王约翰·奇萨姆。他是移居得克萨斯的田纳西人。内战后，奇萨姆曾驱赶牛群往阿肯色的小石城出售，并因此获利。那里的肉类加工厂破产后，他又经“古德奈特—洛文小道”赶牛。在洛文死后，古德奈特以每头牛比在得克萨斯的价钱高 1 美元的出价，要奇萨姆把牛群赶到博斯基格兰德。奇萨姆把牛群从得克萨斯赶到新墨西哥。古德奈特从那里再把牛群赶往科罗拉多牧区出售。[4]　两人分享赶牛的利润，再扩大各自的牧场和牛群。奇萨姆在新墨西哥境内的佩科斯河罗斯韦尔附近建立了牧场总部。他在萨姆纳堡出售了 600 头牛后，又获得了一项超过 1 万头牛的供货合同。随后，奇萨姆在其放牧总部周围建立了一个永久性的牧场。此外，他还拥有另外两个地方的牧牛营地。在 1870—1881 年，奇萨姆成为世界上拥有最大牧

---

① Warren A. Beck, *New Mexico*, *A History of Four Centuries*, p. 163.

② Robert G. Terris, ed., *Prospector*, *Cowhand and Sodbuster*, Washington, 1967, p. 145.

③ Don Worcester, *The Chisholm Trail*, *High Road of the Cattle Kingdom*, New York, 1980, p. 141.

④ Don Worcester, *The Chisholm Trail*, *High Road of the Cattle Kingdom*, p. 141.

牛产业的牧场主之一。他的牧场从佩科斯河畔的萨姆纳堡向南延伸200英里，直达得克萨斯边界线。在其事业的顶峰时期，奇萨姆拥有的牛超过了8万头。① 他成了林肯县的名人。

劳伦斯·G. 墨菲少校是林肯县最有权势的人物。他离开军队后就在林肯县经商。墨菲建立的商业中心不但开杂货店，而且还经营酒吧和赌场。此外，他还经营牧牛场和农场。1876年，年轻的英国人约翰·滕斯托尔也到了林肯县。他买了一个牧场，开设了一家商店和一家银行。② 在林肯县还有一些小牧场主和小农场主。很多牛仔、枪手、不法之徒、偷牛贼、士兵和执法官等也都被吸引到林肯县。该县成为人们因争夺水源、放牧权和政府牛肉供应合同而发生冲突的场所。他们的利益冲突引发了"林肯县战争"。

二、5个月的流血冲突

"林肯县战争"并非偶然因素而发，它有着深刻的政治和经济背景。

首先，林肯县自开发之初就是法律和道德"真空"的地区。在那里，"暴力"即法律。林肯县远离新墨西哥的政治中心圣菲，属于该领地的偏远地区。在"林肯县战争"发生前10年，那里就有无法无天的坏名声。③ 一位作者写道："各种各样的坏人都来了，有坏墨西哥人、坏黑人和坏白人。然而，坏白人是这些坏蛋中最坏的。"④ 在19世纪70年代早期，林肯县行政司法长官威廉·布雷迪和当地驻军就不得不面对白人杀人犯因种族偏见而制造的暴行：弗兰克·弗雷曼因在亚拉巴马州杀死一个黑人而逃到林肯县，但他在林肯的一家餐馆里又枪杀了坐在其

① Robert G. Terris, ed., *Prospector, Cowhand and Sodbuster*, p. 220.
② Philip Durham & Everett L. Jones, *The Negro Cowboys*, pp. 102 – 103.
③ Howard R. Lamar, ed., *The Reader's Encyclopedia of the American West*, New York, 1977, p. 667.
④ Philip Durham & Everett L. Jones, *The Negro Cowboys*, p. 101.

餐桌边的黑人中士；另一个臭名昭著的杀人犯克莱·阿里森枪杀了进入他正在饮酒的酒吧的 1 名黑人中士和 4 名黑人士兵。这种暴行致使黑人士兵对嗜杀成性的南部白人之惧怕有甚于对阿帕奇印第安人的畏避。①

一些武装牛仔也制造了杀害印第安人的暴行。随着牧场规模的扩大和牛群的增加，奇萨姆雇用了包括白人和黑人在内的大量牛仔，以保护牛群，防范印第安人和墨西哥偷牛贼。这些被雇的牛仔粗野好斗。即使如此，奇萨姆的牛群在 19 世纪 70 年代仍然继续受到印第安人的侵袭。于是，他在 1877 年秋派了一帮武装分子前往"梅斯卡莱罗印第安人居留地"。这帮人受到政府代理机构的招待。因饮酒过量而行为失常的牛仔，在 1 英里内的中心地点杀死了大量印第安人。此后，"印第安人在袭击奇萨姆的牛时便踌躇不前了"②。

斯坦顿堡退伍士兵中的一部分人，成为"林肯县战争"中更重要的好战分子。统领斯坦顿堡驻军的内森·A. 达德利上校，动用大炮和调动士兵介入了"林肯县战争"。由达德利指挥的军队，有几个连是由黑人组成的。③ 这使得形势更加复杂。

上述几个因素构成了"林肯县战争"发生的错综复杂的政治背景。

其次，利益之争是导致"林肯县战争"的经济原因。这次战争是新移居者与早已常住林肯县的权势者之间的冲突，后者有执法官站在他们一边。

虽然墨菲少校因病住在圣菲医治而没有直接介入"林肯县战争"，但他却是造成这次流血冲突的主要责任人之一。墨菲退伍后经商，先于奇萨姆和滕斯托尔等人在林肯县立足。墨菲是个做事不择手段的人。他在林肯县经商后涉足多个行业，并很快控制了这一地区的所有商业、企业。如果得不到墨菲的同意，便无人能找到工作、证明他对土地的所有

① Philip Durham & Everett L. Jones, *The Negro Cowboys*, p. 102.
② Lewis Atherton, *The Cattle Kings*, Lincoln, London, 1961, p. 127.
③ Philip Durham & Everett L. Jones, *The Negro Cowboys*, pp. 101-102.

权，甚至不能留在新墨西哥领地。墨菲以金融手段和最初他拥有的唯一商店，迫使周围的农场主和牧场主以昂贵价格购买其商品。因为只有这样，他们才能获得信用贷款。墨菲还控制大多数货运车辆，故能迫使农场主和牧场主把他们的产品卖给他。通过这些手段，墨菲能够主宰周围地区的经济生活。墨菲被指控是该地区的实际独裁者，是决意统治该地区或是毁灭它的人。墨菲声称："反对我，就如同企图用一把餐叉阻止汹涌的海浪一样。"① 其意是说，在林肯地区想反对他是根本办不到的。

墨菲如此专横跋扈，自然树敌甚多。在墨菲的劲敌中，最重要的人物是奇萨姆。最初，奇萨姆和墨菲骑马巡视各自的牧区。他们经常为放牧权发生争执。后来，奇萨姆确信墨菲的牧牛产业增长之迅速超过了自然规律所能解释的程度。他便指责墨菲的一些牛仔偷盗。两人之间的争吵越来越多。滕斯托尔在林肯县经营商店、银行和牧场，使墨菲的垄断地位受到了挑战。墨菲称滕斯托尔是不受欢迎的竞争者。②

在圣菲集团的庇护下，墨菲获得了对林肯县政府合同的控制权。圣菲集团由著名的共和党人组成。该集团寻求对新墨西哥政治和经济的控制权。它支持墨菲及其合伙者，使其经营的企业在林肯县形成实际的垄断权。这种垄断允许墨菲控制该县的居民。这实质上是一种"政治分赃"。③ 墨菲家族经济上的优势确保了其在政治上控制林肯县的有利地位。公职官员，特别是执行法律的职位，都由墨菲集团的人所掌握。结果，立法的争论通常是由墨菲的好恶决定取舍。县行政司法长官布雷迪是"他的人"，帮他挑选枪手。其中一些人是来自长臂地带的"得克萨斯骑警队"的"避难者"，属杀手之类。美国在圣菲地区的律师托马斯·B.卡特伦和林肯县地区的律师威廉·L.赖纳森都在背后支持墨

---

① William A. Keleher, *Violence in Lincoln County*, 1860–1881, Albuquerque, 1957, p. 249.

② Philip Durham & Everett L. Jones, *The Negro Cowboys*, p. 103.

③ Howard R. Lamar, ed., *The Reader's Encyclopedia of the American West*, p. 668.

菲。新墨西哥领地的总督塞缪尔·B. 阿克斯特尔是圣菲集团的成员。阿克斯特尔因向墨菲借钱而欠他的债，因此也属墨菲派。① 然而，在林肯地区大多数人都明显地反对墨菲。

"林肯县战争"就是在上述复杂的政治和经济背景下发生的。

这次战争的导火线是亚历山大·麦克斯温律师拒绝为被指控的墨菲的牛仔辩护。麦克斯温于 1875 年到林肯县，是墨菲聘用的律师。或许是认为墨菲的牛仔有罪，或许是不愿意反对奇萨姆，麦克斯温并未公开说明，但他却拒绝为被指控者做辩护律师。此举不仅使他与墨菲之间的"业务关系终止"，而且成了"林肯县战争"的导火线。② 更让墨菲不能容忍的是，麦克斯温还要帮助奇萨姆起诉这些牛仔，并且还为滕斯托尔做代理律师。他愤怒地谴责麦克斯温。林肯县遂形成墨菲与麦克斯温—滕斯托尔之间的敌对阵营。墨菲因健康的原因指派他的两个合伙人出面组织起武装力量。这两个人是爱尔兰人詹姆斯·J. 多兰和约翰·H. 赖利，他们都是追随墨菲的小牧场主，在"林肯县战争"的所有冲突事件中都是重要人物。站在墨菲和多兰一边的有领地总督和林肯县行政司法长官等权势人物。麦克斯温是个有能力的人，他赢得了很多人的尊敬并得到了滕斯托尔的财政支持。站在麦克斯温一边的还有与其有业务联系的奇萨姆。③ 敌对的双方都雇用了很多牛仔和枪手，墨菲派雇用的枪手有 30 人之多。④ 墨菲长期主宰林肯县的政治经济，奇萨姆、麦克斯温和滕斯托尔等人是后移居者，他们成为对他构成威胁的强有力的劲敌。林肯县的形势顿时紧张起来。

"林肯县战争"始于法庭要麦克斯温向墨菲支付欠款。埃米尔·弗里茨是墨菲从前的一个合伙人，回到德国后去世。麦克斯温经手为弗里

---

① Warren A. Beck, *New Mexico*, *A History of Four Centuries*, p. 164.

② Philip Durham & Everett L. Jones, *The Negro Cowboys*, p. 103.

③ Warren A. Beck, *New Mexico*, *A History of Four Centuries*, pp. 165 – 166.

④ Harry S. Drago, *Great American Cattle Trail*, New York, 1965, p. 223.

茨代办过总额为 1 万美元的财产保险。按协议，给麦克斯温的付费不超过 2 500 美元。因为困难的法律问题，保险公司不愿意赔付。为此，麦克斯温不得不去纽约交涉。在纽约，他给律师们付费为 2 500 美元，其他各种花费 4 095 美元。这些钱的总数大体与弗里茨的 1 万美元保险费相当。弗里茨的继承人认为麦克斯温掌管着更多的钱，便把问题上交墨菲。墨菲聘用多年在圣菲有政治权力的托马斯·B. 卡特伦和 W.L. 赖纳森，要他们把钱追回来。麦克斯温被指控贪污。他的价值 10 万美元的财产被查封，1.6 万美元的债券被冻结。因为滕斯托尔与麦克斯温有业务联系，故其地产也被查封，其价值 5 万美元的财产被没收。司法行政长官的武装人员在路遇滕斯托尔时威胁他说，他们将无情地枪杀他。① 墨菲派的行动并没有任何法律依据，他们之所以如此，目的就是为了消灭其商业劲敌。赖纳森在致多兰和赖利的信中说："对滕斯托尔及其同伙要猛烈，越猛烈越好。把麦克斯温的牧场拆散重组，直到还清欠债，把他们逐出林肯。"②

谋杀滕斯托尔酿成了"林肯县战争"的第一次流血事件。为了消除劲敌，墨菲派计划谋杀滕斯托尔和麦克斯温。墨菲和多兰一伙的人在企图赶走滕斯托尔的牛群未遂后，便在 1878 年 2 月 18 日伏击杀死了他。林肯县突发了流血枪战。滕斯托尔被谋杀后，布雷迪逮捕了死者的两名牛仔弗雷德·韦特和"比利小子"，但他拒不执行对杀人凶手的逮捕令。③ 第二次流血事件是 4 月 1 日的枪战。"比利小子"获释后，为了保护麦克斯温派的家人，他与另外 5 人返回了林肯。4 月 1 日上午，比利一行刚抵达林肯，便与布雷迪和多兰一伙人遭遇。比利等人隐藏在一个围栏后面，开枪击毙了布雷迪，打伤了副行政司法长官乔治·欣德

---

① Warren A. Beck, *New Mexico*, *A History of Four Centuries*, p. 166.

② William A. Keleher, *Violence in Lincoln County*, *1860 – 1881*, Albuquerque, 1957, p. 81.

③ Philip Durham & Everett L. Jones, *The Negro Cowboys*, p. 103.

曼。当晚，墨菲的人达普蒂·D. 佩平被任命为代理行政司法长官。佩平立即带人搜查了麦克斯温家。在未出示搜查证的情况下，他们强行搜查住宅。尽管没有找到比利等枪击者，但佩平以麦克斯温与谋杀布雷迪有牵连为由，逮捕了他及其手下4人。被捕者中有黑人乔治·华盛顿和乔治·鲁滨孙。① 第三次流血冲突发生在4月4日。墨菲的人安德鲁·L. 罗伯茨追踪"比利小子"等人，引发了激烈的枪战。罗伯茨号称"大铅弹"，是个技艺高超且很自负的枪手。为了获得抓住比利及其同伙的200美元悬赏，罗伯茨便在乡间跟踪他们。4月4日，他在位于阿帕奇印第安人居留地边缘的布莱泽锯木厂发现了比利等人。双方立即陷入一场枪战。罗伯茨受了致命伤，但他在死前击毙了麦克斯温派武装力量的首领迪克·布鲁尔，并击伤另外两人。②

　　双方的严重对抗最终导致了7月的"五天战役"。这是持续了5个月的流血武装冲突的顶点，也是"林肯县战争"的终结。布鲁尔死后，"比利小子"成了麦克斯温派枪手的首领。他带着人马进城支持麦克斯温。3名黑人也在比利的队伍中，除鲁滨孙和华盛顿外，还有萨布莱恩·贝茨。墨菲派的武装人员也骑马进城，其中有黑人约翰·克拉克。有80余人介了林肯县敌对双方的决战。墨菲一方占据县城西部，麦克斯温一方控制着东部。斯坦顿堡驻军的新任司令官达德利上校率领一队炮兵和黑人骑兵支队开进了县城，前来支持墨菲派。他指挥架起一门炮弹重12磅的大炮，又命令骑兵占领了县城的有利位置和周围的小山。③ 战斗从7月15日持续到7月19日。最后一天，多兰一方在强火力的支持下纵火烧了麦克斯温的住宅。麦克斯温夫人和黑人贝茨、华盛顿得以从燃烧的房屋中逃脱，但仍然捧着《圣经》的麦克斯温及4个

---

① Philip Durham & Everett L. Jones, *The Negro Cowboys*, p. 104.
② Jon Tuska, *Billy the Kid, His Life and Legend*, Westport, Connecticut, London, 1994, pp. 35 - 36.
③ Philip Durham & Everett L. Jones, *The Negro Cowboys*, pp. 105 - 106.

保卫他的人却被击毙。比利与 5 个枪手也得以逃离。他们过了一条河，隐藏在灌木丛中。① "五天战役"后，历时 5 个月的"林肯县战争"也随之结束了。

三、"林肯县战争"的后果

"林肯县战争"不仅对林肯县，而且对新墨西哥领地都产生了严重的后果。

第一，持续了 5 个月的流血冲突造成了大量伤亡。② 一些关于这次战争的著作称：冲突导致了 12 人被枪击，有 6—7 人死亡。③ 这一统计数字，只是双方直接参与枪战的伤亡人数。实际上，在 5 个月的冲突中，死亡的人数远远超过了这一数字。T. F. 伊利医生既是外科医生又是牧师。他为"林肯县战争"中敌对双方的死者主持了葬礼。据伊利说，他在 5 个月内为 38 人主持了葬礼，其中只有一个人属于正常死亡。④

第二，这次战争更加巩固了墨菲派在林肯县的独霸地位。"林肯县战争"以墨菲派的胜利而结束。在 5 个月的冲突中，墨菲派一直得到圣菲集团和联邦军队在斯坦顿堡驻军的支持。新墨西哥领地总督阿克斯特尔和林肯县行政司法当局也站在墨菲派一边。在经济、政治和军事实力上墨菲派远远胜过麦克斯温—滕斯托尔派。在 5 个月的流血冲突中，墨菲派的骨干分子多兰和赖利等无一人伤亡。滕斯托尔、麦克斯温及其武装力量的首领布鲁尔全部丧命。该派已无领军人物。"五天战役"后，

---

① Jon Tuska, *Billy the Kid*, *His Life and Legend*, pp. 52 – 53.
② 布尔斯廷在其著作中称在这次战争中死掉了 60 多人。这个数字与其他美国学者提供的数字出入较大，故笔者没有采用。参见：丹尼尔·J. 布尔斯廷：《美国人——民主的历程》，第 45 页。
③ W. Eugene Hollon, *Frontier Violence*, *Another Look*, London, Oxford, New York, 1974, p. 170; Robert G. Terris, ed., *Prospector*, *Cowhand and Sodbuster*, p. 145.
④ Philip Durham & Everett L. Jones, *The Negro Cowboys*, p. 106.

这一派又发生分裂。奇萨姆曾承诺在冲突期间给予麦克斯温派以经济支持。事后，比利指责他没有兑现诺言，愤然离去。不久，奇萨姆指责"比利小子"偷他的牛，并为逮捕他而出赏金。麦克斯温—滕斯托尔派彻底分崩离析。奇萨姆的实力最终也被削弱，其财富亦缩减。他在1884年去世后，其牧场被 J. J. 哈格曼和一个商业集团收购。[1] 经过这场战争，墨菲派真正达到了其要把新来的竞争对手赶出林肯县的目的。该县完全被墨菲派所掌握。

第三，黑人受歧视的状况并没有改变。在这场流血冲突中，黑人介入了敌对的双方。达德利上校率领黑人骑兵包围了麦克斯温的家，助墨菲派击溃了劲敌。然而，在新墨西哥长期存在的歧视黑人的状况并没有多大改变。在"林肯县战争"中，只有原属于比利手下的黑人枪手华盛顿经历了流血冲突而没有被宣判有罪，原因是他完全听命于墨菲派。华盛顿是个优秀歌手。在7月19日当晚，墨菲派的人在没有清扫的战场上饮酒欢歌，庆祝胜利。在此令麦克斯温派悲痛的时刻，胜利者下令华盛顿和贝茨欢歌助兴。他们坐在一堵砖墙上，面对脚下躺着的原雇主的尸体，拉着小提琴连续唱了几个小时。后来，华盛顿还受总督之命，找到比利并把他带回受审。因为华盛顿处处听命和服从于墨菲派和权势者，1879年他被征募进了"林肯县步兵队"。[2] 但不是所有的黑人都像华盛顿一样幸运。在"林肯县战争"之后，他们还经常被卷入以枪解决问题的冲突中。如1883年在圣米克尔县，受雇于同一牧场的白人牛仔乔治·威瑟斯和黑人牛仔乔治·琼斯发生争执，威瑟斯蛮横地开枪将琼斯打死。再如1887年某星期的一个夜晚，黑人牛仔劳森·弗雷特韦尔被一个白人军官杀死。报道此事的《牧场和农场》的评论却称这位黑人牛仔是"坏人"，是"最坏的骗子"，是他在赌场玩枪时"自己打

---

① Robert G. Terris, ed. , *Prospector*, *Cowhand and Sodbuster*, p. 220

② Philip Durham & Everett L. Jones, *The Negro Cowboys*, pp. 107 – 108.

死了自己".① 从这些污蔑的言论中，不难看出"林肯县战争"以后，在新墨西哥对黑人的种族偏见和歧视依然十分严重。

第四，官方对"林肯县战争"的审理明显偏袒墨菲派。1878 年秋，拉瑟福德·B. 海斯总统任命卢·华莱士将军为新墨西哥总督。不久，华莱士到斯坦顿堡—林肯地区调查"林肯县战争"。总督得知麦克斯温夫人正致力于寻找杀死她丈夫的凶手的罪证。为获得证据，他访问了她。麦克斯温夫人讲的内情既可信又是对达德利上校和墨菲的致命打击。然而，她的目击证人都在比利一伙人中，他们已经躲了起来。于是华莱士发出指令：如果找到比利，会保证他的安全。比利被华盛顿找回后，经过与总督两次面谈和多次信件往来，他为了能在大陪审团前做证，同意被捕入狱。此后，华莱士便忙于在 1880 年最畅销的小说《本·赫尔》（*Ben Hur*）的写作，再没有过问在狱中的比利。数月过后，比利被带出监狱，在大陪审团前做了对达德利不利的举证。麦克斯温夫人认为，达德利应对她丈夫的死负主要责任。比利有力的佐证更帮助她给达德利以致命打击。由于"比利小子"已臭名昭著，四起的谣言便成功地毁灭了麦克斯温夫人的名誉。他们的举证因是"杀手"和"声名狼藉"的女人所提供而被驳回。达德利上校被宣布无罪。② 在案件审理期间，大陪审团收到了反对墨菲的 200 余件诉状，③ 但他并没有受到任何惩处。"林肯县战争"的肇事者和主要责任人都受到了新墨西哥法律的庇护。在华莱士的小说中，甚至连"林肯县战争"的灾难性后果都避而不提。显而易见，新墨西哥的新任总督和司法机关在审理这一流血冲突时，明显偏袒墨菲派，有失公正。

第五，"林肯县战争"结束后，那里并没有实现真正的安定。虽然华莱士总督上任后自信林肯县是新墨西哥领地的"一个安定的地方"

---

① Philip Durham & Everett L. Jones, *The Negro Cowboys*, p. 108.

② Philip Durham & Everett L. Jones, *The Negro Cowboys*, p. 107.

③ Warren A. Beck, *New Mexico, A History of Four Centuries*, p. 165.

了，但具有讽刺意味的是，"林肯县战争"的负面影响远未消失，因纠纷引起的仇杀并没有停止。1884年，墨裔美国人在该县的领导者胡安·佩特伦被杀害。佩特伦曾支持过麦克斯温—滕斯托尔派。人们认为这是他遭谋杀的起因。①

四、从"魔鬼"到"圣徒"的"比利小子"

在介入"林肯县战争"之前，"比利小子"已有两次入狱、一次杀人的劣迹。他原名威廉·邦尼，又以亨利·麦卡蒂和威廉·安特里姆等名字而闻名。他1859年9月17日出生在纽约市，是帕特里克·H.麦卡蒂和凯瑟琳·麦卡蒂的次子。19世纪70年代初，凯瑟琳没有丈夫相伴，独自出现在新墨西哥。她丈夫或许在移居西部之前，或许在迁移西部的艰苦跋涉中已经去世。1873年，凯瑟琳在圣菲与威廉·H.安特里姆再婚。婚后，这对夫妇带着凯瑟琳的两个儿子移居新墨西哥领地的银城。在那里，安特里姆到银矿开采地工作，凯瑟琳开了一个供应伙食的寄宿店。次年9月，凯瑟琳去世。她的小儿子亨利（"比利小子"）到了"明星旅店"做工。1年后，这个16岁的少年因在旅店内偷盗两个中国人的衣物而第一次被捕入狱。但他越狱逃到了亚利桑那，在那里当了牛仔。1877年8月17日，"比利小子"在格兰特堡的一家酒吧里，与爱尔兰人、铁匠F.P.卡尔希发生争吵。卡尔希辱骂欺侮了他，在拳击之后把他扔在地上并掴他的耳光。"比利小子"向卡尔希开了枪，次日这个爱尔兰人死去。他被指控为杀人犯，但他却又一次从监狱中逃走。② "比利小子"在17岁第一次杀人时，以"安特里姆小子"而闻名。他逃离亚利桑那以后，又返回了新墨西哥。

可见，在介入"林肯县战争"之前，"比利小子"曾犯有偷盗和杀人罪，是两次越狱逃跑的少年犯，算不上什么"圣徒"。

---

① Howard R. Lamar, ed., *The Reader's Encyclopedia of the American West*, p. 642.

② Don Cusic, *Cowboys and the Wild West*, New York, 1994, p. 28.

在"林肯县战争"中,"比利小子"不能算是最主要的人物。他从亚利桑那逃回新墨西哥后与一儿时的朋友合伙偷牛。因难以为生,比利前往奇萨姆的牧场找工作。1877年11月,他遇到两个表兄弟乔治·科和弗兰克·科。比利和他们在一起过了一个冬天。这段经历使比利最终成了滕斯托尔的牧场牛仔。该牧场位于里奥费里兹,在林肯县以南30英里处。^① 比利从1878年1月开始为滕斯托尔工作。不久,他被卷入了"林肯县战争"。在5个月的流血冲突中,比利在滕斯托尔被谋杀时受牵累被捕。当时,他被死者雇用还不到2个月。后来因为找不到比利打伤墨菲派人员的证据,他被释放。在4月1日,他击毙了布雷迪。布鲁尔死后,比利成了麦克斯温派枪手的首领。最后,"比利小子"在"五天战役"中逃脱,到奇萨姆的牧场隐藏起来。华莱士被任命为新墨西哥总督之后,宽恕了那些被卷入"林肯县战争"的人。"比利小子"因杀死了布雷迪而不在被宽恕者之列。

在"林肯县战争"中,除布雷迪被"比利小子"枪杀外,墨菲派其他为数不多的死伤者,没有证据证明是他所造成的。实际上,麦克斯温—滕斯托尔派被对方杀死杀伤者更多一些。"比利小子"既不是敌对派别的代表人物,又非引发"林肯县战争"的元凶。他在这场流血冲突中只不过是一个忠实为雇主效力的枪手。后来的大量著作、小说和传说中把"比利小子"作为"林肯县战争"的"主角",显然是做了大量夸张和不断演义的结果。

自"林肯县战争"结束至比利被击毙,他3次被捕入狱。他想提供墨菲派谋杀的证据以获得总督对其宽恕的愿望未能实现。

"五天战役"后,麦克斯温夫人为了找到达德利上校和多兰等人杀害她丈夫的证据,移居拉斯韦加斯后聘请了律师休斯顿·I.查普曼协助调查。查普曼律师认为他们应回林肯收集证据。1878年12月,麦克

----

① Don Cusic, *Cowboys and the Wild West*, p. 28.

斯温夫人返回林肯。"比利小子"及其随从也紧随其后进了县城。多兰一伙人非常恐慌。他们一面去斯坦顿堡要达德利派军队保护商店，一面让新任的行政司法长官乔治·金布雷尔在12月22日逮捕比利并将他关进林肯的监狱。比利不久被释放，但他不得不离开林肯。

查普曼在林肯县获得大量证据，使达德利和多兰一伙甚为惧怕。1879年2月，"比利小子"返回林肯，想与多兰的武装人员达成和解。比利警告金布雷尔，如果他以杀人罪签发逮捕令，他就别想活着。2月18日，比利和他的两个随从与多兰一伙举行了一次和解谈判，达成6点协议。多兰坚持畅饮庆祝，比利自己避开了。恰在这一天晚，多兰和他的随从比尔·钱普贝尔路遇查普曼律师。为了杀人灭口，多兰向查普曼开了第一枪，钱普贝尔向他开了致命的第二枪。随后，他们把威士忌浇在查普曼身上，点火焚尸。当时比利和汤姆·奥福亚尔在现场目睹了这一切。[1]

总督华莱士得知此事后非常震惊。他前往林肯，在法院的院子里召开了群众会议，希望居民提供举报线索。总督下令逮捕了与谋杀有关的杰西·埃文斯和比尔·马修斯，命令多兰不准离开林肯。为了逮捕目击者比利，总督还宣布出1 000美元的赏金。[2] 总督经过与比利之间的几次信件往来，同意完全宽恕他，以换取他提供杀死查普曼的凶手的罪证。比利和奥福利亚尔同意被捕入狱。1879年3月21日，他们两人被捕。在被移送到林肯的监狱后，比利在牢房的墙上写道："威廉·邦尼于1878年12月22日第一次在这里被监禁，在1879年3月21日第二次被监禁。我希望再不被监禁。"[3]

由于总督沉醉于小说写作之中，他许诺的对比利的宽恕一再被拖延。与此同时，杀死查普曼的凶手已经逃走。比利对在狱中长时间的等

---

① Jon Tuska, *Billy the Kid*, *His Life and Legend*, pp. 65 – 66.

② Jon Tuska, *Billy the Kid*, *His Life and Legend*, p. 67.

③ Jon Tuska, *Billy the Kid*, *His Life and Legend*, p. 69.

待已很不耐烦。到 12 月 6 日，由麦克斯温夫人提交的全体市民对达德利的指控被法官沃伦·布里斯托尔驳回。① 这一切使比利预感到他可能被处死。一天，他轻易地从警卫旁边溜走，找到他的马，越狱逃跑。

越狱后的"比利小子"又成了不法之徒和被通缉的逃犯。他带领一伙枪手在新墨西哥境内四处游荡，偷大牧场主的牲畜，卷入更多的凶杀事件。1880 年 1 月 10 日，比利在萨姆纳堡的一家酒吧里把与其打赌的醉汉乔·格兰特击毙。同年 11 月 29 日，比利一伙人在怀特奥克斯与追捕他们的 8 个武装人员发生枪战。次日，他们在市中心向代理司法行政长官詹姆斯·雷德曼开枪后迅速逃往一个牧场。詹姆斯·卡莱尔带领武装人员追踪到比利等人藏身的牧场。31 日晚，卡莱尔试图劝说他们投降，但没有成功。半夜，卡莱尔想从比利等人待的屋内跳窗而逃，不知是"不法之徒"还是武装人员开枪将他打死。比利等人烧掉了房子，逃离了牧场。②

由于奇萨姆和多兰等人提名，比利的老朋友帕特·加勒特在 1880 年 11 月 2 日被选为林肯县的司法行政长官。上司要求加勒特最先考虑的事是捕获"比利小子"。12 月 19 日，加勒特带领武装人员埋伏在萨姆纳堡的旧邮政医院附近，袭击了比利一伙，击毙了奥福利亚尔。12 月 23 日，加勒特和他的武装人员在辛金斯普林斯把比利及其他 4 人堵在一间石屋里。查利尔·鲍德雷被击毙在门外。比利等人的一匹马被打死后堵住了门口。他和 3 个同伙被俘。③ 1881 年 4 月 15 日，法官布里斯托尔的法庭宣判比利是杀害布雷迪的凶手，并下令在 5 月 13 日时对他处以绞刑。4 月 21 日，比利被送到林肯的监狱中。4 月 28 日，他杀死了两名警卫，又成功地越狱逃跑。④ 后来，比利躲藏在萨姆纳堡附近

---

① Jon Tuska, *Billy the Kid*, *His Life and Legend*, p. 259.
② Don Cusic, *Cowboys and the Wild West*, p. 29.
③ Don Cusic, *Cowboys and the Wild West*, p. 30.
④ Jon Tuska, *Billy the Kid*, *His Life and Legend*, p. 260.

的一个牧羊场里。7月14日，"比利小子"去萨姆纳堡找他的情人塞尔萨·格特里兹。比利走到格特里兹的住处时已是午夜，他因饥饿决定先到皮特·马克斯韦尔的家中寻些东西吃。同时，加勒特带着约翰·波和蒂普·麦金尼正在萨姆纳堡搜捕比利。他们也到了马克斯韦尔的家。在比利走进马克斯韦尔的黑暗的卧室时，等候在那里的加勒特向他开了枪。第一枪击中了他的心脏。① 比利至死也不知道是他从前朋友的子弹使他丧命。当夜，马克斯韦尔和加勒特用棺木把比利埋在了离萨姆纳堡不远的地方。②

"比利小子"只活了21岁就结束了他年轻的生命。综观他短暂的一生，他绝不是开拓西部牧区的英雄。在介入"林肯县战争"以前，比利是在逃的少年犯。被卷入林肯县的流血冲突后，他因受雇主牵连被捕；为保护雇主，他击毙了县行政司法长官布雷迪。为了举证墨菲和达德利等人有罪，他同意被捕入狱，并表达了此后不想再坐牢的愿望。观其在冲突中的行为，比利不是引发"林肯县战争"的元凶，也不应当是唯一受到法律惩处的罪犯。由于林肯县的行政司法当局为墨菲派所控制，那里法律不公。真正的罪犯受到保护，总督对比利宽恕的许诺未能兑现。比利被不公正地判处绞刑，其悔过自新的愿望完全破灭。尔后，比利又继续走其亡命犯罪的道路，直到毁灭自己的一生。

比利走上杀人犯罪的道路，有其自身的原因：如他早年丧父、丧母，缺少良好的教育，等等。这些可能是导致其少年犯罪的原因，但不是根本原因。比利成为杀人罪犯有更深刻的社会根源。1873年，少年比利随其母移居新墨西哥时，正值美国内战以后的西部大开发时期。包括新墨西哥在内的牧业开发是在美国由自由资本主义向垄断资本主义过渡时期展开的。垄断资本与粗放的原始游牧方式相结合使得西部的牧业开发成为当时美国最赚钱的行业之一。在西部经营牧业的巨商和大牧场

---

① Don Cusic, *Cowboys and the Wild West*, p. 30.

② Paul I. Wellman, *A Dynasty of Western Outlaws*, New York, 1961, p. 237.

主为了尽快聚敛财富，总想扩大经营规模和独占牧区。他们不仅实行破坏自然生态环境和浪费牧草资源的粗暴的掠夺式经营，而且具有很强的排他性。因此，牧业大王们在牧区制造了许多流血冲突和纠纷，犹如"林肯县战争"中墨菲派与麦克斯温—滕斯托尔派的争夺一样。正是在这样的社会背景下，在两派争夺对林肯县控制权的残酷斗争中，比利成了被利用的"枪手"和"工具"。实际上，他是牧牛巨商和大牧场主争夺牧区的受害者和牺牲品。向垄断资本主义转型时期，西部牧区错综复杂的社会背景是使比利最终堕落成杀人凶犯和酿成其悲剧命运的根本原因。

比利之死引起了各方面的关注。在新墨西哥，很多人甚至难以相信这个年轻的、似乎不可战胜的杀手会突然死去。他之所以留下"杀手"的名声，是基于其"十足不法之徒"的经历。关于比利杀人的数字，作者们提供的统计差异很大。有的著作认为，他杀死的人如果不到 20 个，也有 17—18 个。[1] 最夸大的数字称：比利杀死了 21 人，在其一生中每年杀死一人。有的作者认为，他杀人的确切数字为 3 个，或者是 6—7 个。《美国牛仔》的两位作者不相信夸大的数字。他们对大量著作的数字进行了考订后认为，即使比利杀死的人低于 3—10 人，也高于全国凶犯杀人的平均数字。[2] 后来的著作称：比利杀人的官方记录在案的确切数字为 3 人，或不多于 3—4 人；或是谋杀了 5 人。[3] 近年出版的《牛仔百科全书》则认为，比利实际上杀了 6 人。[4] 比利由一个四流牛仔变成了头等杀手。[5] 由于《国家治安公报》报道了"比利小子"的

---

① R. B. Townsend, *The Tenderfoot in New Mexico*, London, 1923, p. 230.

② Joe B. Frantz & Julian E. Choate, Jr., *The American Cowboys*, *The Myth & Reality*, Norman, 1955, p. 95.

③ W. Eugene Hollon, *Frontier Violence*, *Another Look*, London, Oxford, New York, 1974, p. 197; Philip Durham & Everett L. Jones, *The Negro Cowboys*, p. 106.

④ Don Cusic, *Cowboys and the Wild West*, p. 28.

⑤ R. B. Townsend, *The Tenderfoot in New Mexico*, London, 1923, p. 96.

作为，这使他闻名全国。尽管对比利杀人的数字各种说法莫衷一是，但可以肯定的是，现实生活中的"比利小子"是杀人犯，而不是"圣徒"。

比利死后，关于他的评论和传记很快发表和出版。比利被击毙的第9天（7月23日），银城《新西南部与格兰特先驱》的编者评论道："尽管耸人听闻的作家们把浪漫文学的魅力乱用在他那大胆恶棍的一生中，但事实上他是一个卑鄙粗俗的凶手。大概没有一个人能拯救他的品质。"① 加勒特击毙比利3个星期后，他很快出版了一本名为《比利小子的真实生活》的传记。这本传记的署名作者是帕特·加勒特，但实际上加勒特的朋友阿什·辛普森才是该书的受雇撰写人。加勒特的书卖得不好，但它却为"这个民间英雄的成长奠定了基础"②。后来，关于比利的描述都仿效该书的大部分细节。③ 在这部传记出版时，"一角钱小说"也非常流行。这种小说是用东部手法包装，描写西部荒野的人物，拥有很多读者。从那时起，关于"比利小子"传说的著作在出版物中逐渐占有了巨大的份额。④

"比利小子"之死使"一角钱小说"、报纸和通俗杂志文章竞相描述他的逃犯生涯。作家们创作了两个"比利小子"的传说。第一个是"粗野的小暴徒、小丑、贼和冷血杀手"；第二个是"浪漫且多愁善感的英雄，为公正原则而战、勇敢而可爱的领导者"。⑤ 第二种传说在美国占据优势。这表明其意义是将他作为从"不法之徒"转变到"英雄"的一般典型的化身。1906年，一出从"魔鬼比利"到"圣徒比利"的戏剧开始在百老汇上演。在此后的10余年中，《比利小子》在美国全国的剧院里演出，创造了一个富有同情心的新墨西哥"不法之徒"的

① Kent L. Steckmesser, *West Hero in History and Legend*, Norman, 1965, p. 70.

② Jon Tuska, *Billy the Kid*, *His Life and Legend*, p. 110.

③ Jon Tuska, *Billy the Kid*, *His Life and Legend*, p. 113.

④ Don Cusic, *Cowboys and the Wild West*, p. 28.

⑤ Kent L. Steckmesser, *West Hero in History and Legend*, p. 57.

新偶像。这一过程延续到整个 20 世纪，产生了许多令人喜爱的文章、著作、音乐、电影和传说。少数热衷于此的学者还提供直接证据，证明比利的很多暴力行动少有主动的攻击性，使其人物性格更具有吸引力。于是，传说代替了真实。作者们让比利作为"英雄"出现在西部，其任务是把法律和秩序带到新墨西哥的每个社区。因为与一些勇敢的人相比，比利能更好地完成任务；在西部，有足够胆量当县司法长官的人，或有法律和道德资格做法官的人还较少，甚至连华莱士总督也屈从于恶势力；在美国向西部拓展时期，西部任何一个地区都存在着像圣菲集团这样"最腐败的政治机器"①。把"魔鬼比利"演变成"圣徒比利"和"英雄比利"，正是美国公众对在垄断势力集团控制下的美国西部腐败政治不满情绪的反映。

"比利小子"是一场牧区战争的产物。然而，在对"比利小子"的演义中，不论是把他"魔鬼化"还是"圣徒化"，都将他作为"林肯县战争"的"主角"。② "林肯县战争"今天之所以被一些美国人偶尔记住，在很大程度上是因为它作为"比利小子"的背景出现在人们面前。大量著作对"比利小子"的论述掩盖乃至扭曲了"林肯县战争"的真实性。如前所述，"林肯县战争"不是简单的个人之间的冲突。它之所以发生，是有深刻的经济和政治原因的。它是由圣菲集团导演的一场牧区流血冲突和政治悲剧。这才是被尘封百余年之久的"林肯县战争"的本来面目。

（原载《史学月刊》2005 年第 9 期）

---

① W. Eugene Hollon, *Frontier Violence*, *Another Look*, p. 190.

② Joe B. Frantz & Julian E. Choate, Jr., *The American Cowboys*, *The Myth & Reality*, p. 94.

美国历史上的牛仔罢工

美国历史上的两次牛仔罢工，都发生在 19 世纪 80 年代。那时，正值美国从自由资本主义向垄断资本主义过渡的重要时期。这个时期的一个重要特点是垄断组织大量出现，企业的组织形式迅速公司化。在美国社会转型时期，不但第一、第二产业中的工矿企业迅速公司化，而且第一产业中的西部牧牛业也经历着由个体牧场、合伙经营的牧场向现代企业的公司化大牧场的转变。美国企业组织的转型期，也是美国各行业工人罢工的频发期。美国牛仔罢工也正是在西部大平原牧牛业向公司化转型时期内发生的。

两次牛仔罢工发生时，一些报刊有所报道，但大多比较简单，且观点倾向雇主一方。关于 1883 年得克萨斯潘汉德尔地区的牛仔罢工，最早的记述见于查尔斯·A. 西林戈在 1919 年出版的《一个孤星牛仔》[1]，但只有寥寥数行。20 世纪四五十年代的著作对这次罢工的论述多了一些。鲁思·艾伦在《得克萨斯劳工组织分会史》一书中，对 1883 年的牛仔罢工已有较多的记述[2]。克利福德·P. 韦斯特迈耶编的《追踪牛仔》是一本资料性著作。编者收集了边疆报界人士讲述的牛仔生活和

---

① Charles A. Siringo, *A Lone Star Cowboy*, Santa Fe: Sanstone Press, 2006, p. 268.

② Ruth Allen, *Chapters in the History of Organized Labor in Texas*, Austin, 1941, pp. 33 – 42.

传说，并加了按语。其中有一些关于 1883 年牛仔罢工的报刊资料①。
更多的论述出现在 20 世纪 60 年代后期以后。论文涉及 1883 年牛仔罢
工的起因及失败原因、这次罢工与阶级斗争的关系、罢工是否受到马克
思主义影响和牛仔是否加入一个组织等问题。其中，罗伯特·E. 齐格
勒的《1883 年的牛仔罢工：它的起因与意图》② 较为重要。该文成为
被收入 2000 年出版的《牛仔之路》一书中唯一一篇关于牛仔罢工的论
文③。进入 20 世纪后，有一些关于 1883 年牛仔罢工的网络文章，但过
于简单且重复过往的研究成果较多。近期对这次牛仔罢工论述较多的著
作是唐纳德·F. 斯科菲尔德于 1985 年出版的《印第安人、牛、船和石
油：W. M. D. 李的故事》④。美国学者对 1886 年发生在怀俄明的牛仔罢
工论述很少，主要见于海伦娜·H. 史密斯的《鲍德河上的战争》⑤。总
的来看，美国学界对于美国牛仔罢工的研究资料较为零散，不像对其他
产业工人罢工的研究那样深入，对牛仔罢工的记述多在罢工的过程，而
对于罢工的起因及失败原因缺少深入的分析，特别是缺乏把牛仔罢工放
在美国社会和牧场组织形式转型的大背景下的论析。本文拟结合美国西
部牧场的转型，对与牛仔罢工相关的问题做些论析。

一、牧场公司化

19 世纪 80 年代的两次牛仔罢工都发生在美国西部大平原上。在内

① Clifford P. Westermeier, ed. , *Trailing the Cowboy*, Caldwell, Idaho：The Caxton Print-
ers, Ltd. , 1955, pp. 121 – 131.

② Robert E. Zeigler, "The Cowboy Strike of 1883：Its causes and Meaning", *West Texas His-
torical Association Yearbook*, vol. XLVII, 1971, pp. 32 – 46.

③ Robert E. Zeigler, "The Cowboy Strike of 1883", Paul H. Carlson, ed. , *The Cowboy
Way：An Exploration of History and Culture*, Labbock, Texas：Texas Tech University
Press, 2000, pp. 72 – 93.

④ Donald F. Schofield, *Indians, Cattle, Ships and Oil：The Story of W. M . D. Lee*, Austin：
University of Texas, 1985.

⑤ Helena H. Smith, *The War on Powder River*, New York：McGraw – Hill Book Company,
1966, pp. 87, 100 – 101, 105.

战后的 20 余年间，占美国本土面积 1/5 的西部大平原①，被开发成了美国重要的畜产品生产基地，其生产组织形式也发生了根本转变。虽然大平原上的牧牛业可以追溯到西班牙殖民统治时期，但直到美国内战前，牧牛业还主要集中在得克萨斯和西南部地区。内战以后，由于第二次工业革命和城市化的迅猛发展，国内外市场对肉类的需求日益增加，为大平原牧牛业的勃兴提供了新的历史机遇。牧牛业迅速从得克萨斯南部向北、向西扩展。到 19 世纪 80 年代中期，牧牛王国占据 10 个州和领地的草原地区及广大平原。

在"牧牛王国"扩展的过程中，大平原牧牛业的生产组织形式不断演变。在 19 世纪 70 年代中期以前，大平原的牧牛业多是无围篱的开放牧场，采取原始的游牧方式经营，任牛群在放牧区四处漫游。1873年"带刺铁丝"发明以后，在大平原争夺土地和水源的牧牛场主、牧羊主和拓荒农场主竞相用这种新筑篱材料围篱占地。到 19 世纪 80 年代中期，大平原从南到北，原先无围篱的开放牧场已被"带刺铁丝网"围篱的封闭牧场所取代。牧牛业由原始开放的游牧经营变为在围篱封闭的固定牧场内经营。由于牧牛业成为当时最赚钱的行业之一，美国东部和外国资本竞相投入那里的牧牛业。大平原原先占主导地位的个体和合伙经营的开放牧场的生产组织形式已无法适应大量资本流入的需要，迅速地向现代封闭大型牧场和股份制有限牧牛公司转变成为必需。大平原牧牛业的所有权与管理经营权分离。公司、辛迪加和投资托拉斯为牧场提供了必要的资本和组织形式。现代牧场和牧牛公司应运而生。大平原的牧牛业也像美国其他工矿企业一样被置于垄断资本的控制下。得克萨斯在 19 世纪 80 年代开始这种转变，到 1890 年完成②。怀俄明牧牛业的发展伴随美国向垄断资本主义过渡的大变革，具有鲜明的时代特点。19

① Lawrence I. Seidman, *Once in the Saddle: The Cowboy's Frontier*, 1866–1896, p. 13.
② Robert E. Zeigler, "The Cowboy Strike of 1883", Paul H. Carlson, ed., *The Cowboy Way: An Exploration of History and Culture*, p. 77.

世纪 70 年代初，怀俄明的牧牛业尚处于起步时期，19 世纪 80 年代便步入繁荣时期。怀俄明的牧牛业日益采用大公司的方式经营。仅 1883 年在怀俄明建立的土地和牧牛公司就有 20 家①。在 19 世纪最后的 20 年，怀俄明建立了 188 家牧牛公司②。两次牛仔罢工正是发生在美国向垄断资本主义过渡和大平原的牧场组织结构转型的 19 世纪 80 年代。在美国社会及其西部牧场生产组织转型时期，牛仔较工矿企业的劳工面临更多的问题，劳资关系（牛仔与牧场主）更加紧张。这些都成了引发牛仔罢工的原因。

由于大量资本投资于美国西部的牧牛业，牧场主改变了牧场的性质。早期牧场是牧场主和牛仔在荒原立足的一种生存方式，牧场公司化后，牧场主把它作为产生利润的手段。这种变化对牛仔的生存环境和未来发展产生了极其不利的影响。

在美国西部开发的早期，牧牛如捕兽、拓荒一样，是一种在那里立足谋生的方式。虽然得克萨斯是西部"牧牛王国"兴起的"摇篮"，但 19 世纪 70 年代以前，牧牛区主要集中在该州的南部。位于该州西部的潘汉德尔地区（Panhandle region）因为气候条件恶劣直到 19 世纪 70 年代才开始被开发为新牧区。1874 年，后来成为大牧场主的查尔斯·古德奈特（Charles Goodnight）决定到潘汉德尔中部的帕拉杜罗（Palo Duro）峡谷建立牧场。当古德奈特夫妇和英国投资合伙人约翰·阿代尔（John Atair）夫妇来到新建的"JA 牧场"的当晚，迎接他们的是电闪雷鸣的暴风雨之夜。受惊吓的野牛四处狂奔，河水暴涨横流，马车顶的薄板上有无数闪电划过。在经历了这种真正的恐怖之夜后，不堪惊吓的阿代尔夫妇很快离开了牧场，回到了"文明之地"③。在这样环境艰险、

---

① Ray A. Billington, *Westward Expansion: A History of the American Frontier*, New York, 1974, p. 594.

② Gene M. Gressley, *Bankers and Cattlemen*, New York: University of Nebraska Press, 1966, p. 105.

③ Lewis Atherton, *The Cattle Kings*, Lincoln: Indiana University Press, 1961, p. 86.

杳无人烟的荒原地区建立牧场，需要牧场主和牛仔共同艰苦创业，才能立足生存。

在古德奈特创业的早期，他雇用的牛仔为其事业成功做出了重要贡献，双方关系也较融洽。黑人牛仔鲍斯·伊卡德（Bose Ikard）早在"古德奈特—洛文小道"（Goodnight - Loving Trail）开辟时就与主人一起骑行。在科罗拉多（Colorado）、新墨西哥（New Mexico）和其他任何荒野地区，在有生命危险的危机状况下，伊卡德多次不顾个人安危保护古德奈特。古德奈特称伊卡德是最"忠实"的牛仔，是他的"侦探、银行家和一切"。每次外出，古德奈特把带的钱都放在伊卡德身上。因为任何人都不会想到一个黑人身上有钱，所以伊卡德是古德奈特"最近和唯一的银行"①。在"JA 牧场"建立初期，方圆数百英里的范围内只有古德奈特夫人一个妇女。一个牛仔带来了 3 只小鸡，使女主人借以减少孤独的困扰②。古德奈特夫人除了当好家庭主妇外，还要为牛仔们缝补衣服③。在美国西部牧区开发的早期岁月里，牧场主与牛仔一起劳作。牧场是牧场主和牛仔赖以生存的方式。牧场主都习惯早起。他要查看牧场的情况，安排牛仔的工作。他也要加入牛仔的行列，参加长途驱赶牛群的活动。牧场主的妻子起得更早，为牛仔准备早饭。牧场主、工头和牛仔都在木屋里用早餐。直到 19 世纪 80 年代早期，大牧场才雇了专门的厨师，取代了由牧场主妻子兼任的"厨娘"④。由此可以看出，当时的劳资关系较为融洽，牧场主和牛仔共同艰苦创业，以图在荒野中立足生存。

共同的经济利益是维系早期牧场这种生存方式的基础。这是因为，

---

① James E. Haley, *Charles Goodnight*: *Cowman and Plainsman*, Norman: University of O-klahoma Press, 1949, p. 243.

② Lewis Atherton, *The Cattle Kings*, p. 86.

③ 丹尼尔·J. 布尔斯廷：《美国人：民主的历程》，第 15 页。

④ David Dary, *Cowboy Culture*: *A Saga of Five Centuries*, Lawrence, Kansas: University Press of Kansas, 1989, p. 260.

在得克萨斯南部牧区，在内战后四处漫游着大量没有打烙印的牛群，牧场主和牛仔都可以由牛获利。牧场主只要把他发现的牛打上自己的烙印，就可以据为己有，且不被视为偷盗行为。这种牧区惯例不但被得克萨斯采用，而且扩及大平原整个牧区。以此方式，一个人只为每月 25 美元甚至更少的工资而投身牧区去当牛仔。因为他也能够依照牧区惯例拥有自己的小牛群，甚至可以在更大的范围内放牧①。牧场主在不断扩大自己的牧场和牛群时，也允许他的牛仔拥有少量的牛并在牧区放牧。拥有自己的牛群甚至能成为小牧场主，这是美国内战以后在西部牧区从业的牛仔的梦想。正是这一"美国梦"吸引着美国各地和外国的年轻人加入了牛仔的行列。直到 19 世纪 70 年代末，个体牧场仍然是美国西部牧区的主要经营方式，那里还没有大量资本流入。缺少资本是牧场主立足、创业和扩大经营规模所面临的主要困难。牧场主和牛仔必须共劳、共生和共荣，才能谋求未来的发展。

随着印第安人被逐出牧区和大量欧洲资本、美国东部资本的流入，牧场主和牛仔赖以生存的牧场便发生了质变，成了追逐利益的企业。内战后美国联邦政府对大平原印第安人进行的近 30 年的"围剿"战争为大牧场主占据牧区扫除了障碍。1875 年末，联邦军队（The US Army）"得克萨斯骑警"（Texas Rangers）和 1 500 名野牛猎杀者最终打败了得克萨斯西部的印第安人，迫使他们迁往"保留区"②。这一消息很快传遍美国的各个角落。继古德奈特之后，W. M. D. 李（Lee）、卢西恩·B. 斯科特（Lucien B. Scott）、巴格比（Bugbee）和许多其他开拓者被潘汉德尔地区新的免费牧区所吸引，把大量的牛群赶往那里。同样，欧洲和美国东部的金融家也看到在那块土地投资的难得机会。一些大公司

---

① Dulcie Sullivan, The LS Ranch: The Story of a Texas Panhandle Ranch, Austin & London: University of Texas, 1966, p. 65.
② Rupert N. Richardson, Adrian Anderson, Ernest Wallace, Texas: The Lone Star State, Prentice - Hall Inc., 1997, pp. 269 - 270.

吸收数百万美元投到牛群和改良潘汉德尔所提供的无尽青草上，使牧牛业更有前途①。于是，合伙经营的大牧场和土地牧牛公司取代个体经营的牧场，到 19 世纪 80 年代，开始形成激烈竞争之势。

潘汉德尔地区出现一些大牧场和大牧牛公司。古德奈特与阿代尔合伙经营的"JA 牧场"最初购买了 2.4 万英亩的土地，但由于利用了选择交错土地的方法，该牧场实际获得了整个帕洛杜罗峡谷的控制权。古德奈特拥有了 10 余万头牛的大牛群，随后他卖掉了 3 万头牛，获毛利 50 余万美元。阿代尔的 50 万美元的投资获利 51.2 万美元②。"李—斯科特公司"（Lee – Scott Company）拥有的"LS 牧场"的放牧区占据了加拿大人河（Canadian River）南面的整个地区③。苏格兰辛迪加"草原牧牛公司"（Prairie Cattle Company）拥有的"XIT 牧场"占地 300 多万英亩，拥有 15 万头牛，雇用了 150 名牛仔，是潘汉德尔地区最大的牧场。为了把本牧场的牛圈围起来并阻止其他牧场的牛进入其放牧区，"XIT 牧场"最终修筑了 6 000 英里的围篱④。拥有"XIT 牧场"的"草原牧牛公司"在 1882 年和 1883 年向购买优先股的股东分别支付了 19.5% 和 27.625% 的红利⑤。

大平原北部的怀俄明是由原始开放牧场迅速向公司化企业转变的典型牧区。在 1868 年和 1869 年曾两次有人把得克萨斯长角牛赶入怀俄明的夏延平原，但因怀俄明冬天气候十分寒冷和联邦军队正在"围剿"印第安人，故在 1875 年以前该领地的开放牧牛业一直处在起步阶段。

---

① The History of Duncan Ranch, http：//www. cattlenet. com/history. htm, 2011 年 6 月 12 日。

② David Dary, *Cowboy Culture*：*A Saga of Five Centuries*, pp. 63 – 264；William H. Forbis, *The Cowboys*, New York：Time – Life Books, 1973, p. 49.

③ John L. McCarty, *Maverick Town*：*The Story of Old Tascosa*, Norman：University of Oklahoma Press, 1946, p. 48.

④ Cordia S. Duke, Joe B. Frantz, 6000 *Miles Fence*：*Life on the XIT Ranch of Texas*, pp. 6, 8.

⑤ Richard Graham,"The Investment Boom in British – Texas Cattle Companies", *Business History Review*, vol. 34, No. 4, 1960, p. 445.

1876 年 9 月，夏延当局与印第安人首领红云签署协议，决定将普拉特河（Platte River）以北和博兹曼（Bozeman）以东的广大地区开放后，怀俄明的牧牛业才蓬勃发展起来。1881—1885 年是怀俄明牧区的繁荣期，牧场迅速向现代的大公司经营方式转变。牧牛公司风靡一时。这种状况可以从赶拢区的不断扩大和牧牛公司的投资及利润方面展现出来。

在 10 余年时间里，怀俄明的赶拢区不断扩大。1873—1879 年由牧场主组成的"拉勒米县家畜饲养者协会"（Laramie County Stock Grow-ers' Association）仍为一个县级地方性组织，只控制怀俄明东南部地区，到 1878 年划定的赶拢区仅为 4 个①。次年，"拉勒米县家畜饲养者协会"更名为"怀俄明家畜饲养者协会"（Wyoming Stock Growers' As-sociation）。更名后的协会不但由地方性的组织扩大为怀俄明全领地的组织，而且成了主宰怀俄明政治、经济事务的强势集团。"怀俄明家畜饲养者协会"使牧牛场从拉勒米河谷地区迅速扩展到怀俄明领地内的大部分草原地区，最终牧场主们占据了北部与沙漠临界的地区和西部山区的草地。到 1885 年，该协会划定的赶拢区达 30 多个，覆盖了怀俄明整个领地②。

"怀俄明家畜饲养者协会"还从欧洲和美国东部引进大量资金投入牧牛业，使牧牛公司迅速在领地建立起来。仅 1882 年，该协会引入了约 3 000 万美元投入牧牛业③，甚至连在该领地西北部的鲍德河地区也建立了"鲍德河牧牛公司"（Powder River Cattle Company）。据该公司的所有者莫顿·弗雷温（Morton Frewen）估计，在 1883 年和 1884 年赶拢高峰期及随后的几年中，其牧区的牛每年达到 4.5 万头至 5.9 万头，

---

① Ernest S. Osgood, *The Day of the Cattleman*, Chicago London: University of Chicago Press, 1968, p. 121.
② John K. Rollinson, *Wyoming: Cattle Trails*, Caxton Printers Ltd. , 1948, p. 246.
③ LeRoy R Hafen, W. Eugene Hollon, Carl. C. Rister, *Western America*, Englwood Cliffs: Prentice – Hall, Inc. , 1970, p. 432.

而外人估计则达到 8 万头[1]。怀俄明的一些牧牛公司获得的利润高达
35% —40%[2]。

上述潘汉德尔和鲍德河地区虽因自然条件差使开拓者的生存环境极
为艰险，但因 19 世纪 80 年代大量资本的流入使两个地区的牧场在短短
的几年中迅速实现了由牧场主和牛仔共同艰苦创业的个体牧场向银行资
本控制下的现代公司化牧场的转变。这种公司化的牧场，实行所有者和
经营管理者的分离。牧牛公司的巨商和大牧场主不再像早期的个体牧场
主那样与牛仔一起劳作，他们雇用经理和工头管理经营牧场，雇用牛道
老板把牛群赶往市场出售。许多牧场的所有者住在东部和欧洲。很多大
牧场主的家搬到了牛镇。公司化的牧场不再像拓荒时期的早期牧场那样
是一种生存方式，而是成了追逐利润的企业。

二、"美国梦" 破灭

牧场转型使牛仔的追求、梦想乃至命运也随之发生了根本性变化。
牛仔原有的生存地位和空间被破坏，面临许多困难。

第一，牧牛业的繁荣使牧场聚集了巨额财富，却没有给牛仔带来工
资的增长以及劳动和生活条件的改善。相反，牧场还制定了苛刻的限
制、约束牛仔的规则，使他们被置于严格的控制之下。

1880—1885 年劳资关系严重恶化。大平原牧牛业繁荣的鼎盛时期，
与牧场主获取的高额利润相比，牛仔工资的增长极其有限。在 19 世纪
80 年代，牧场主每把 3 000 头牛从得克萨斯赶到东部或西北部市场就可
得纯利润 1 万美元[3]。与牧场主获得的这种高利润相比，牛仔工资的增
长却极为有限。在南部牧区，内战前一个普通牛仔的工资为每月 15 美
元；19 世纪 60 年代末、19 世纪 70 年代初为 20—30 美元。19 世纪 80

---

[1]　Helena H. Smith, *The War on Powder River*, p. 17.

[2]　Gene M. Gressley, *Bankers and Cattlemen*, p. 48.

[3]　J. Frank Dobie, *The Longhorns*, p. 17.

年代，一个普通牛仔的月工资为 30—40 美元，头等牛仔达 45 美元，工具车老板和工头的工资每月为 100—125 美元①。北部牧区牛仔的工资比南部牧区略高一些。

在 19 世纪 80 年代，得克萨斯其他行业雇工的月平均工资为 23 美元。在美国其他地区，制造业工人每月工资为 33 美元。如果仅从工资而言，一个牛仔每月所得表面看来不比其他行业工人低。然而，从工作时间上相比，牛仔通常每周的工作时间长达 105 小时，而其他行业的工人每周工作的时间为 60—72 小时②。若以小时计算，牛仔的低工资就显现出来了。

在正常情况下，牛仔每周的工作时间比其他行业雇工多 35—55 小时，在繁忙的赶拢季节或遇有惊牛的危急情况，牛仔劳作的时间更长。因此，牛仔的工资是较低的。这样低的工资，牛仔除了用来自付伙食费外，还要用来购置价钱昂贵的马鞍、鞍垫、笼头和马刺等马具，自备卧具及帽子、靴子和工作服等。有的牛仔劳累了一生，最终所剩无几。与牛仔为牧场主创造的巨大财富相比，其工资所得是微不足道的。

牛仔不但工资低，而且工作和生活条件差。在 19 世纪 80 年代，围篱牧场逐渐取代早期的无围篱的散放牧场。牛仔的主要工作是在围篱沿线骑行巡视，防止有人毁篱；随牧牛队在牧区放牧管理牛群；给牛割角、打烙印和防治疾病等。在牧场最繁忙最艰苦的春秋赶拢季节，不但每天工作时间长，而且每个赶拢季都持续 3 个来月的连续疲劳作业。所有这些劳作都在荒野进行。牛仔们都吃住在户外，不论多么恶劣的天

---

① Louis Pelzer, *The Cattleman's Frontier*, 1850 – 1890, Glendale, California: Arthur H. Clark Company, 1936, p. 166, 246; Robert E. Zeigler, "The Cowboy Strike of 1883", Paul H. Carlson, ed., *The Cowboy Way: An Exploration of History and Culture*, p. 80.

② Robert E. Zeigler, "The Cowboy Strike of 1883", Paul H. Carlson, ed., *The Cowboy Way: An Exploration of History and Culture*, p. 80; John Parkins, "What Cowboy Ever Wished to Join a Union? Wild West Industrial Relations before 1914", *The Journal of Industrial Relations*, vol. 36, No. 3, 1994, p. 324.

气，他们都必须忍受。

虽然在 19 世纪 80 年代多数牛仔住进了由早期的牧屋改建成的简陋工棚，但在他们远离牧场本部从事野外工作时，仍然经常住在山坡下的洞穴或帐篷里。赶拢期间，牛仔们则在炊事工具车周围露宿。牛仔自备的卧具是用两块长 18 英寸、宽 8 英寸的油帆布中间夹裹几条粗毛毯。上面的油帆布用来挡雨，下面的油帆布铺在地上防潮，粗毛毯用作铺盖。睡觉时他们都没有枕头①。这种被称为"热卷"的卧具是难耐风雨之夜的。在这样艰苦的劳作时，牛仔的伙食也很单调。基本的食品包括腌猪肉、火腿、咖啡、热软饼、玉米面包和豆子等②，没有新鲜蔬菜。天天重复地吃这些东西，牛仔们全没了胃口。他们都厌烦玉米面面包和腌猪肉③。在美国西部牧牛业繁荣时期，牛仔的生活和工作仍然是非常艰苦和极度劳累的。

除了工资低、劳动和生活条件艰苦外，牛仔还要忍受雇主的种种苛刻限制。特别是大牧场对牛仔限制更多、更严格、更全面。如"XIT 牧场"制定的场规竟有 23 条之多，涉及牛仔的生活和工作的各个方面④。其中最主要的是牛仔必须忠诚于雇用他的牧场。牛仔必须认真完成牧场主、工头分派他的工作。按规定，牛仔必须照顾好他的马，即使劳累了一天后已经十分疲惫，他也得先喂好马后才能自己吃饭。如果一个牛仔对此表现出不耐烦，他就很可能失去工作。在牛仔的行为准则中规定他们不能对雇主家的妇女表示好感，甚至在同桌用餐时，牛仔只能专心吃

---

① Dane Coolidge, *Texas Cowboy*, Tucson, Arizona：University of Arizona Press, 1985, p. 82.

② John Parkins, "What Cowboy Ever Wished to Join a Union？Wild West Industrial Relations before 1914", p. 323.

③ Joe B. Frantz, Julian Ernest Choate, Jr., *The American Cowboy：The Myth & Reality*, Norman：University of Oklahoma Press, 1955, p. 37.

④ David Dary, *Cowboy Culture：A Saga of Five Centuries*, p. 303.

饭而不能对她们的勤劳表示称赞①。牧场公司化后，牛仔们几乎享受不到任何权利。对于牧场的规定，牛仔必须服从，违犯者不仅受到严厉的处罚，甚至会被解雇。

与牛仔的状况形成鲜明对照的是，牧场主在获取巨大利润的同时，不断改善自己的居住和生活条件。他们盖起了新居，把早期的简陋牧屋改造成工棚。绝大部分新居是木制或土坯结构的建筑物。牧场主的房子南面有长长的阳台，以便冬天吸收充足的阳光和夏天通风。室内设有客厅、餐厅、大厨房和卧室，还有一间门朝外开的办公室，牧场主在那里接待来访者。

大牧场主古德奈特的牧场总部由最初被古德奈特夫人称为家的牧屋很快发展成为 50 多座建筑物组成的边疆小城镇。其中包括阿代尔夫妇接待客人的石屋、为古德奈特建的原木和木板构成的两所小屋、被称为储藏室的大厨房、牛仔的工棚、两个黑白铁车间和其他作仓库用的建筑物等②。

莫尔顿·弗莱温（Moreton Frewen）是"鲍德河牧牛公司"的组建者。他为了在 1881 年迎娶伦道夫·丘吉尔（Randolph Churchill）的夫人珍妮·杰罗姆（Jennie Jerome）之妹克拉拉·杰罗姆（Clara Jerome），用了近两年的时间在鲍德河支流处盖了一座由 36 个房间组成的豪华牧屋。豪宅的大厅直达建筑物的顶部，厅的每边底部有一个壁炉。四壁挂满了印第安人的纪念品、野牛毛披肩、麋和鹿带角的头。质地坚硬的胡桃木楼梯通向房子的二层，那里是几间卧室，但中间有一个被弗莱温称为"音乐房子"的长廊。盆栽的植物和藤类在二层的地面上相并而生。楼下，有一间餐厅、一间藏书室兼办公室。居中的客厅长宽各为 40 英尺。此外，还有厨房和冷藏室。这间面积达 160 平方英尺的客厅，可容

---

① Charles L. Sonichson, *Cowboys and Cattle Kings：Life on the Range Today*, Norman：University of Oklahoma Press, 1950, p. 46.

② David Dary, *Cowboy Culture：A Saga of Five Centuries*, pp. 263 – 264.

纳 20 人在里边舒适地用餐。餐后，客人们可移步到外面的拱形长廊里观看日落。弗莱温为来自纽约的夫人购置的钢琴，先从东部用火车运到距牧场有 200 多英里的罗克克里克（Rock Creek）车站。钢琴在那里被卸下后再由马车运到在鲍德河支流拐弯处高地上的新居中①。摆在客厅中的钢琴与藏书室相匹配，使西部荒野牧区形成了东部文明的文化格调。随着牧场主们致富和美国东部文化的传入，钢琴从 19 世纪 70 年代末在西部牧区流行起来，进了牧场主的家中。

牧场主家里都挂上了带花边的窗帘，家具是从城市里购买的。夜晚，牧场主的住宅里都点着明亮的蜡烛或煤油灯。在牛仔们还不能完全住进睡地铺的简陋工棚时，牧场主们已经享受着富足的现代文明生活。在早期个体牧场向现代化的公司牧场转型时，雇主和雇工之间的状况竟是天壤之别！

上述对比表明，19 世纪 80 年代牧场公司化以后，不仅组织经营方式发生了改变，而且企业性质和劳资关系也发生了变化。19 世纪 70 年代以前的个体牧场，基本上是牛仔和牧场主共同创业的生存方式。尽管当时牛仔的生存环境、劳作条件和实际生活非常艰苦，但新兴的牧牛业会为他们提供更多的发展机会。牛仔们把协助牧场主建好牧场看作他们未来成功的希望所在。因此，不论生存环境多么艰险，他们都尽心尽职地为牧场主劳作。他们投身牛仔行列是以此作为改变自身命运的新开端，并期望获得进一步的发展。初建牧场的个体牧场主必须与牛仔共同劳动，艰苦创业。选择场址，寻找建材，筹措资金，掌握管理牛群的能力和驾驭市场的经验，等等，牧场主都要事必躬亲，才能在潘汉德尔地区和鲍德河地区这样艰险的环境中立足。古德奈特在开辟赶牛小道、在科罗拉多和潘汉德尔建场时，都和牛仔一起劳作。"斯旺土地牧牛公司"（Swan Land and Cattle Company）的创办人亚历山大·H. 斯旺

---

① Helena H. Smith, *The War on Powder River*, p. 15；David Dary, *Cowboy Culture：A Saga of Five Centuries*, p. 273.

（Alexander H. Swan）在怀俄明的头 6 年是与牛仔们一起在牧场上度过的①。古德奈特和斯旺的经历证明，早期的牧场是牧场主和牛仔在艰苦环境中共生存的一种组织方式。19 世纪 80 年代，西部牧区为美国东部和欧洲资本所掌握，牧场的组织形式迅速公司化。牧场的所有者迅速把它变成生产利润和享受现代生活的企业。大牧场主与牧牛公司的巨商不再与牛仔一起劳作。在牧场组织形式转型过程中，牛仔的工资待遇和劳动、生活条件并没有明显的改善。由大牧场主和牧牛公司巨商组成的"家畜饲养者协会"制定的一切牧区规章和制度只是为了维护其成员的利益，而拒绝讨论牛仔提出的增加工资和改善劳动、生活条件等要求。公司化的牧场破坏了牛仔和牧场主间原有的共同利益。这成为牛仔反对大牧场主和牧牛公司巨商并诉诸罢工的经济原因。

第二，大牧场占据美国西部牧区后，牛仔成为小牧场主的"美国梦"破灭。

在美国西部牧区的早期开拓阶段，确实不乏由牛仔成为牧场主的先例。如得克萨斯早期最大的牧场主埃布尔·（尚海）·皮尔斯［Abel（Shanghai）Pierce］原是个牛仔。1853 年在皮尔斯 19 岁时，他为了每月 15 美元的工资，受雇于牧场主布拉德菲尔·格兰姆斯（Bradford Grimes），当驯马人②。查尔斯·伍德芬（Charles Woodfim）由一个身无分文的孤儿发展成拥有个人牧场的成功者。他的女儿尤拉·伍德芬（Yura Woodfim）在 17 岁时嫁给了曾在其牧场上干活的牛仔约翰·B. 肯德里克（John B. Kendrick）。肯德里克夫妇在新婚"蜜月"旅行过后就到怀俄明定居。在两人的共同艰苦努力下，肯德里克不但成了怀俄明的大牧场主，而且步入政坛，成了该州的州长和美国国会的参议员③。

---

① Lewis Atherton, *The Cattle Kings*, p. 208.

② Philip Durham and Everett L. Jones, *The Negro Cowboys*, Lincoln and London: University of Nebraska Press, 1965, pp. 16 – 17.

③ Lewis Atherton, *The Cattle Kings*, p. 90.

上述 3 人实现由牛仔成为牧场主的"美国梦"是因为当时大平原的牧业开发尚处于早期阶段，大牧场还没有占据整个牧区。皮尔斯和伍德芬投身牧牛业时，自然条件差的得克萨斯潘汉德尔地区还未被开发利用。肯德里克夫妇到距离谢里登（Sheriden）50 英里的地方经营牧场时，那里几乎与世隔绝，甚至都没有通邮①。在早期牧区开发阶段，大平原到处有不花钱的青草供牛群食用，人们可以利用牧区流行的"先占权"惯例，把自己的牛放牧在公共牧区。因此，即使是一个牛仔，只要他肯于吃苦，不畏艰辛，利用捉到的无主牛和牧场主分给他代替部分工资的牛，与牧场主的牛同时牧养，逐渐扩大自己的牛群，就有可能成为个体牧场主。然而，这种由牛仔上升为个体牧场主的可能性只是发生在 19 世纪 70 年代以前。到 19 世纪 80 年代大牧场和牧牛公司在大平原牧区占主导地位以后，这种可能性便不复存在了。

　　大牧场和"家畜饲养者协会"的严苛规定使牛仔成为牧场主的梦想成了泡影。19 世纪 80 年代公司化的大牧场占据牧区以后，原先一些使牛仔有可能成为小牧场主的惯例都被取消了。例如，在"XIT 牧场"制定的种种苛刻规则中，最令牛仔不愿接受的是"不允许雇工在牧场拥有任何牛和养马"②。1880 年 3 月，"潘汉德尔牧场主协会"（Panhandle Cattlemen's Association）废除了先前允许牛仔有一把烙铁、养少量的牛马和享有未打烙印小牛的惯例，使其成为大牧场的"马背上的雇工"③。"怀俄明家畜饲养者协会"是"牧牛王国"诸牧场主协会中最具权威的组织。该协会 1884 年通过的《马弗里克牛法》（Law of Mavericker）确定了法定的"赶拢日期"，令会员采取一致行动，违者被处罚款和监禁；规定了对未打烙印小牛的处置办法；明确了赶拢工头的权限及对违规、舞弊者惩处的办法。这一法规使"怀俄明家畜饲养者协会"

---

① Lewis Atherton, *The Cattle Kings*, p. 89.

② "A Stern Code for the XIT", William H. Forbis, *The Cowboys*, p. 82.

③ John L. McCarty, *Maverick Town*: *The Story of Old Tascosa*, pp. 82, 108.

建立的赶拢制度以不可抗拒的权力强制实行，禁止了牧区早期无约束的独自赶拢行为①。特别是这一行业法规经议会批准成为全领地的法律，使非会员要想在牧区求得发展极为困难，牛仔更无法去实现当牧场主的"抱负"了。《马弗里克牛法》成为牛仔"美国梦"的破灭之法。

　　除种种限制性规定之外，地价上涨和土地投机也使牛仔成为小牧场主难上加难。大牧场和牧牛公司为了不断扩大经营规模，除了增加牛群的数量外，还进行土地投机和非法占有公共牧区。其结果使土地价格不断攀升。19 世纪 70 年代中后期，大牧场主古德奈特在潘汉德尔地区购地时为每英亩 75 美分②。1882 年，"XIT 牧场"的 305 余万英亩土地可抵得克萨斯州议会大厦 333.459 余万美元的造价③。每英亩地价约为 1.09 美元。"斯旺土地牧牛公司"在 1883 年以 238.7678 万美元兼并了 3 个牧场。次年，该牧牛公司以 2.3 万美元获得联合太平洋铁路公司的 55 万英亩土地。它还占据了 100 多万英亩的公共土地。"斯旺土地牧牛公司"实际控制的放牧区达 325 万英亩④。该公司 1884 年购地价格为每英亩 3.18 多美元。大平原牧区成了大牧场和牧牛公司独霸的王国。不断攀升的地价就连拥有少量牛的牧场工头都无力与大牧场竞争，普通牛仔想实现当牧场主的梦想就更是上天无路了。

　　第三，公司化的大牧场破坏了早期个体牧场时期雇主与雇工之间休戚与共的关系，牛仔对牧场主的"忠诚"逐渐被不满和仇视所取代。

　　在 19 世纪 70 年代前的早期牧场发展阶段，衡量一个牛仔行为的唯一标准是看他是否忠诚于雇用他的牧场主。牛仔在生活和工作中对牧场主都是忠诚的。这是因为在早期个体牧场时期，牧场主与牛仔有共同的利益，他们的相互联系也较紧密。那时，牧区的一些惯例给牛仔地位的

---

① Ernest S. Osgood, *The Day of the Cattleman*, p. 136.
② David Dary, *Cowboy Culture: A Saga of Five Centuries*, p. 264.
③ Lewis Atherton, *The Cattle Kings*, p. 214.
④ William H. Forbis, *The Cowboys*, p. 64.

提升留有发展余地，使他感到保护好牧场主的牛群也是在保护自身的利益。如前所述，19 世纪 70 年代以前，牧场都没有专门的厨师，牧场主的夫人就是牛仔们的厨娘。有些牧场主也亲自到工棚去查看，并布置工作，同牛仔一起赶牛。他们同牛仔接触较多，关系也较密切。多数牛仔都努力劳作，按照准则生活，以"全心全意的忠诚"维护其雇主的利益①。

公司化的大牧场在大平原居主导地位以后，破坏了牛仔对雇主原有的忠诚感情。19 世纪 80 年代，得克萨斯潘汉德尔地区和怀俄明鲍德河地区的牧牛业都被英国资本组建的牧业集团所控制。"不在地所有权"（Absentee Owership）在牧牛业中占主导地位。牧场的所有权和经营管理权分离。有的牧场主虽然还住在牧场本部，但他只是与工头交谈而避免与牛仔过分接近。更多的牧牛大王住在牛镇、美国东部的城市，有些就是远在欧洲的英格兰或苏格兰人等。这些不在牧区的牧牛大王雇人为他们管理牧场而很少到牧区去。他们雇用的牧场经理和管财务的人员高高在上，拿高薪，喝价格高昂的饮料，其花费远远超过付给管理牛群的牛仔的工资②。这些大牧场的管理者或因对牧牛业的无知，或因狂傲自大而招致牛仔的怨恨。

牧场经营管理权的过度集中，不仅引起了大牧场所有者和管理者与牛仔的矛盾，也加剧了大牧业集团与工头、小牧场主的冲突。资本雄厚的大牧场和牧牛公司围篱占地，甚至把公共土地作为私产，使有少量牛群的工头和小牧场主丧失了自身的独立性和发展的空间，加深了阶级的对立。这种对立有时会演变为围篱和毁篱的公开冲突③。这样的发展趋

---

①　Edward E. Dale，" Cow Country in Transition "，*Mississippi Valley Historical Review*，vol. 24，No. 1，1937.

②　Robert E. Zeigler，" The Cowboy Strike of 1883 "，Paul H. Carlson，ed.，*The Cowboy Way：An Exploration of History and Culture*，p. 79.

③　Stuart M. Jamieson，*Labor Unionism in American Agriculture*，Washington：Arno Press，1976，p. 258.

势不仅破坏了牛仔的忠诚，而且在他们心中还产生一种对那些高高在上的门外汉的怨恨情绪。在公司化的大牧场里，像查尔斯·古德奈特早期的牛仔那样宁愿为他死在马背上而不抱怨的情况再也没有了。常见的是牛仔对牧场所有者和管理者的不满和怨恨。"马刺牧场"（Spur Ranch）董事约翰·麦克纳布（John McNab）的遭遇就是牛仔们宣泄他们不满情绪的突出例证。在麦克纳布乘着有遮阳伞的轻便马车巡视他在得克萨斯的地产时，蔑视他的牧场牛仔们在其帽子对着马车顶处射满了子弹孔①。可见，在牧牛大王们独霸牧区以后，断绝了牛仔乃至小牧场主的生存发展之路，他们中的一些人早期对雇主"忠诚"的情感也破裂得荡然无存了。

第四，牛仔基本上是季节性的劳工，春秋两季赶拢之后他们中的很多人会被雇主解雇。牛仔失业的状况在牧场公司化后尤为严重。

牛仔的雇用带有极高的季节性。春季和秋季赶拢季节，牧场雇用的劳工最多，而在冬季用人较少，有很多牛仔要被解雇。据一些大牧场的经理们估计，在19世纪80年代，从12月至第二年4月，在得克萨斯潘汉德尔地区对雇工的需求只有其他月份的1/2。在北部牧区，冬季更加漫长。如在怀俄明，在秋季成牛赶拢过后，只有20%至30%的牛仔被牧场保留下来。据潘汉德尔地区一个牧场经理估计，在他春季雇用的牛仔中，有2/3的人只用了一个季度②。

虽然在早期个体牧场时期牛仔雇工就有较强的季节性，但到公司化牧场阶段这种季节性特点更为突出。之所以如此，是因为到19世纪80年代，围篱牧场取代了早期没有围篱的开放牧场。在开放牧场时期，因为相邻牧场没有围篱分开，不同牧场的牛群经常混杂在一起，需要骑马巡边的牛仔把混杂的牛群驱赶分开。这种骑马巡边的工作即使在冬季也

---

① Lewis Atherton, *The Cattle Kings*, p. 120.

② John Parkins, "What Cowboy Ever Wished to Join a Union? Wild West Industrial Relations before 1914", p. 324.

需要做。围篱牧场普遍建立以后，冬季育肥的小牛和种牛被放养在围篱之内，只需要保留少数牛仔修补围篱和照看牛群就行。所以有大量牛仔在冬季被解雇。一个牛仔要想找一个全年被雇用的工作极为困难。

在常年找工作极为困难的情况下，雇主却把"忠诚可靠"置于"特殊技能"之上，作为择人的条件。牛仔投身牧牛业需要娴熟的骑马、打枪和使用套索三大技能。这是在荒野艰苦的环境中为保护好牛群、防止野兽和劫匪侵害所必须具备的。大牧场雇人的标准也有违背于早期的惯例。

在个体牧场时期，形成的惯例是凭牛仔的工作经验和掌握的技能付给其工资报酬和定其工作岗位。为了当一个优秀牛仔，牛仔们在每天劳累之后，还要苦练三大基本技能。工资是根据其"可靠程度"和"技能"两项原则支付的。在牛仔原有的忠诚因雇主种种严苛的限制而被破坏时，大牧场便将其可靠程度置于技能之上。在牧场劳动力过剩的19世纪80年代，牛仔为了侥幸得到在牧牛营地或牧场周围各类低卑的长期工作而去表现"忠诚"。一些大牧场甚至雇用一些无业人员取代被解雇的"不可靠"的头等牛仔。这是因为在围篱牧场以后，牧场的工作不需要牛仔都在马背上劳作。如修补围篱，收割、晾晒和贮存干草等工作，牛仔都是和农场工人一样，在地上步行，用手劳动。

诚如鲁思·阿伦（Ruth Allen）所言，"牛仔只是一个临时工，没有固定的居住地，没有家庭，没有安全地位，没有稳定收入"[1]。在牧场体制转型和劳动力过剩的19世纪80年代，牛仔连季节性的临时工作都得不到保证。这成为引发牛仔罢工的原因之一。

第五，19世纪80年代，美国各种罢工事件频发，牛仔罢工正是在这种历史背景下发生的。

19世纪80年代是美国从自由资本主义向垄断资本主义过渡的重要

---

[1] Stuart M. Jamieson, *Labor Unionism in American Agriculture*, p. 258.

时期，也是工人运动日益高涨的时期。垄断资本主义横行无忌，加剧了美国社会经济矛盾。资本家集团间的激烈竞争引发了1884年的经济危机。向垄断过渡促使企业资本家强化了剥削手段，导致了工人地位和生活条件的下降。这是这一时期美国罢工事件频发的直接原因。1880—1886年，仅在得克萨斯就爆发了各种工人罢工100次[①]。1886—1890年，美国发生罢工6 000余起，有200万以上的工人参加[②]。美国历史上的两次牛仔罢工就是在美国工人运动的高涨中发生的。

简言之，在美国向垄断资本主义过渡的19世纪80年代，社会的转型和牧场体制的转型使牛仔比美国其他产业、行业的工人面临更多的经济、社会和前途等问题。上述各种因素交互作用和影响，不仅使牛仔大量失业，而且连一些工头和一些中小牧场也被公司化的大牧场所兼并。牧场所有制的变化是导致牛仔罢工的根本原因。陷于生存危机中的牛仔们决定利用工人的唯一武器——罢工——反对他们的雇主。

三、两次罢工

美国历史上有记载的牛仔罢工只有两次。一次是在1883年春季赶拢时发生在得克萨斯潘汉德尔地区的牛仔罢工，另一次为1886年春季赶拢时在怀俄明领地的鲍德河南支流举行的牛仔罢工。尽管罢工面临诸多不利因素，但为了改变每况愈下的状况，从未有罢工经历的美国西部牛仔毅然采取了罢工行动。

（一）1883年牛仔罢工

在临近1883年春季赶拢时，潘汉德尔牧区的牧场主们在一次会议上做出如下决定：加拿大人河、威奇塔河（Wichita River）和沃尔夫河（Wolf Creek）赶拢区的春季赶拢在5月10日开始；索尔特帕克（Salt

---

① "Strikes", http：//www. tshaonline. org/handbookonline/articles/oes02.

② H. N. 沙伊贝等著，彭松建等译：《近百年美国经济史》，北京：中国社会科学出版社1983年版，第163页。

Park）至雷德河（Red River）赶拢区开始的日期为 5 月 20 日①。长期郁积在牛仔们心中的仇恨以及要求改变窘境的诉求无望，引发了他们反对雇主的罢工。这次罢工的酝酿大约在 1883 年的 2 月末或 3 月初。因为在同年 3 月 12 日出版的《得克萨斯家畜日报》（*Texas Live Stock Journal*）就发表了《一次牛仔罢工》的文章②。3 个大牧场的 3 支"流动放牧队"的 24 人签署了关于罢工的"最后通牒"③。

1883 年初春，位于加拿大人河地区的"LS""LIT"和"LX"牧场的 3 支"流动放牧队"正在把漫游的牛群带回各自的放牧区。汤姆·哈里斯（Tom Harris）、沃迪·皮科特（Waddy Peacock）和罗伊·格里芬（Roy Griffin）分别是上面 3 个牧场的放牧队工具车的老板。3 支放牧队会集在位于弗里奥河（Frio Creek）河口上端和现今赫里福德（Here Ford）以东的"LS 牧场"的供应仓库。牛仔们共进了一顿由牛肉、玉米、西红柿、糖浆和发酵软饼等构成的晚餐。饭后，牛仔们谈论工资、雇主强加给他们的新规定和罢工的可能性等问题。牛仔们在山坡营地周围经过充分讨论，最终形成一个共同声明④。

这个被学者们称为"最后通牒"的声明内容如下：

> 我们，在下面签名的加拿大人河的牛仔，一致同意保证实行以下条款：第一，如果每月少于 50 美元，我们将不工作。此外，我们同意在 3 月 31 日以后，如果每月少于 50 美元，将无人上工。第二，好厨师每月也要得到 50 美元。第三，任何一个放牧老板每月少于 75 美元也不工作。任何违犯上述条款者将后果自负。在 3 月

① "Texas Round - Up", *Denver Republican*, April 25th 1883, Clifford P. Westermeier, ed. , *Trailing the Cowboy*, p. 127.
② "A Cowboy Strike", *Texas Live Stock Journal*, March 12th 1883, p. 6; Clifford P. Westermeier, ed. , *Trailing the Cowboy*, pp. 123 - 124.
③ Lewis Nordyke, *Great Roundup*: *The Story of Texas and Southwestern Cowmen*, New York: William Morrow Company, 1955, p. 110.
④ John L. McCarty, *Maverick Town*: *The Story of Old Tascosa*, pp. 109 - 110.

31 日后，那些没有积蓄付伙食费的人，在塔斯科萨将为他们提供 30 天的费用。

在这一"最后通牒"下面签名的有托马斯·哈里斯（Thomas Harris）、罗伊·格里芬（Roy Griffin）、J. W. 皮克特（J. W. Peacock）、J. L. 霍华德（J. L. Howard）、W. S. 加顿（W. S. Garden）、S. G. 布朗（S. G. Brown）、W. B. 博里纳（W. B. Borina）、D. W. 皮普列斯（D. W. Peeples）、詹姆斯·琼斯（James Jones）、C. M. 赫利特（C. M. Hullett）、V. F. 马丁（V. F. Martin）、哈里·英格顿（Harry Ingerton）、J. S. 莫里斯（J. S. Morris）、吉姆·米勒（Jim Miller）、亨利·斯塔福德（Henry Stafford）、威廉·F. 克尔（William F. Kerr）、布尔·戴维斯（Bull Davis）、T. D. 霍利迪（T. D. Holliday）、C. F. 戈达德（C. F. Goddard）、E. E. 沃特金斯（E. E. Watkins）、C. B. 汤普森（C. B. Thompson）、G. F. 尼克尔（G. F. Nickell）、胡安·A. 戈麦斯（Juan A. Gomez）和 J. L. 格里森（J. L. Grisson）[①]。

从上面达成的"最后通牒"看，牛仔们主要提出了获得较高工资的要求、如要求不能实现时举行罢工的日期、守约的要求和准备集中到塔斯科萨进行斗争等内容。自 19 世纪 80 年代初以来，牛仔除提出获得较高的工资外，他们还有改善工作、生活条件的诉求。有的研究论及牛仔们还提出了改善伙食、特别是增加蔬菜的要求[②]。

汤姆·哈里斯是 1883 年牛仔罢工的领导者[③]。哈里斯之所以被推举为罢工的领导人，不仅因为他是"LS 牧场"的一名流动放牧车的老板和拥有自己牛群的小牧场主，而且还在于他具有作为领导者的巨大魄

---

① 这一"最后通牒"的原件藏于得克萨斯州坎宁市的潘汉德尔平原历史社会博物院。两本著作收录了"最后通牒"内容和签名者名单。参见 John L. McCarty, *Maverick Town: The Story of Old Tascosa*, p. 110; William H. Forbis, *The Cowboys*, p. 128.

② Kenneth W. Porter, "Negro Labor in the Western Cattle Industry, 1866－1900", *Labor History*, vol. 10, No. 3, 1969, p. 364

③ Charles A. Siringo, *A Lone Star Cowboy*, p. 268.

力。24 人签署的"最后通牒"的会议就是由他秘密召集的。哈里斯被与会者推选为"举行联合行动的主席"①。

牛仔们相信春季赶拢时，这些牧场会因为没有骑手而满足他们的要求。在确定 4 月 1 日为罢工开始之日后，参加签署"最后通牒"的牛仔们一方面等待牧场主的答复，一方面向更多的牛仔进行宣传动员。参加议事的牛仔们把放牧工具车赶往米切尔坎宁（Mitchell Canyon）以西，并在那里扎营。"LS 牧场"的牛仔把流动放牧车赶进了在阿拉莫雷托斯（Alamocitos）的牧场总部。"LIT 牧场"的牛仔就待在放牧车周围，因为他们是徒步的②。

牧场主们拒绝了牛仔们的要求。"LIT 牧场"的所有者只答应给牛仔每月提供 35 美元工资，对继续工作的放牧工具车老板每月支付 65 美元。在遭到拒绝后，该牧场不让牛仔用马。失去了马，徒步的牛仔什么事情也干不了。为了至少还能有饭吃，他们只能待在放牧工具车周围。"LE 牧场"的所有者解雇了其流动放牧队。"LX 牧场"的牧场主观察事态如何发展。"T－锚牧场"（T. Author）的拥有者朱尔斯·冈特（Jules Gunter）在他的黑白铁车间里埋了地雷，以备在罢工者利用那个场所对他的牧场总部发动进攻时实行爆炸③。在打击罢工牛仔的行动中，尤以罢工领导者哈里斯所在的"LS 牧场"为甚。

先是"LS 牧场"的工头吉姆·麦卡利斯特（Jim McAllister）为赢得向牧场主发出警告的时间，采取拖延战术。麦卡利斯特是最初被允诺长期受雇的少数人之一。1883 年 3 月末，当汤姆·哈里斯带着他们的要求来到离"LS 牧场"总部最近的牧牛营地时，约有 100 名牛仔驻扎在阿拉莫斯塔河（Almocitas Creek）两岸。麦卡利斯特拒绝参加罢工。

---

① John L. McCarty, *Maverick Town：The Story of Old Tascosa*, p. 110; Donald F. Schofield, *The Story of W. M. D. Lee*, Austin：University of Texas Press, 1985, pp. 61－62.

② John L. McCarty, *Maverick Town：The Story of Old Tascosa*, pp. 111, 112.

③ Dulcie Sullivan, *The LS Ranch：The Story of a Texas Panhandle Ranch*, pp. 65－66.

于是，哈里斯便小心谨慎地在年轻的牛仔，特别是在"拓荒垦殖小子"（nester kids）中传播对牧场主的不满。这些年轻牛仔决定着罢工能否成功，但他们容易反复无常。一些年轻牛仔曾威胁要阻止春季赶拢。为了阻止事态发展，麦卡利斯特先以妥协条件做缓兵之计。因为牧场主W. M. D. 李不在牧场总部，麦卡利斯特必须稳住准备举事的牛仔并及时向李发出告急信。麦卡利斯特许诺给更有经验的牛仔每月付40美元的工资。因为这低于"最后通牒"的诉求，哈里斯和他的牛仔们表示不能接受①。当然，麦卡利斯特提出的妥协条件只是为拖延时间，以便他把危急事态告诉牧场主李。

随后，牧场主李又以高薪对哈里斯进行利诱，以图瓦解罢工。3月31日，李正在莱文沃思（Leaveworth），接到麦卡利斯特的告急信后，他立即停止所有的业务活动，乘火车赶往道奇城（Dodge City）。然后，他从那里雇乘了一辆由两组骡子拉的马车，急奔"LS牧场"。在收到告急信36小时后，李赶回了牧场。回到牧场后，李没有直接到牛仔们的驻地，而是在办公室与麦卡利斯特进行了交谈。李责怪麦卡利斯特在春季赶拢前没有处理好牛仔罢工的事。他要亲自化解危机②。李让人通知汤姆·哈里斯次日上午到他的办公室面谈。哈里斯对李的意图生疑，便带了七八人（另一说为五六人）随他前往。从营地到李家的途中，随行人中有几个开了六响枪。或许开枪者想以此迫使李屈服，但这一行动没有奏效。哈里斯见到李后，受到质问。李只与他一人面谈③。下面是两人谈话的主要内容：

　　牧场主李问："汤姆，在你来这里工作时，谁给你的供职定

① Donald F. Schofield, *Indians, Cattle, Ships and Oil: The Story of W. M. D. Lee*, p. 62.
② Dulcie Sullivan, *The LS Ranch: The Story of a Texas Panhandle Ranch*, p. 66; Donald F. Schofield, *Indians, Cattle, Ships and Oil: The Story of W. M. D. Lee*, p. 62.
③ John L. McCarty, *Maverick Town: The Story of Old Tascosa*, p. 111; Dulcie Sullivan, *The LS Ranch: The Story of a Texas Panhandle Ranch*, p. 66.

价？在你去为 LS 牧场管理一辆放牧工具车时，谁问你要得到多少报酬？"

哈里斯答："我给自己定价，每月 75 美元。"

"你不想增加工资吗？你为什么不要求多得到一些钱呢？如果你认为你不得不参加罢工，那它值多少钱？"李问。

哈里斯答："李先生，我参与这次罢工是为了帮助其他牛仔，而不是为我自己。"

"汤姆，你了解人并晓得牛贸易，也懂得怎样管理牛群。你相信在这里的每个人每月都值 50 美元的工资吗？"李问。

"我想在牧场的一些人还不是头等牛仔，但他们不久以后就能学会。"哈里斯答道。

李随后直率地说："汤姆，你知道我得到几个从得克萨斯来的人，他们除了在小道上照看一头骡和拖走一个植棉怪人外，从未做过任何事。汤姆，现在我给你每月 100 美元照料好放牧工具车，并给每个你认为价有所值的人每月 50 美元。然而，你应当明白，一个牧场主与一个拓荒垦殖小子是完全不同的。"①

从上面两人的谈话中可以看出，牧场主李为了阻止罢工，给罢工领导人哈里斯以诱惑性的允诺。只要他回去为"LS 牧场"继续工作，李将每月付给他 100 美元的工资。这比"最后通牒"给放牧工具车老板 75 美元的要求高出 25 美元。对大量技不抵价的人，只要哈里斯推荐并回到工作岗位去，李也以头等牛仔对待，每月付给 50 美元。如果哈里斯接受了这种诱惑，那么不仅可以中止"LS 牧场"的罢工，而且也可以使其他牧场的罢工受挫。然而，哈里斯没有为利诱所动。因为他提出的工资要求不是为自己，而是为帮助其他牛仔。哈里斯拒绝了牧场主李给的"优惠"条件，双方谈判破裂。李对哈里斯说："你被解雇了！"

---

① Donald F. Schofield, Indians, *Cattle*, *Ships and Oil*：*The Story of W. M . D. Lee*, p. 64.

李说完后走出了办公室，解雇了在罢工者营地的每一个"LS 牧场"的牛仔，并把他们排除在该牧场的炊事工具车供应线之外①。

罢工的消息不久传遍了整个牧区。卷入 1883 年牛仔罢工的牧场有 5—7 个。美国官方统计参与罢工的牧场为 7 个，但没有列出牧场名称②。学者的论述中主要涉及 "LIT" "T－锚" "LE" "LS" 和 "LX" 等 5 个大牧场③。参加罢工的牛仔有二三百人④，有的研究者提供的人数为 325 人⑤。哈里斯与牧场主李的会谈破裂后，罢工的牛仔们到塔斯科萨附近建立了营地，在那里坚持斗争。

塔斯科萨是罢工者的总部⑥。在 4 月罢工期间，由塔斯科萨的商人们提供的基金保证任何罢工者的短期生活⑦。一些牛仔个人还有些积蓄。他们就是靠着少量的钱坚持着罢工。汤姆·哈里斯得到了妻弟杰斯·詹金斯（Jess Jenkins）的支持。詹金斯是霍格镇（Hog town）的掌权者、酒类供应商和娱乐业主。他总是同情弱者⑧。牛仔们在塔斯科特坚持了 1 个月，最终放弃了罢工。

潘汉德尔地区的大牧场主们联合破坏了 1883 年的牛仔罢工。大牧场主们不但都拒绝了"最后通牒"的要求，而且还请来枪手对抗牛仔，

---

① Dulcie Sullivan, *The LS Ranch*：*The Story of a Texas Panhandle Ranch*, p. 64.

② Robert E. Zeigler, "The Cowboy Strike of 1883", note 7, Paul H. Carlson, ed., *The Cowboy Way*：*An Exploration of History and Culture*, p. 88. Kenneth W. Porter, "Negro Labor in the Western Cattle Industry, 1866 – 1900", *Labor History*, p. 364.

③ Paul H. Carlson, *Empire Builder in the Texas Panhandle*：*William Henry Bush*, College Station：Texas A&M University Press, 1996, p. 28.

④ "Fort Collins Courier, Fort Collins, Colorado", April 12th 1883, Clifford P. Westermeier, ed., *Trailing the Cowboy*, p. 125; Kenneth W. Porter, "Negro Labor in the Western Cattle Industry, 1866 – 1900", *Labor History*, p. 364.

⑤ W. H. Hutchinson, "The Cowboy and Karl Marx", *Pacific Historian*, vol. 20, No. 2, 1976, p. 118; Robert E. Zeigler, "The Cowboy Strike of 1883", Paul H. Carlson, ed., *The Cowboy Way*：*An Exploration of History and Culture*, p. 82.

⑥ Charles A. Siringo, *A Lone Star Cowboy*, p. 269.

⑦ Lewis Nordyke, *Great Roundup*：*The Story of Texas and Southwestern Cowmen*, New York：William Morrow & Company, 1955, p. 111.

⑧ John L. McCarty, *Maverick Town*：*The Story of Old Tascosa*, p. 112.

招来妓女瓦解罢工者的斗志。其结果使罢工的牛仔很快耗尽了不多的积
蓄，他们无法再在塔斯科萨坚持下去。大牧场主以每月 30 美元的工资
雇用城镇无业游民代替罢工的牛仔。在此情况下，部分罢工的牛仔不得
不回去复工①。1883 年的春季赶拢和前往市场的长途赶牛仍如往年那样
进行，标志着潘汉德尔地区的牛仔罢工完全失败了②。从哈里斯等人签
署"最后通牒"算起，1883 年的牛仔罢工坚持了两个半月③，但其后
续影响延续了一年多④。因参加罢工被解雇的牛仔或返回了在得克萨斯
南部的家中，或流入到更西部的新墨西哥，也有一些人前往北部的蒙大
拿和怀俄明牧区。其余的罢工者在塔斯科萨地区建立了自己的小牧场，
也有一些人在塔斯科萨或其他边疆城镇找到了其他工作⑤。还有一些不
满的牛仔在罢工运动失败后，以非法的方式（如偷牛）给其失败寻找
出路⑥。

（二）1886 年牛仔罢工

潘汉德尔牛仔罢工失败 3 年后，1886 年春季赶拢时在北部牧区怀
俄明的鲍德河地区又发生了第二次牛仔罢工。这次罢工的直接起因是牧
场主要削减牛仔的工资。当时，怀俄明牧区牛仔的工资为每月 35—40
美元。牧场主们要将牛仔的工资至少每人减少 5 美元⑦。蒙大拿的《落
基山农民报》（Rocky Mountain Husbandman）在 1886 年 5 月 27 日报道：

　　本月 10 日，在鲍德河南支流的第 23 赶拢区的牛仔们决定为周

---

①　Kenneth W. Porter, "Negro Labor in the Western Cattle Industry, 1866 – 1900", *Labor History*, p. 364.

②　John L. McCarty, *Maverick Town: The Story of Old Tascosa*, p. 115.

③　Paul H. Carlson, *Empire Builder in the Texas Panhandle: William Henry Bush*, p. 29.

④　Kenneth W. Porter, "Negro Labor in the Western Cattle Industry, 1866 – 1900", *Labor History*, p. 364.

⑤　John L. McCarty, *Maverick Town: The Story of Old Tascosa*, p. 113.

⑥　Robert E. Zeigler, "The Cowboy Strike of 1883", note 7, Paul H. Carlson, ed., *The Cowboy Way: An Exploration of History and Culture*, p. 86.

⑦　Helena H. Smith, *The War on Powder River*, p. 32; Robert V. Hine, *The American West: An Interpretive History*, Boston: Little, Brown Company, 1984, p. 135.

围地区所有的牛仔每月得到 40 美元的工资而罢工。这一决定是由已经获得 40 美元的牛仔们做出的。他们对一些牛仔每月只得 35 美元甚至少至 30 美元的状况不满。直到工头对牛仔罢工委员会提出的条款让步前，不会有一个车轮转动，每月少于 40 美元，不会有一个人为第 23 赶拢区工作。①

这则报道清楚地表述了 1886 年牛仔罢工的起因、始发地、基本要求、决心和发动者等内容。

杰克·弗拉格是 1886 年怀俄明鲍德河地区牛仔罢工的领导者之一。弗拉格于 1861 年出生在西弗吉尼亚州（West Virginia）。在"赶牛热"极盛时，少年弗拉格便离开家乡前往了得克萨斯。1882 年，21 岁的弗拉格随一赶牛队到了怀俄明。此后，他在约翰逊县（Hohnson County）赶牛至少有 3 年。弗拉格为英国人所有的"棒 C 牧场"（Bar C）在鲍德河流域的流动放牧队做工②。1886 年春季赶拢前，在第 23 赶拢区议事的有六支或更多的流动放牧队的牛仔。主要是弗拉格领导的牛仔和他们那一派的人③。弗拉格在罢工委员会中是一个活跃分子④。罢工者声称，如果增加工资的要求得不到保证，他们就离开赶拢的集合地⑤。除鲍德河南支流外，1886 年的牛仔罢工同时还扩展到在斯特威沃斯—普

---

① "Rocky Mountain Husbandman", May 16th 1886, Helena H. Smith, *The War on Powder River*, p. 32.

② Helena H. Smith, The War on Powder River, pp. ix, 60.

③ 只有约翰·克莱在 1924 年出版的《我的牧区生活》一书中，提及 1886 年春季赶拢时在鲍德河第 23 赶拢区参加讨论罢工的放牧队的数目，但肯尼斯·W. 波特和海伦娜·H. 史密斯都认为克莱把 1886 年发生在鲍德河地区的牛仔罢工误记为 1884 年。因为在怀俄明只发生过 1886 年的一次牛仔罢工，而在 1884 年春季赶拢时，杰克·弗拉格还是"棒 C 牧场"的牛仔。参见 John Clay, *My Life on the Range*, New York: Antiquarian Press Ltd, 1961, reprint, p. 123; Kenneth W. Porter, "Negro Labor in the Western Cattle Industry, 1866－1900", *Labor History*, p. 365, note 65; Helena H. Smith, *The War on Powder River*, p. 289, note 5.

④ Helena H. Smith, *The War on Powder River*, p. 33.

⑤ John Clay, *My Life on the Range*, p. 123.

拉特（Sweetwater Platte）地区的两个赶拢区①。

准备罢工的牛仔带着增加工资的要求回到各自的牧场总部，同工头进行交涉，结果大不相同。在牧场公司化以后，很少有牧场主出席赶拢的会议或随赶拢队一同骑行。这类活动都由牧场工头负责。各个牧场对牛仔们的要求处理的态度不尽相同。开始时，代表资方的工头们都表示反对。经过交涉后，除了"CY 牧场"外，其他牧场的牛仔都带着资方同意增长工资的允诺返回了赶拢区。"CY 牧场"的牧场主贾奇·卡雷（Judge Carey）坚决拒绝其在鲍德河赶拢区牛仔们的要求。牛仔们同工头进行了激烈的争辩。尽管有喧闹争吵，但没有伤害行为。卡雷在夏延严令没收牛仔的马匹，让他们离开赶拢区。卡雷之所以做出这样强烈的对抗反应，除了因为他是"CY 牧场"的所有者外，他还是"怀俄明家畜饲养者协会"的会长，也是领地最富和最有权势的人②。所以，卡雷对其牧场放牧队要求增加工资的牛仔采取了解雇的强硬措施。

鲍德河流域的牛仔罢工在怀俄明首府夏延引起了强烈震动。该领地的主宰者"家畜饲养者协会"对罢工领导者采取了极端的镇压手段。主持协会日常工作的秘书托马斯·斯特拉吉斯（Thomas Sturgis）把杰克·弗拉格列入"黑名单"，坚决把他排挤出牧区。尽管"怀俄明家畜饲养者协会"的执委会对此有争论，但斯特拉吉斯执意坚持对弗拉格从严惩处。英国人 T. W. 彼得斯（T. W. Peters）拥有雇用杰克·弗拉格的"棒 C 牧场"的一半所有权。彼得斯主张向牛仔做些让步，以便尽快平息事态，但遭到斯特拉吉斯的坚决反对。到 1886 年末，杰克·弗拉格遭到"怀俄明家畜饲养者协会"的排斥。此后，弗拉格再也不能在怀俄明牧区的任何一个放牧队找到工作③。对牛仔采取强硬手段的还

① Helena H. Smith, *The War on Powder River*, p. 32.
② John Clay, *My Life on the Range*, p. 123；Helena H. Smith, *The War on Powder River*, pp. 32 – 33.
③ Helena H. Smith, *The War on Powder River*, p. 33.

有"七十一又四分之一圈牧场"（Seventy – one Quarter Circle Ranch）的经理约翰·T. 加特林（John T. Gatlin）。他立即解雇了原来的牛仔，雇用了另外一些人①。在各个牧场主对罢工牛仔采取了不同的策略后，特别是"怀俄明家畜饲养者协会"对罢工最积极的领导者杰克·弗拉格采取解雇和严厉打击措施后，鲍德河地区的牛仔罢工被瓦解了。

（三）两次牛仔罢工的异同

相隔 3 年的两次牛仔罢工的相同点之一是，都发生在春季赶拢时期。这是因为在每年春秋两季进行的赶拢中，前者更受到牧场主的重视。不同牧场混杂在一起的牛通过春季赶拢区分开，决定新生小牛的归属。这是牧场主们划分财产、清点收益和庆祝丰收的盛大仪式。春季赶拢规模大，持续时间长，需要的人力多。得克萨斯潘汉德尔地区在 1883 年春季赶拢时，仅"LS 牧场"就需要 75—80 名牛仔赶牛②。同年，在怀俄明鲍德河地区参加春季赶拢的牛仔有 400 余人③。两次牛仔罢工都发生在春季赶拢时，是因为罢工者认为在牧场主用人之际有可能答应他们提出的诉求。

两次牛仔罢工的相同点之二是，只提出了增加工资的经济要求而没有政治诉求，甚至连减少工时的要求也未提出。在赶拢期间，牛仔每周的工作时间长达 105 个小时④，这比其他任何行业工人每天工作的时间都要长。虽然在同期美国其他行业的罢工中争取 8 小时工作日是一个重要的斗争目标，但两次牛仔罢工均未提出缩短工时的要求。尽管罢工的牛仔们仅提出了增加工资的简单要求，但并未如愿以偿。这说明垄断资本与原始游牧方式结合的剥削更具残酷性。

两次罢工的主要不同之处是资方在处置手法上有所差别。对于

---

① John Clay, *My Life on the Range*, pp. 122 – 123, p. 379.

② Donald F. Schofield, *Indians, Cattle, Ships and Oil: The Story of W. M . D. Lee*, p. 61.

③ Helena H. Smith, *The War on Powder River*, p. 17.

④ John Parkins, "What Cowboy Ever Wished to Join a Union? Wild West Industrial Relations before 1914", *The Journal of Industrial Relations*, p. 324.

1883 年潘汉德尔地区的牛仔罢工，牧场主联合镇压了罢工，解雇了参与罢工的所有牛仔。对于 1886 年鲍德河流域的牛仔罢工，牧场主采取了不同的手法，分化瓦解了罢工队伍。有几个牧场应允了牛仔增加工资的要求，而"CY 牧场"和"七十一又四分之一圈牧场"解雇了要求增加工资的牛仔。"怀俄明家畜饲养者协会"则对积极的罢工领导者杰克·弗拉格采取了最严厉的制裁。弗拉格不但被解雇，而且上了"黑名单"。此后，他不能在牧区的任何牧场从业。这种分化瓦解的结果使参加人数不多的 1886 年牛仔罢工刚一起事就迅速结束。所以，从总体来看，美国历史上的两次牛仔罢工都失败了。

四、罢工失败的原因

美国的两次牛仔罢工之所以失败，是因为劳资双方的综合实力对比相差悬殊。资方牧场主是美国西部牧区的统治者，拥有经济、政治等优势，为主宰罢工地区的强势集团。劳方罢工的牛仔是牧场主雇用的马背上的劳工，在经济、政治上都处于劣势，是牧区的弱势群体。

从经济上看，发生罢工的牧场都被英国或美国东部的垄断资本所拥有或所控制，有很强的经济实力。如英国在拥有"LIT 牧场"的"草原牧牛公司"的投资至 1886 年达 289 万美元[①]。鲍德河牧牛公司在 1882 年从伦敦得到 150 万美元扩展其地产[②]。相较资本雄厚的牧场主，参与罢工的牛仔仅靠每月微薄工资的少许积蓄生存，几乎无经济实力可言。在潘汉德尔地区的牛仔罢工中，虽然领导者汤姆·哈里斯等人筹集了一些支持罢工的基金，但仅一个月便全部耗光。一些牛仔迫于无奈，又回原先的牧场复工。1886 年鲍德河南支流的牛仔罢工是在春季赶拢开始的 5 月仓促起事，连潘汉德尔地区罢工者那样的基金也没有。在几个牧

---

① J. Fred Rippy, "British Investments in Texas Lands and Livestock", *Southwestern Historical Quarterly*, vol. 58, No. 3, 1955, p. 333.

② Helena H. Smith, *The War on Powder River*, p. 16.

场主答应增加工资后，一些牛仔便脱离了罢工队伍。其余不到一半的罢工者又被资方解雇，罢工终未成事。牛仔缺乏与牧场主抗衡的经济实力是罢工失败的重要原因。

就政治方面而言，牧场主拥有自己的强大政治组织"潘汉德尔牧场主协会"和"怀俄明家畜饲养者协会"，而罢工的牛仔没有自己的政治组织，起事带有自发性。

为维护自身利益和推进牧牛业的进一步发展，牧场主们在美国西部主要牧区相继建立起了牧牛协会（Cattle Association），但名称不尽相同。在得克萨斯最早建立的协会是1877年在扬县（Young County）的格雷厄姆（Grahan）成立的"西北得克萨斯养牛者协会"（Northwest Texas Cattle Raisers' Association），后更名为"得克萨斯与西南部养牛者协会"（Texas and Southwestern Cattle Raisers' Association）。随着潘汉德尔地区牧牛业的蓬勃发展和牧场向公司化体制转型，该地区的牧场主于1880年3月在莫比蒂（Mobeetie）集会，讨论建立"潘汉德尔牧场主协会"。次年，该协会正式成立。领导成员为潘汉德尔地区的大牧场主和牧牛公司的巨商。大牧场主查尔斯·古德奈特是该协会的首任会长，他也是"得克萨斯与西南部养牛者协会"的主要领导者之一[①]。1871年建立的"怀俄明家畜放牧场协会"（Wyoming Stock Grazers' Association）两年后更名为"拉勒米县家畜饲养者协会"（Laramie County Stock Grower's Association），1879年最终更名为"怀俄明家畜饲养者协会"（Wyoming Stock Growers' Association）。1882—1885年，"怀俄明家畜饲养者协会"因牧牛业的蓬勃发展而达到"鼎盛时期"，其会员增至416人。到1884年协会执委会成员增加到23人，还组建了大约30人的武装侦探队。执委会几乎像"帝王"一样统治着怀俄明领地，还把管辖

---

① John L. McCarty, *Maverick Town: The Story of Old Tascosa*, pp. 82–83.

权扩展到相邻的科罗拉多、达科他、蒙大拿和内布拉斯加的牧牛业①。

各州和领地的牧牛者协会主要由大牧场主和牧牛公司的巨商组成。协会是牧区的经济政治强势集团，是集权者。在经济上，牧牛者协会控制着牧牛业的经营，掌握着土地和水源的管理权。为了更好地保护大牧场主和牧牛公司巨商的利益，协会制定了关于赶拢、打烙印、处置"马弗里克牛"、长途驱赶牛群、追踪偷牛贼、检查印记和检疫等一系列规定，并使一些重要规定变成法律，强迫会员和非会员一律执行。在政治上，牧牛者协会是州和领地的政坛强者，是牧区社会的政治主宰。"怀俄明家畜饲养者协会"就是由怀俄明领地第一任总督约翰·A. 坎贝尔（John A. Campbell）倡议建立的，他亦成为协会的会长②。到1882年，怀俄明领地召开第7届议会时，议会成员的50%是牧场主，至少有1/3是"怀俄明家畜饲养者协会"的会员。这个协会成为怀俄明领地强大的"政治压力集团"③。协会会员中包括怀俄明领地总督、家畜监督官和两名美国联邦国会议员④。

牧牛者协会凭借强大的经济和政治力量把其制定的行业规则变成领地和州的法律，进而剥夺了牛仔拥有牛群成为小牧场主的权利。其中，最具影响的是怀俄明领地在1884年通过的《马弗里克牛法》。这一法律先由"怀俄明家畜饲养者协会"在1883年11月召开专门会议研究制定条款内容，提交领地立法机关，尔后在次年第8届议会上由协会代言

① W. Tarrentine Jackson，"'The Wyoming Stock Growers' Association：Its years Temporary Decline，1886 - 1890"，*Agriculture History*，vol. 22，No. 4，1848，p. 261；Lewis Atherton，*The Cattle Kings*，p. 50.

② W. Tarrentine Jackson，"'Wyoming Turrentine Growers' Association Political Power in Wyoming Territory"，*Mississippi Valley Historical Review*，vol. 33，No. 4，1947，p. 572.

③ W. Tarrentine Jackson，"'The Wyoming Stock Growers' Association：Its years Temporary Decline，1886 - 1890"，*Agriculture History*，p. 574.

④ W. Eugene Hollon，*Frontier Violence*，New York：Oxford University Press Inc.，1974，p. 154.

人进行游说和施加政治影响，最终被通过①。条款严苛的《马弗里克牛法》使牛仔想拥有自己的牛群几无可能。实际上，怀俄明有一多半的法律是从协会活动中心"夏延俱乐部"（Cheyenne Club）构想出来②。再如"得克萨斯牧牛者协会"通过向州议员施加压力，制定对牧场主有利的一系列保护性立法。1883年建立的对牛的检查制度便是重要的例证③。

牧牛者协会通过其制定的行业法规和在州或领地颁布的相关法律，剥夺了牛仔使用牧区的土地和水源、自由放牧和拥有自己少量牛的权利，使他们变成像工矿企业的工人那样只为工资劳作，成为被雇用的马背劳工。在美国镀金时代，牛仔所得工资微薄。为了使工资少许增加或不再减少，他们不得不像工矿企业的工人那样采取罢工行动。然而，面对强势的牧场主集团，牛仔的罢工是难以取胜的。

牧场主集团不仅拥有经济、政治优势和立法权，而且当时的报刊舆论也站在他们一边。表面上看，报刊抽象地承认牛仔有权要求他们所得到的工资，并为此有求助联合行动的权利，但具体到1883年的罢工问题上则持反对态度。其中尤以《得克萨斯家畜杂志》（*Texas Live Stock Journal*）的观点最具代表性。该杂志针对罢工者提出增加工资的要求反驳道："一些牛仔的价值'几乎是不应给钱的忠诚仆人'。"该杂志还为牧场主辩护，断言称这些牛仔所得的工资是"所有牧场主能负担起的酬金"④。《得克萨斯家畜杂志》所表达的观点代表了当时其他报刊的看法。这种观点实际认为，一些罢工的牛仔能力不配得到当时牧场主已

① W. Tarrentine Jackson, "'The Wyoming Stock Growers' Association: Its years Temporary Decline, 1886 - 1890", *Agriculture History*, pp. 578 - 581.
② Robert C. Athearn, *High Country Empire: The High Plains and Rockies*, Lincoln: University of Nebraska Press, 1960, p. 134.
③ Howard R. Lamar, ed., *The Reader's Encyclopedia of the American West*, New York: Thomas Y. Crowell Company, 1977, p. 172.
④ "A Cowboy Strike", Clifford P. Westermeier, ed., *Trailing the Cowboy*, p. 124.

付给他们的工资，当时牛仔所得的工资已经是牧场主们所能付得起的高点。在报刊舆论界看来，1883 年潘汉德尔地区的牛仔为达到增加工资的目的而罢工是举事无理的。依照报刊舆论的观点，到底牧场主能付给牛仔多少酬金，只有雇主才是最好和最合理的决定者。实际上，报刊舆论是通过反对牛仔罢工的合理性而偏袒牧场主集团的。

报刊对牧场主的偏袒还表现在制造罢工者"实行暴力"的舆论。一些报道称，罢工者计划剪断围篱，火烧牧场主和不分青红皂白地杀死牛①；渲染罢工牛仔威胁说要对新来者施以暴力②。尽管罢工的领导者汤姆·哈里斯在 1883 年 4 月 25 日致函《得克萨斯家畜杂志》，针对广为渲染的"暴力行动计划论"进行了否定解释，但收效甚微。哈里斯写道："我想说的是牛仔为其工作所获得适当的报酬，并没有诉诸任何武力或非法行动的打算。他们的行动是在公正和合法的行动之中的。"③虽然哈里斯请求该杂志公平地对待罢工的牛仔，登出他的澄清信函，但《得克萨斯家畜杂志》早在 3 月 24 日在《牛仔罢工》中关于罢工者以暴力威胁牧场主的不实报道和其他报刊的跟进渲染已经在公众中造成了罢工牛仔的负面形象，引起牧场主和未参加罢工者对牛仔罢工暴力的恐惧。新闻报道在渲染并不存在的牛仔罢工暴力计划时，却没有对牧场主的批评，也没有关于牛仔对雇主抱怨的文字描述。这显然是偏袒牧场主的。

因所谓"牛仔暴力计划"的渲染而感受到威胁的牧场主，准备以暴力对付罢工者。有报道说，一个牧牛公司的骑警在利厄特南特·约翰·霍弗（Lieutenant John Hoffer）的领导下，在莫比蒂扎营做好了对

---

① "Fort Collins Courier", Clifford P. Westermeier, ed., *Trailing the Cowboy*, p. 125.

② "Cowboys' Cunning", *Denver Republican*, March 27th 1883, Clifford P. Westermeier, ed., *Trailing the Cowboy*, p. 124.

③ T. B. Harris, "Texas livestock journal", Clifford P. Westermeier, ed., *Trailing the Cowboy*, p. 126.

付罢工者的准备①。在没有罢工牛仔的暴力行为和有得克萨斯骑警在场的情况下，"T–锚牧场"的牧场主朱尔斯·冈特唆使没有参加罢工的人用小桶、钉子、马蹄铁和炸药制造了地雷，埋在了他们认为罢工者可能用作射击隐蔽所的仓库附近②。对牧场主准备以暴力对付罢工牛仔的行动，报刊却轻描淡写。

虽然得知一些牛仔准备罢工，但有了得克萨斯骑警的保护，潘汉德尔地区的牧场主们决定春季赶拢如期进行。潘汉德尔的牧场主们之所以能这样坚定地确定春季赶拢日期，是因为他们已经把霍弗领导的得克萨斯骑警队派驻在罢工牛仔可能制造"麻烦"的中心地区莫比蒂，以武装的警力去维持赶拢秩序。1886年的怀俄明鲍德河的牛仔罢工，是在"怀俄明家畜饲养者协会"决定当年在该地区的春季赶拢于5月10日开始后仓促举事的。牧场主们有"1884年法律"和协会的武装侦探，保证了牧区赶拢能有序进行。

除上述优势之外，牧场主们比罢工牛仔更具有政治斗争经验，他们的主要策略是通过集中打击罢工领导者来瓦解罢工队伍。在1883年的潘汉德尔牛仔罢工中，牧场主对罢工领导人汤姆·哈里斯先是许以高薪收买，在遭到拒绝后又把他解雇。在1886年的鲍德河牛仔罢工中，"怀俄明家畜饲养者协会"的会长对罢工领导者杰克·弗拉格实行严厉制裁，不但将他解雇，而且永远不许他在领地内从事牧牛业。牧场主们这样做的目的就是为了使罢工者处于"群龙无首"的涣散状态，然后再对他们分化瓦解，各个击破。

对于坚持罢工的牛仔，牧场主们则采取种种手段从精神上摧毁他们的斗志。这一点在1883年潘汉德尔牛仔罢工中表现得最为突出。被解雇的罢工牛仔到塔斯科萨坚持斗争后，牧场主们在请得克萨斯骑警进驻

---

① "Texas Round – Up", Clifford P. Westermeier, ed., *Trailing the Cowboy*, p. 127.

② Robert E. Zeigler, "The Cowboy Strike of 1883", Paul H. Carlson, ed., *The Cowboy Way: An Exploration of History and Culture*, p. 83.

莫比蒂进行防范和威慑的同时，还以酒吧、舞女来消磨罢工者的斗志。好客的酒吧、诸如"摇椅埃玛"（Rocking Chair Emma）等娱乐场所妇女们的殷勤接待，使长驻牧牛营地过孤寂生活的罢工者沉湎于塔斯科萨镇的酒色欢娱之中。该镇部分舞厅的舞女一再带着威士忌到罢工牛仔中出售。烈酒和舞女帮助牧场主击溃了罢工者的斗志。纵于酒色和赌博的结果，很快耗光了罢工牛仔的个人积蓄和所筹到的罢工基金[1]。一些身无分文的牛仔不得不回到他原先工作的牧场复工，所得只是罢工前的工资。正如肯尼斯·W. 波特所言，"牧场主、枪手和妓女很快就耗光了罢工者的钱"[2]。这也是 1883 年牛仔罢工失败的一个重要原因。

如果说牧场主拥有的经济和政治优势、严密的行业组织、有利的法律、武装力量、报刊舆论支持和政治斗争策略等是导致两次牛仔罢工失败的重要外部因素，那么罢工者自身存在的缺陷和问题则是致使罢工失败的内因。

缺乏充足的资金是导致牛仔罢工不能取胜的经济原因。如前所述，在 19 世纪 80 年代，牛仔的工资是微薄的。牛仔的食宿、工装、马具的费用都要自付。牛仔买一顶新帽子和一双好靴子要花 100 美元[3]。这要花掉一个普通牛仔 3 个月的工资。加之牛仔的工作是季节性的，在冬春之交，很多牛仔找不到工作，也挣不到工资。因此，对参加罢工的牛仔来说，有些人即使有点积蓄也为数不多。在 1883 年的罢工中，虽然哈里斯等人筹集了一些罢工基金，但罢工者很快把有限的钱耗光了。失去经济支撑的牛仔罢工便难以坚持下去。至于 1886 年鲍德河的牛仔罢工，因为举事更为仓促，领导者甚至连罢工基金的问题都没想到，自然就更

① Robert E. Zeigler, "The Cowboy Strike of 1883", Paul H. Carlson, ed., *The Cowboy Way: An Exploration of History and Culture*, p. 85; Lewis Nordyke, *Great Roundup: The Story of Texas and southwestern cowmen*, p. 111; John L. McCarty, *Maverick Town: The Story of Old Tascosa*, p. 113.

② Kenneth W. Porter, "Negro Labor in the Western Cattle Industry, 1866 - 1900", p. 364.

③ William H. Forbis, *The Cowboys*, p. 142.

不具备坚持长期斗争的经济条件了。

　　牛仔罢工之所以失败，也因为牛仔没有自己的政治组织，罢工缺乏严密的组织领导。虽然在 1884 年以后"劳动骑士团"（Knights of Labor）掌控得克萨斯的劳工有 10 余年①，但 1883 年潘汉德尔牛仔罢工时，罢工者并不是骑士团的成员。因为罢工者没有自己的政治组织，所以 1883 年的牛仔罢工带有明显的自发性，缺乏严密的计划和组织。如前所述，潘汉德尔地区的牛仔罢工只是几个流动放牧队的牛仔在一次晚餐后议论决定的。虽然在他们的议论中决定罢工，但谈论更多的是工资和对牧场新规定不满等问题。后来的事态发展表明，罢工者对罢工的讨论并不详尽深入，罢工的领导者对面对的困难考虑比较简单。在他们看来，牧场主们在春季赶拢时需要更多有经验的骑手。只要牛仔们拒绝上工，资方就会满足他们的要求，斗争就会取得胜利。但结果事与愿违。没有自己的政治组织，且缺乏严密组织领导的牛仔罢工，怎么可能取得斗争的胜利呢？

　　尽管有些著作认为，1884—1887 年"劳动骑士团"在得克萨斯和怀俄明等州或领地发展了一些牛仔的地区性组织，但没有资料证明"劳动骑士团"领导了 1886 年鲍德河的牛仔罢工。虽然海伦娜·H. 史密斯坚信"劳动骑士团"促成了 1886 年鲍德河地区的牛仔罢工，但她却提不出论据②。后来的研究者也认为找不到"劳动骑士团"与 1886 年牛仔罢工有什么直接关系的证据③。虽然史密斯称"很明显，西部劳工的斗争给了牛仔足够的勇气"④，哈钦森认为"劳动骑士团""至少"

---

① Charles M. Gibson, *Organized Labor in Texas from 1890 – 1900*, master's thesis, 1973, p. 16. http: etd. lib. ttu. edu /theses/available/etd – 08072009312950022267309/unrestricted/3129500226730.

② Helena H. Smith, *The War on Powder River*, p. 32.

③ William H. Hutchinson, "The Cowboy and the Class Struggle (or, never Put Marx in the Saddle)", *Arizona and the West*, vol. 14, No. 4, 1972, p. 326; W. H. Hutchinson, "The Cowboy and Karl Marx", *Pacific Historian*, p. 118.

④ Helena H. Smith, *The War on Powder River*, p. 32.

给 1886 年牛仔罢工以"心理上的影响"①，但都无法证明鲍德河地区罢工的牛仔是"劳动骑士团"的成员。有的论著提及，在 1886 年 3 月，新墨西哥科尔法克斯县（Colfax County）的 80 个牛仔与一些小牧场主组织起了"新墨西哥北部小牧场主与牛仔联盟"（Northern New Mexico Small Cattlemen and Cowboys' Union）。然而，这个"联盟"从未真正地运作起来。它成了完全毁掉开放牧区生活的 1886—1887 年暴风雪的牺牲品②。这也说明这个"小牧场主与牛仔联盟"与 1886 年的牛仔罢工没有什么关系。因此，参加 1886 年罢工的牛仔没有自己的政治组织，也没有证据证明他们是"劳动骑士团"的成员。因为没有自己的组织领导、举事仓促等原因，1886 年的牛仔罢工甚至连 1883 年牛仔罢工拟订的"最后通牒"也未能提出。罢工者临时推举的"罢工委员会"不是一个强有力的领导组织。随着这个委员会的"活跃分子"杰克·弗拉格被"怀俄明家畜饲养者协会"严厉打击，为数不多的鲍德河罢工队伍便被分化瓦解了。

两次牛仔罢工存在着一些明显的缺陷，诸如罢工者的要求不一、缺乏斗争经验、发动群众不够广泛和一些牛仔还受传统"忠诚"思想的束缚等，在罢工中都暴露出来。

两次牛仔罢工的领导者和参与者的要求并不一致。参加 1883 年潘汉德尔地区罢工的牛仔有两种人。一种是不拥有自己的牛群和小牧场的马背劳工。另一种是有自己小牧场而受雇于大牧场的牛仔，如罢工领导人汤姆·哈里斯。这两种类型的牛仔的诉求是不相同的。前一种牛仔是罢工的主要参与者，他们最紧迫的要求是增加工资。虽然成为拥有自己牛群的小牧场主是他们的梦想，但在大牧场主宰牧区的情况下，其

---

① William H. Hutchinson, "The Cowboy and the Class Struggle（or, never Put Marx in the Saddle）", *Arizona and the West*, p. 326; W. H. Hutchinson, "The Cowboy and Karl Marx", *Pacific Historian*, p. 118.

② Lawrence I. Seidman, *Once in the Saddle: the Cowboys' Frontier, 1866 - 1896*, p. 127.

"美国梦"已遥不可及，故要求增加工资成为他们最现实的需求。后一种牛仔，像哈里斯这样的小牧场主，他们拥有相当数量的牛，并不靠工资维持生活。罢工期间，他们的诉求是使自己的牛群能在大牧场的草地上放牧，并能参加每年的赶拢大会，具有经营牧场的权利。1883 年的牛仔罢工实际上是牛仔和小牧场主共同反对大牧场和牧牛公司的斗争。然而，在宣布罢工的"最后通牒"中，只提出增加工资的诉求而没有涉及要求拥有牧场和经营权利的问题。因此，罢工难以吸引更多像哈里斯一样的小牧场主参与，而这些人往往在大牧场被雇作放牧队老板，具有较强的影响力。缺少更多的小牧场主的参与是导致罢工失败的一个因素。1886 年鲍德河牛仔罢工时，大牧牛公司已经控制了怀俄明牧区。领导罢工的是已挣到每月 40 美元的头等牛仔杰克·弗拉格。罢工的要求只是要使普通牛仔的工资不被雇主减少并达到每月 40 美元。这样的诉求不能吸引更多的头等牛仔，罢工也难以坚持下去。

两次牛仔罢工发动群众不够充分，参加罢工的人不多，且坚持到底者更少。关于参加 1883 年牛仔罢工的人数，研究者提供的数字不一。多者达 325 人，也有 200—300 人之说。这些前面已做说明。还有更少的数字仅为 50 人①。以现在能见的资料来看，即使以最多的 325 人来看，参加 1883 年潘汉德尔地区牛仔罢工的人数也并不算多。很多大牧场的牛仔并没有介入罢工。像大牧场主查尔斯·古德奈特的牛仔不但没有参加罢工，而且还被发生罢工的牧场主所雇用，代替了罢工者。"T－锚牧场"的牧场主朱尔斯·冈特用一些来自古德奈特牧场的牛仔取代参加罢工者，以示对罢工者的惩罚②。潘汉德尔地区最大的"XIT 牧场"雇有 150 名牛仔③，但没有人参加 1883 年的罢工。在怀俄明的鲍

①　Lawrence I. Seidman, *Once in the Saddle: the Cowboys' Frontier, 1866 - 1896*, p. 126.

②　Robert E. Zeigler, "The Cowboy Strike of 1883", Paul H. Carlson, ed., *The Cowboy Way: An Exploration of History and Culture*, p. 83.

③　Cordia S. Duke, Joe B. Frantz, *6000 Miles Fence: Life on the XIT Ranch of Texas*, p. 8.

德河地区，1883 年春季赶拢时，5 月 20 日有 27 辆工具车和 400 个牛仔在克鲁齐伍曼河（Crazy Woman Creek）。1884 年春季赶拢时，被围拢集中在鲍德河赶拢区的牛多达 18.1 万头。3—4 年后被集中赶拢的牛数量才有所下降①。虽然没有 1886 年参与春季赶拢的人数资料，但 1884 年法律通过后在怀俄明领地已明令禁止了牧场主独自赶拢，因此在 1884—1886 年春季赶拢集中的牛群数量比 1883 年更多，需要的牛仔也更多。即使以 1883 年参加赶拢牛仔的人数为比较参数，1886 年参加罢工的 6—8 支赶拢队的人员也不足 3 年前的 1/3。上面例证说明，两次牛仔罢工发动群众不广泛，参加罢工者只占少数。之所以如此，是因为罢工的领导者缺乏团结意识。

罢工领导者团结意识的不足首先表现在 1883 年罢工的"最后通牒"上。"最后通牒"在提出增加工资和罢工日期之后，提出了"违者后果自负"这一模糊的声明。这里的惩处对象没有指明是牧场主还是不参加罢工的牛仔。虽然最初这一声明使牧场主和未参加罢工的牛仔都感受到了威胁，但罢工者强烈反对的是那些取代他们的人。其结果使广大没有参加罢工的牛仔和流入牧区的失业者都站到了罢工者的对立面，成了帮助牧场主破坏瓦解罢工队伍的力量。其次，罢工领导者没有团结其他被大牧场主雇用的小牧场主参加罢工。在"LS 牧场"的牧场主W. M. D. 李以基德·德布斯（Kid Dobbs）取代汤姆·哈里斯后，哈里斯警告德布斯要立即离开"LS 牧场"，否则会自找麻烦。德布斯拒绝了哈里斯的恫吓。两个星期后，德布斯等人与哈里斯相遇并准备应付这位罢工领导人制造的麻烦，但哈里斯却没有实行任何报复②。事实表明，1883 年牛仔罢工的领导者未能把为大牧场所雇的一些小牧场主团结争取过来，对违者惩处的规则也没有认真考虑如何实施，因而也就失去了约束力和可行性。因为没有团结争取更多的小牧场主参加罢工，所以受

---

① Helena H. Smith, *The War on Powder River*, pp. 17 – 18.

② John L. McCarty, *Maverick Town: The Story of Old Tascosa*, p. 113.

他们影响的很多牛仔也远离了罢工者。尽管在 1883 年的牛仔罢工中最初有 325 人参加，但几个坚强的领导人的团结组织能力非常有限，很多参与罢工的牛仔也相继返回原来受雇的牧场，坚持到底者只有 25—30 人①。在 1886 年鲍德河的牛仔罢工中，经过牧场主们的分化瓦解后只有"CY 牧场"为数不多的牛仔坚持下来，直到被雇主解雇。这些说明，即使在罢工队伍中，罢工领导者维系团结的意识和能力也是不强的。

两次牛仔罢工的领导人缺乏政治斗争经验，不能正确引导斗争的方向。罢工领导者过高地估计了资方对技术牛仔的依赖性，缺乏对劳动力市场供过于求的正确判断。因为春季赶拢需要在有经验的赶拢工头的指挥下由众多有技能的牛仔经过一个半月持续不断地劳作才能完成，所以罢工的领导者和参加者认为，他们的技术能使牧场主获得很大利润，资方会接受他们为最艰苦的工作提出的工资要求②。然而，罢工领导者并没认识到参加罢工的牛仔人数不多，不足以阻止春季赶拢的进行。他们对劳动力市场供过于求的状况也做了误判。在 19 世纪 80 年代，得克萨斯的牧场劳动力是过剩的。1883 年春季赶拢时有很多年轻人骑马进入潘汉德尔地区找工作③。牛仔作为季节性的劳动力，工作本来就没有绝对保证。在劳动力市场供过于求的时候，他们的工作就更不保险。牧场主们从流入该地区的人中雇用了一些人取代了罢工者。可见，罢工领导者的预估是错误的。在 19 世纪 80 年代，怀俄明牧区也不缺乏劳动力，因为有大量牛仔从大草原南部牧区进入了这个北部典型的牧区。像 1886 年鲍德河牛仔罢工的领导者杰克·弗拉格就是 1882 年从得克萨斯移居怀俄明牧区的。罢工领导者也错估了公司化的牧场对有技术型牛仔

---

① Robert E. Zeigler, "The Cowboy Strike of 1883", Paul H. Carlson, ed., *The Cowboy Way*: *An Exploration of History and Culture*, p. 82.

② Lawrence I. Seidman, *Once in the Saddle*: *the Cowboys' Frontier, 1866 – 1896*, p. 126.

③ John L. McCarty, *Maverick Town*: *The Story of Old Tascosa*, p. 115.

的依赖性。到牧场发展到大公司时期，围篱固定养牛已逐渐取代了早期个体牧场时期的开放牧养。因此，牧场经营靠的是企业化管理而不是对身怀骑马和牧牛绝技的牛仔的依赖。再者，到这个时期骑马和使用套索的技术也非为牛仔所独占，一些拓荒农场主的子弟也掌握了这些基本的技能①。所以，牧场主不难找到取代罢工牛仔的人。

与错误预估相联系的是领导者对罢工牛仔疏于引导管理，让他们放任自流。1883 年罢工的牛仔看来似乎很团结，他们一起到了塔斯科萨。然而，罢工者在那里沉湎于酒色赌博，纪律严重缺失，结果被瓦解了斗志，耗光了钱财，不得不到原来的牧场复工。1886 年罢工的牛仔虽没有机会到城镇消遣，但只是被动地等待资方让步，他们很快被雇主分化瓦解。罢工者在同资方交涉时，也缺乏很好的计划和组织。1883 年罢工的牛仔只是派人把"最后通牒"交给了相关牧场的工头。1886 年的罢工者也是派人回到自己的牧场，与工头交涉。资方并没有感受到牛仔组织起来的压力，便采取了解雇罢工领导者和拒绝他们要求的断然措施。上述这些问题都表明了罢工领导者缺乏斗争经验，也难以把罢工引向胜利。

一些牛仔仍受忠诚于雇主传统思想的束缚，削弱了牛仔罢工的力量。在这方面黑人牛仔表现尤甚。在对待罢工问题上，当地的牛仔观点并不一致。部分获得了一份劳累又危险的长期工的牛仔仍然坚守着对雇主的忠诚。一些牛仔宁愿忠诚于牧场主，而不参加罢工②。两次牛仔罢工都没有黑人牛仔参加。在怀俄明牧区黑人牛仔很少，1886 年鲍德河地区牛仔罢工的参加者都是白人。与 1883 年潘汉德尔牛仔罢工唯一有关的是黑人牛仔格斯·李（Gus Lee），但他站在了"T - 锚牧场"的牧

① William C. Holden, "The Problem of Hands on the Spur Ranch", pp. 196, 198 – 199; Lawrence I. Seidman, *Once in the Saddle: the Cowboys' Frontier, 1866 – 1896*, p. 126.

② Robert E. Zeigler, "The Cowboy Strike of 1883", Paul H. Carlson, ed., *The Cowboy Way: An Exploration of History and Culture*, p. 80, p. 85.

场主朱尔斯·冈特一边。因为李对雇主的忠诚程度超过了对他的白人同事。冈特命令李负责引爆对付罢工者的地雷。只是因为罢工者并没有采取攻击行动，格斯·李的引爆任务才未执行[①]。在牧场向公司化转变而使牛仔丧失早期的地位时，并不是所有人都认同罢工作为使他们获得利益的方法。很多牛仔仍然希望通过勤劳和对牧场主的忠诚，保住他们的工作。由于多数牛仔在不同程度上仍受忠诚于牧场主的传统思想的影响与束缚，罢工者只占从业者的少数，参加罢工的人数自始至终都不是稳定的。随着事态的发展，参加罢工的牛仔逐渐减少，最终他们舍弃了罢工的组织者。

　　简言之，在劳动力过剩的条件下，牧场主集团的强势和牛仔群体弱势是导致两次牛仔罢工失败的根本原因。牛仔的个人主义和缺乏严格的纪律，他们工作的分散性和流动性不利于进行更广泛的联合斗争。特别是牛仔没有自己强有力的组织的领导，靠一两次短暂的劳工罢工是不能使有强大的垄断资本做靠山的牧场主做出实质性让步的。相反，坚持罢工的领导者和牛仔却被资方解雇，成为美国西部牧区牧场公司化的真正受害者。

五、牛仔罢工的历史意义

　　两次牛仔罢工虽然失败了，但具有重要历史意义。牛仔罢工是在第一产业中最早进行的反对大型集团公司的斗争。分散性、独立性较强的牛仔已经从早期消极的个人反抗行为转变为联合起来与资方抗衡的斗争。两次牛仔罢工是19世纪80年代美国工人罢工的重要组成部分。

　　尽管两次牛仔罢工的领导者和参与者不一定意识到，但他们的斗争具有反对垄断资本的性质。镀金时代的美国经历着从自由资本主义向垄断资本主义的过渡。这种转变首先在第二产业中的工矿企业发生。美国

---

　　① John L. McCarty, *Maverick Town: The Story of Old Tascosa*, p. 113.

工业部门生产集中的程度日益加大，19 世纪 70 年代出现垄断组织的萌芽。19 世纪 80 年代垄断组织迅速发展，到 19 世纪 90 年代基本定型。美国西部的牧牛业是农业产业中最先被大型集团公司所占据的①。它几乎与工业部门垄断组织的产生同步。两次牛仔罢工都具有反对垄断资本的性质。"LIT 牧场"被苏格兰辛迪加——"草原牧牛公司"所拥有。基地在美国的"雷诺土地牧牛公司"（Reynold Land and Cattle Company）拥有"LE 牧场"。"冈特—芒森公司"（Gunter – Munson Company）掌握着"T – 锚牧场"。"李—斯科特公司"（Lee – Scott Company）拥有"LS 牧场"。"LX 牧场"由两个在潘汉德尔地区注册的波士顿人卖给了"美国畜牧业公司"（American Pastoral Company）②。"鲍德河牧牛公司"（Powder River Cattle Company）从伦敦获得 150 万美元扩大其地产③，1886 年发生牛仔罢工的牧场在该公司管辖之下。到 19 世纪 80 年代早期，得克萨斯潘汉德尔地区和怀俄明鲍德河地区的牧牛业都被英国的牧业集团所控制。两次牛仔罢工针对的就是这些大牧业集团。由于罢工地区牧牛业经营权的过度集中，引起牛仔与牧场主、小牧场主与大型牧业集团矛盾的激化。这种阶级的对立演变成双方的公开冲突，即牛仔的罢工。从表面上看，两次牛仔罢工只是提出了对工资和居住环境的诉求，但深层的本质原因在于牧牛产业的公司化所导致的经营权过度集中而引发的劳资利益冲突和矛盾对立的扩大化。两次牛仔罢工引发并促进了农业产业内其他领域的劳工争取自身利益的斗争意识的增长。

两次牛仔罢工使资方感受到很大压力，牛仔的工资在后来稍有增加。在 1883 年的牛仔罢工中，"煎锅牧场"（Frying Pan Ranch）并没有牛仔参加。1881 年建立的"煎锅牧场"占地 30 万英亩，总部设在塔斯

---

① Stuart M. Jamieson, *Labor Unionism in American Agriculture*, p. 257.
② Robert E. Zeigler, "The Cowboy Strike of 1883", Paul H. Carlson, ed., *The Cowboy Way: An Exploration of History and Culture*, p. 78.
③ Helena H. Smith, *The War on Powder River*, p. 16.

科萨东南方 20 英里处①。虽然该牧场的牛仔没有参加 1883 年的罢工，但牧场主约瑟夫·格利登（Joseph Glidden）和亨利·B. 桑伯恩（Henry B. Sanborn）从相邻牧场得知消息后，他们也请得克萨斯骑警到潘汉德尔地区。在 1883 年的牛仔罢工中，只有极少数的牛仔的工资有所增加②。在 1886 年的牛仔罢工中，只有退出者得到了要求的工资。两次牛仔罢工之后，普通牛仔的工资稍有增加，从每天的 1.18 美元增加到 1.68 美元③。

　　两次牛仔罢工虽然失败了，但牛仔、小牧场与大牧牛公司的矛盾进一步加深，双方的斗争以新的形式展开。1883 年潘汉德尔地区的牛仔罢工约在 4 月 25 日至 5 月 10 日间结束，但这一事件的影响并没有终结。牛仔、小牧场主与大牧场主、牧牛业巨商的斗争仍在继续。媒体把潘汉德尔地区的偷盗和罢工联系在一起。"潘汉德尔家畜协会"以制止偷盗为名，在 1883 年 7 月正式采取措施，解雇"任何非法打烙印"而引发纠纷的人④。这种高压措施导致"小人物"和大公司的冲突进一步加剧。"LS 牧场"和其他大牧场在潘汉德尔的加拿大人河谷（Canadian River Valley）用围篱圈占"有足够青草的开放地区"。而在这一地区被围篱圈占之前就已到来的拓荒农场主和小牧场主则认为他们完全有权利占据政府的公地。大牧场主则雇用牛仔兼枪手毁掉他们的简陋房子和牧牛营地⑤。一些在罢工中"忠诚"于大牧场主的牛仔继续为雇主效力，仅"LS 牧场"就有 55 名这样忠诚的牛仔兼枪手⑥。一些被解雇的罢工牛仔也到了加拿大人河谷地区。他们和小牧场主、小农场主一样，追寻

---

① John L. McCarty, *Maverick Town：The Story of Old Tascosa*, p. 49.

② Paul H. Carlson, *Empire Builder in the Texas Panhandle：William Henry Bush*, p. 29.

③ Stuart M. Jamieson, *Labor Unionism in American Agriculture*, p. 259.

④ Robert E. Zeigler, "The Cowboy Strike of 1883", Paul H. Carlson, ed., *The Cowboy Way：An Exploration of History and Culture*, p. 83.

⑤ John L. McCarty, *Maverick Town：The Story of Old Tascosa*, p. 140.

⑥ John L. McCarty, *Maverick Town：The Story of Old Tascosa*, p. 154.

着没有打烙印的小牛，打上自己的烙印据为己有。到 19 世纪 80 年代中期，"小人物"和大公司的冲突愈演愈烈。1886 年，潘汉德尔的大牧场主们雇用帕特·加勒特（Pat Garrett）率领一队武装骑警镇压在牧区"制造麻烦"的人①。双方严重的冲突终于在次年 3 月引发了被称之为"大火拼"（Big Fight）的流血枪战。仅在 3 月 20 日发生在塔斯科萨的枪战中，就有 4 死 2 伤②。争夺潘汉德尔草地的枪战在"带刺铁丝围篱"封闭开放牧区和经历了 1886 年暴风雪后才渐趋平息。

1886 年牛仔罢工过后 6 年，1892 年在鲍德河上又发生了"约翰逊县战争"（Johnson County War）。因为怀俄明是一个牛仔州，故这场战争被称之为"牛仔之战"。战争的起因是 1886 年牛仔罢工失败后牛仔、小牧场主与牧牛公司的矛盾进一步激化。1887 年暴风雪后，一些牧牛公司破产，很多牛仔失业。失业的牛仔中不少人成了宅地移居者，在约翰逊县定居。在 19 世纪 80 年代末，大量来自美国东部和欧洲的移民涌入怀俄明北部地区。他们多是小牧场主和小农场主。约翰逊县是"小人物"力量集中的地区。怀俄明的大牧场主和牧牛公司的巨商一直把他们占的政府公地视为私产。牧牛大王们对大量新移民不顾"怀俄明家畜饲养者协会"的禁令擅入他们独占的"牧牛王国"极为惧怕和不满。"小人物"与大公司的矛盾日益加剧。"怀俄明家畜饲养者协会"派出"管理者"对小牧场主和小农场主多次处以私刑和暴力谋杀。在暴力高压仍不奏效后，"怀俄明家畜饲养者协会"便在 1892 年 4 月精心策划、组织了对约翰逊县的武装入侵。这个协会从得克萨斯雇用了 22 名枪手，与一些牧场主组成武装远征队到约翰逊县除掉 60 多名上了"黑名单"的人③，以便把小牧场主和小农场主逐出怀俄明牧区。

---

① Charles A. Siringo, *A Lone Star Cowboy*, p. 268.

② John L. McCarty, *Maverick Town: The Story of Old Tascosa*, p. 148.

③ Lawrence I. Seidman, *Once in the Saddle: the Cowboys' Frontier, 1866 – 1896*, p. 159; A. S. Mercer, *The Banditti of the Plains, Or the Cattlemen's Invasion of Wyoming in 1892*, Norman: University of Oklahoma Press, 1954, p. 50.

内森·D. 钱皮恩（Nathan D. Champion）也被列入了"黑名单"。这个移居怀俄明的得克萨斯人是优秀的牛仔和枪手。1887 年暴风雪后钱皮恩失了业，成为宅地移居者和牛仔、小牧场主反对牧牛大王的领头人。入侵约翰逊县的武装远征队要坚决除掉他。在"KC 牧场"的激战中，钱皮恩遭枪杀，但他同 50 个武装入侵者激战了一天，把他们拖住了整整 12 个小时。入侵者因此而不能迅速前往布法罗（Buffalo）①。参加过 1886 年牛仔罢工的杰克·弗拉格也像钱皮恩一样由牛仔成了新移民的领头人。弗拉格也被列入了"应处死者"的黑名单。他和继子目睹了"KC 牧场"遭焚的惨状。他们骑马冲出七八个武装入侵者的围堵，沿途向人们发出警报，并到布法罗报告武装入侵者到来的消息。4 月 11 日，三四百名愤怒的约翰逊县居民武装起来，把武装入侵者包围在"TA 牧场"②。"约翰逊县战争"以入侵者的失败而告终。

牛仔罢工引起了美国政府的关注。一些报刊的报道强调了 1883 年牛仔罢工的严重性。如《柯林斯堡信使报》（Fort Collins Courier）在 1883 年 4 月 12 日的报道中称："塔斯科萨地区的罢工者有 200 人。"③《丹佛共和党人》在 3 月 27 日和 4 月 25 日也做了牛仔罢工严重性的类似报道。美国劳工委员会（United States Commissioner of Labor）关于 1883 年牛仔罢工是"成功的"错误判断进一步加大了这次罢工的严重性。该委员会的报告依据是在罢工的早期阶段（3 月 23 日—4 月 4 日），一些牧场主向罢工者做出了让步，牛仔获得一个月的较高工资（每天增加 0.5 美元）。于是该委员会根据逻辑推断，认为 1883 年的牛仔罢工

① W. Eugene Hollon, *Frontier Violence*, p. 157.

② Patrick McGee, *From Shane to Kill Bill*: *Rethinking the Western*, Hoboken: Wiley Black-well Press, 2006, p. 38; Helena H. Smith, *The War on Powder River*, pp. 214 – 215.

③ "Fort Collins Courier, Fort Collins, Colorado", Clifford P. Westermeier, ed., *Trailing the Cowboy*, p. 125.

是成功的①。这显然是一种谬断。然而，正是上述关于这次牛仔罢工"严重性"的渲染和误判引起了美国政府的关注。在华盛顿官方的记载中称，在 1883 年 3 月 23 日—4 月 4 日，得克萨斯潘汉德尔发生牛仔罢工，有 7 个牧场的 325 名牛仔卷入冲突。每天的工资从 1.18 美元增至1.68 美元②。

两次牛仔罢工表明分散、独立性很强的牛仔已经从早期消极的个人反抗牧场主的行为走上了联合反对垄断资本的斗争。随着牧牛业的迅速发展，在美国西部牧区逐渐形成了有数万人组成的牛仔群体。为了改善生活和工作条件，牛仔们采取了不同于以往的斗争方式。在早期个体牧场时期，牛仔只是以消极逃避的方式来对抗某个牧场主。如果一个牧场没有好厨师、吃住条件差，牧场主就很难留住好的牛仔。该牧场的牛仔只待 6—8 个月就会离开③，去找条件好的牧场。当时牛仔的流动性很大，他们难以建立自己的组织，只是以个人的自发行为和另寻雇主的方式反抗牧场主的剥削。两次牛仔罢工虽然也缺乏牛仔自己组织的领导，但已不是个人的消极反抗，而是采取了当时美国产业工人普遍采取的斗争形式——罢工。两次牛仔罢工有领导者，还有几个流动放牧队的成员为骨干，为维护自身利益和要求增加工资，进行了反对垄断资本掌控的大牧场的斗争。这表明牛仔们已从早期的个人自发的消极反抗行为走上了联合起来反对垄断资本的斗争道路。

更可贵的是，这种组织起来进行联合斗争的意识经过罢工斗争后得到进一步加强。19 世纪 80 年代的罢工斗争是牛仔和小牧场主联合起来反对大企业的斗争，是"小人物"反抗大牧场主的斗争。此后，小人物尝试着组织起来与"大人物"的牧牛者协会抗争。1883 年牛仔罢工

---

① Robert E. Zeigler, "The Cowboy Strike of 1883", Paul H. Carlson, ed., *The Cowboy Way: An Exploration of History and Culture*, p. 92, note 58.
② W. H. Hutchinson, "The Cowboy and Karl Marx", *Pacific Historian*, p. 326.
③ Bill Oden, *Early Days on the Texas – New Mexico Plains*, Canning: Y Palo Duro Press, p. 1965, p. 32.

失败后，牛仔和小牧场主尝试建立反对大牧场主的联合组织。1886 年 3 月建立的"新墨西哥北部小牧场主和牛仔联盟"便是突出的例证。该联盟发表的声明强调了两点：其一，雇用两名牛仔以上的牧场主不能加入这个联盟；其二，加入该联盟的牛仔要照顾小牧场主的利益，而小牧场主则要为牛仔的利益尽一切努力，并加强自己的力量①。虽然这个联盟与 1886 年牛仔罢工没有联系，并成为 1886—1887 年历史上罕见的暴风雪的牺牲品，但牛仔和小牧场主建立自己组织的活动仍在继续。1892 年，钱皮恩和一些与他有同样境遇的人组建了"怀俄明北部农场主和家畜饲养者协会"（Northern Wyoming Farmers' and Stock Growers' Association）。该协会是一个小农场主和小牧场主的组织。它一成立，就宣布不遵守"怀俄明家畜饲养者协会"规定的赶拢日期，提前 1 个月，由钱皮恩等两名工头领导进行独立赶拢②。这表明"小人物"通过建立自己的联合组织继续同独霸牧区的牧牛大王的协会进行斗争。

两次牛仔罢工是美国工人罢工的重要组成部分。在 1880—1886 年，得克萨斯共发起了 100 次罢工，总计有 8 124 名工人参加。这些罢工累积的时间共达 450 天，给资方造成的损失约 100 万美元③。在这些罢工中，1883 年的潘汉德尔牛仔罢工占有重要地位。无论从参加罢工的人数，还是从坚持的时间来看，1883 年的牛仔罢工在得克萨斯百次之多的罢工中是影响较大的一次，因而引起媒体和官方的高度关注。1886 年鲍德河牛仔罢工时，"劳动骑士团"在同年发动了"西南铁路大罢工"④。牛仔罢工和铁路工人的罢工互相支持，给予资方一定程度的打

---

① Lawrence I. Seidman, *Once in the Saddle: the Cowboys' Frontier, 1866 - 1896*, p. 127.

② Don Cusic, *Cowboys and the Wild West: An A - Z Guide from Chisholm Trail to the Silver Screen*, New York: Facts On File, 1994, p. 154; Helena H. Smith, *The War on Powder River*, p. 160.

③ "Strikes", http://www.tshaonline.org/handbookonline/articles/oes02.

④ "Great Southwest Railroad Strike", *History before 1886*, http://www.labordallas.org/hist/1886.htm.

击。两次牛仔罢工已被载入美国劳工史册。1883 年的牛仔罢工与同年
发生的弗吉尼亚州林奇堡（Lynchburg, Virginia）的"烟草工人罢工"
等大事件列入劳工史的大事记中。1886 年的牛仔罢工则与同年发生的
"五一大罢工"和"西南铁路罢工"等重要罢工载入史册①。

　　牛仔罢工成为美国劳工史研究中的一个重要方面。从两次牛仔罢工
发生之日起至今，一直受到新闻界和学界的关注。在上面的论述中，笔
者已提及大量论著。进入 21 世纪以后，对牛仔罢工的研究仍在继续。
特别是研究者借助网络平台，发表了不少短小精练的文章。甚至有美国
政界的重要人物为牛仔罢工撰文，如参议员约翰·科尼恩（John
Cornyn）于 2008 年在网上发表了《牛仔罢工》一文。科尼恩在概述了
1883 年牛仔罢工产生的原因、概况和塔斯科萨成为衰败的"鬼镇"
（Ghost Town）后，重点阐释了这个败落的"牛镇"在 20 世纪 30 年代
罗斯福新政时期对经济复苏所起的作用。他强调，由于卡尔·厄尔利
（Cal Earley）于 1939 年在塔斯科萨建立了"男孩牧场"（Boys Ranch），
8 000多个处在饥饿中的儿童得救②。这位参议员由此断言"美国梦"
没有破灭。该文发表在 2008 年美国次贷危机发生之后，作者似乎要借
70 年前的"男孩牧场"来提振美国人应对新危机的信心。由此不难看
出，牛仔罢工在美国劳工史乃至美国史上，有其独特的重要地位。

　　　　　　　　　　　　　　（原载《史学月刊》2013 年第 2 期）

---

① "US Labor History", http：//norritI tripod. com/1800. htm.
② John Cornyn,"The Cowboy Strike", September 9th, 2008, http：//www. calfarleysboys-ranch. org /visitors /Pages /The cowboy Strike. aspx.

参考文献

一、原始文献、工具书

（一）原始文献

Congressional Record, vol. 117, Washington, Dec. 2, 1971.

Public Law (86 – 234), *Congress Acts*, ABC News, http：//www. webcom. com/lady hawkl/.

Tenth Census of the U. S. 1880, *Productions of Agriculture*, Washington, 1883.

Tenth Census of the United States, 1900, *Agriculture*, Washington, 1900.

Wild Horses of Pryor Mountains, *Congress Acts*, ABC News, http：// www. webcom. com/lady Hawkl/.

U. S. Department Commerce Bureau of the Census, *Historical Statistics of the United States*, *Colonial Times to* 1970, New York, 1989.

Abbott, E. C. ("Teddy Blue Smith") & Smith, Helena H., *We Pointed Them North*：*Recollection of a Cowpuncher*, Norman：University of O-klahoma Press, 1939, 1955.

Adams, Andy, *The Log of A Cowboy*：*A Narrative of the Trail Days*,

Lincoln: University of Nebraska Press, 1903.

Bard, Floyd C. , *Horse Wrangler: Sixty years in the Saddle in Wyoming and Montana*, Norman: University of Oklahoma Press, 1960.

Brown, Dee, *Trail Driving Days*, New York: Bonanza Books, 1952.

Clay, John, *My Life on the Range*, New York: Antiquarian Press Ltd, 1961, reprint.

Cornmager, Henry S. , ed. , *Documents of American History*, New York: Appleton – Century – Crofts, 1963, Vol. 1.

Dodd, Donald B. , compiled, *Historical Statistics of the States of the United States*, *Two Centuries of the Census*, 1790 – 1990, Westport, Connecticut · London, 1993.

Duke, Cordia & Frantz, Joe B. , *Six Thousand Miles of Fence: Life on the XIT Ranch of Texas*, Austin: University of Texas Press, 1961.

Freeman, James W. , ed. , *Prose and Poetry of the Live Stock Industry of the United States*, Daver and Kansas City: Authority of the Live Stock Association, 1904 and 1905.

Katz, William L. , *The Black West, A Documentary and Pictorical History*, Garden City, 1973.

Lanning, Jim & Lanning, Judy, eds. , *Texas Cowboys: Memories of the Early Days*, College Station: Texas A&M University, 1984.

Love, Nat, *The Life and Adventures of Nat Love: Better Known in the Cattle County as "Deadwood Dick"*, Los Angles, 1907; reprinted, New York: Arno Press, 1968.

McArthur, D. E. , *The Cattle Industry of Texas*, 1865 – 1918, University of Texas Archives, 1918.

Morrison, Elting E. , *The Letters of Theodore Roosevelt*, vol. 5, Cambridge, 1952.

Oden, Bill, *Early Days on the Texas – New Mexico Plains*, Canning: Y Palo Duro Press, p. 1965.

Richardson, James, *A Compilation of the Messages and Papers of the Presidents*, vol. 10, Washington, 1914.

Ridge, Martin, Billington, Ray A., etc., *America's Frontier Story, A Document of Western Expansion*, New York · Chicago, 1969.

Roosevelt, Theodore, *Ranch Life and the Hunting Trail*, Reprinted from first edition published in 1888, Lincoln & London: University of Nebraska Press, 1983.

米切尔, B.R. 主编:《帕尔格雷夫世界历史统计 (1775—1993)》, 美洲卷, 经济出版社 2000 年版。

（二）工具书

The Angus & Robertson Concise Australian Encyclopedia, North Ryde, NSW · London, 1986.

The Australian Encyclopedia, vol. 1, Sydney, 1979.

The Australian Encyclopedia, vol. 5, Sydney, 1979.

The Encyclopedia America, vol. 1, Danbury, 1988.

The Encyclopedia America, vol. 2, Danbury, 1997.

The Encyclopedia America, vol. 19, Danbury, 1986.

The Encyclopedia America, vol. 26, Danbury, 1991.

The Encyclopedia, vol. 4, Danbury, 1997.

The Encyclopedia, vol. 20, Danbury, 1997.

The Encyclopedia, vol. 25, Danbury, 1997.

The Encyclopedia, vol. 26, Danbury, 1997.

Encyclopædia Btitannica, vol. 19, Chicago, 1980.

The New Encyclopædia Britannica, vol. 1, Chicago · London, 2002.

Albertson, Dean, etc., *The Encyclopædia of American History*, Gilford, 1973.

Lamar, Howard R. , *The Reader's Encyclopedia of the American West*, New York, 1977.

Lamar, Howard R. , *The Reader's Encyclopedia of the American West*, New Haven · London, 1998.

Porter, Glenn, ed. , Encyclopedia of American Economic History Studies of the Principal Movement and Ideas, vol. 2, New York, 1980.

Shaw, John, ed. , *Collins Australian Encyclopedia*, Sydney, 1984.

Slatta, Richard W. , *The Cowboy Encyclopedia*, Santa Barbara, 1994.

Tenenboum, Barbara A. , ed. In chief, *Encyclopedia of Latin American History and Culture*, vol. 3, New York · London · Mexico City · Sydney · Toronto, 1996.

Tenenboum, Barbara A. , ed. In chief, *Encyclopedia of Latin American History and Culture*, vol. 5, New York · London · Mexico City · Sydney · Toronto, 1996.

Adams, Ramon, *Western Words*: *A Dictionary of the Range*, Norman: University of Oklahoma Press, 1944, 1946.

Cusic, Don, *Cowboys and Wild West*: *An A – Z Guide from the Chisholm Trail to the Silver Screen*, New York: Facts on File, Inc. , 1994.

Hanes, Colonel Bailey C. , Pickett, Bill, *Bulldogger*: *The Biography of a Black Cowboy*, Norman: University of Oklahoma Press, 1977.

Lamar, Howard R. , ed. , *The Reader's Encyclopedia of the American West*, New York: Thomas Y. Crowell Company, 1977.

《简明不列颠百科全书》（*Concise Encyclopædia Brityannica*），第1卷，第2卷，第4卷，第7卷，第8卷，北京：中国大百科全书出版社1985年版。

《新英汉词典（增补本）》（*A New English – Chinese Dictionary*），上

海：上海译文出版社 1995 年版。

《新西汉词典》（*Nuevo Diccionario Espanol – Chino*），北京：商务印书馆 1986 年版。

北京外国语学院西班牙语系《新西班牙语词典》组编：《新西汉词典》，北京：商务印书馆 1982 年版。

刘绪贻、李世洞主编：《美国研究词典》，北京：中国社会科学出版社 2002 年版。

陆谷孙主编：《英汉大字典》（第 2 版），上海：上海译文出版社 2008 年版。

王同忆主编译：《英汉辞海》（*The English – Chinese Word – Ocean Dictionary*）（上、下），北京：国际工业出版社 1988 年版。

二、英文论著
（一）专著

Abel, Annie H., ed., *The Official Correspondence of James S. Calhoun While Indian Agent at Santa Fe and Superintend of Indian Affairs in New Mexico*, Washington, 1915.

Abbott, Teddy B., Smith, Helena Hantington, *We Pointed Them North*, Norman, 1971.

Adams, Andy, *The Log of a Cowboy*, Lincoln, 1903.

Adams, Ramon F., *Come and Get It: The Story of Old Cowboy Cooks*, Norman: University of Oklahoma Press, 1952.

Adams, Ramon F., *The Cowman & His Code of Ethics*, Austin, 1969.

Allen, Ruth, *Chapters in the History of Organized Labor in Texas*, Austin, 1941.

Albert, J. S., *Examination of New Mexico in the Year* 1846 – 47, 30th

Congress EX. Dec. No. 41, Washington, 1848.

Aldridge, Reginald, *Life on a Ranch: Ranch Notes in Kansas, Colorado, the Indian Territory and Northern Texas*, London, 1884.

Athern, Robert C. , *High Country Empire: The High Plains and Rockies*, Lincoln: University of Nebraska Press, 1960.

Atherton, Lewis, *The Cattle Kings*, Lincoln: Indiana University Press, 1961.

Babbitt, A. T. , *The Grazing Interest and the Beef Supply*, Cheyenne, 1882.

Bailey, Thomas A. & Kennedy, David M. , *The American Pageant: A History of Republic*, Vol. 2, 7th Ed. , Lexington, Massachusetts · Toronto: D. C. Heath and Company, 1983.

Beach, Richard, *Two Hundred Years of Sheep Raising in the Upper Ohio Area: with Special Reference to Washington County, Pennsylvania*, Washington, 1976.

Beck, Warren A. , *New Mexico, A History of Four Centuries*, Norman, 1962.

Billington, Ray A. , *The Far Western Frontier*, 1830 – 1860, New York, 1956.

Billington, Ray A. , *Westward Expansion: A History of the American Frontier*, 4th Edition, New York: Macmillan Publishing Co. , Inc. , 1974.

Branch, Douglas, *The Cowboy and His Interpreters*, New York: Cooper Souare Publisher, Inc. , 1961.

Brewer, William H. , *Up and Down California in* 1860—1864: *the Journal of William H. Brewer*, New Haven, 1930.

Briggs, Harold E. , *Frontiers of Northwest*, New York, 1940.

Brisbin, James S. , *Beef Bonanza, or How to Get Rich on the Plains*,

Norman, 1959.

Brown, George, *America, A Narrative History*, New York, 1988.

Bryant, Jack & Dahlberg, Clay, et al, *The American Cowboy*, Birmingham: Oxmoor House, Inc. , 1975.

Burlingame, Merrill G. , *The Montana Frontier*, Helena, 1942.

Carlson, Paul H. , *Texas Woolly Backs, The Range Sheep and Goat Industry*, College Station, 1982.

Carlson, Paul H. , ed. , *The Cowboy Way: An Exploration of History and Culture*, Labbock, Texas: Texas Tech University Press, 2000.

Carlson, Paul H. , *Empire Builder in the Texas Panhandle: William Henry Bush*, College Station: Texas A&M University Press, 1996.

Carman, Ezra A. , Heath, H. A. , Minto, John, *Special Report on the History and Present Conditions of the Sheep Industry of the United States*, Washington, 1892.

Carrent, Richard N. , Williams, T. Harry, Freidel, Frank, Brinkley, Alan, *American History*, vol. 2, New York, 1987.

Carroll, H. B. , Haggard, J. V. , *Three New Mexico Chronicles*, Albuquerque, 1942.

Cawelti, John G. , *The Six – Gun Mystique*, Bowling Green, 1975.

Charles, Ralph, *Development of Partido System in New Mexico Sheep Industry*, Albuquerque, 1940.

Clark, Thomas D. , *Frontier America, The Story of Westward Movement*, New York, 1959.

Clawson, Marion, *The Land System of the United States*, Lincoln, 1968.

Clawson, Marion, *The Western Range Livestock Industry*, New York, 1956.

Clay, John, *My life on the Range*, Chicago, 1924.

Clayton, Lawrence, Hoy, Jim & Underwood, Jerald, *Vaqueros, Cowboys and Buckaroos*, Austin: University of Texas Press, 2001.

Cleland, Robert G., *The Cattle on the Thousand Hills Southern California*, 1850 – 1880, San Marino, 1964.

Coe, George W., *Frontier Fighter*, The Autobiography of George W. Coe, Albuquerque, 1951.

Collin, Joseph R., The American Past, Chicago, 1987.

Coolidge, Dane, *Texas Cowboy*, Tucson, Arizona: University of Arizona Press, 1985.

Coues, Elliot, ed., *The Expeditions of Zebulon Montgomery Pike*, vol. 11, New York, 1895.

Coulter, E. Merton, *The Confederate States of America 1861 – 1865*, Baton Rouge, 1950.

Cox, James, *Historical and Biographical Record of the Cattle Industry and the Cattlemen of Texas and Adjacent Territory*, San Luis, 1895.

Crassweller, Robert D., *Peron and the Enigmas of Argentina*, New York · London, 1987.

Crawford, R. M., *Australia*, London, 1955.

D., Henry, Mccallum, Frances T., *The Wire That Fenced the West*, Norman, 1965.

Dale, Edward E., *Cow Country*, Norman, 1942.

Dale, Edward E., *The Range Cattle Industry*, Norman, 1930.

Dale, Edward E., *Frontier Ways: Sketches of Life in the Old West*, Austin: University of Texas Press, 1959.

Dary, David, *Cowboy Culture: A Saga of Five Centuries*, Lawrence: University Press of Kansas, 1981, 1989.

Davis, William Watts Hart, *EL Gringo: or, New Mexico and Her People*, New York, 1957.

Dearing, Frank V. , ed. , *The Best Novels and Stories of Eugene Manlove Rhodes*, Boston, 1949.

Debo, Angie, ed. , *The Cowman's Southwest: Being the Reminiscences of Oliver Nelson*, Lincoln and London: University of Nebraska Press, 1986.

Dick, Everett, *The Sod-House Frontier*,1854 – 1890, Lincoln, 1954.

Divine, Robert A. , Breen, T. H. , Fredrickson, George M. , Williams, R. Hal, *America, Past and Present*, vol. 2, London, 1984.

Dobie, J. Frank, *A Vaquero of the Brush Country*, Dalas: The Southwest Press, 1929.

Dobie, J. Frank, *Guide to Life and Literature of the Southwest*, Dallas: Southern Methodist University Press, 1952.

Dobie, J. Frank, *The Longhorns*, New York: Grosset & Dunlap, 1941.

Dobie, J. Frank, *The Mustangs*, Boston: Little, Brown and Company, 1952.

Dobie, J. Frank, *Up to the Trail from Texas*, New York: Random House, Inc. , 1955.

Drago, Harry S. , *Great American Cattle Trade, the Story of the Old Cow Paths of the East and the Longhorn Highways of the Plains*, New York, 1965.

Drago, Harry S. , *Great American Cattle Trails*, New York, 1965.

Drago, Harry S. , *The Great Range Wars, Violence on the Grasslands*, New York, 1970.

Drago, Harry S. , *Wild, Wooly & Wicked: The History of the Kansas Cow Towns and the Texas Cattle Trade*, New York: Clarkson N. Porter Inc. / Publisher, 1960.

Durham, Philip & Jones, Everett L., *The Negro Cowboys*, Lincoln & London: University of Nebraska Press, 1965.

Durham, Phillip & Jones, Everett L., *The Adventures of the Negro Cowboy*, New York: Dodd, Mead, 1966.

Duke, Cordia S., Frantz, Joe B., 6, 000 *of Miles Fence: Life on the XIT Ranch of Texas*, Austin, 1961.

Durham, Phillip, Jones, Everett L., *The Negro Cowboys*, New York, 1965.

Dwyer, Thomas A., *Horse and Mule – Raising in Western Texas*, San Antonio, 1872.

Dykstra, Robert R., *Cattle Towns*, New York, 1968.

Emory, W. H., *Notes of a Military*, *Reconnaissance*, 30th *Congress*, 1st *Sess. EX. Doc. No.* 41, Washington, 1848.

Fehrenbach, T. R., *Lone Star: A History of Texas and Texans*, New York: Wings Book, 1990.

Ferrer, Aldo, *Argentine Economy*, Berkeley · Los Angeles, 1967.

Ferris, Robert G., ed., *Prospector*, *Cowhand and Sodbuster*, Washington, 1967.

Fletcher, Sydney E., *The Big Book of Cowboys*, New York: Grosset & Dunlap, Inc., 1973.

Fletcher, Sydney E., *The Cowboy and His Horse*, New York: Grosset & Dunlap, Inc., 1951.

Forbis, William H., *The Cowboys*, New York: Time-Life Books, 1973.

Foss, Phillip O., *Politics and Grass*, *The Administration of Grazing on the Public Domain*, Seattle, 1960.

Frantz, J., *Texas: A Bicentennial History*, New York, 1976.

Frantz, Joe B. & Choate, Julian Ernest, Jr., *The American Cowboy:*

The Myth & The Reality, Westport: Greenwood Press, Publishers, 1981.

Frantz, Joe B. & Choate, Julian Ernest, Jr. , *The American Cowboy*: *The Myth & The Reality*, Norman: University of Oklahoma Press, 1955.

Freeman, James W. , ed. , *Prose and Poetry of the Livestock Industry of the United States*, Denver · Kansas City, 1959.

Freedman, Russell, *In the Day of the Vaqueros*: *America's First True Cowboys*, New York: Clorion Books, 2001.

Frink, Maurice, Jackson, W. Turrentine, Spring, Agnes W. , *When Grass Was King*, Boulder, 1956.

Garraty, John A. , McCaughey, Robert A. , *A Short History of the A-merican Nation*, New York · London, 1989.

Gates, Paul W. , *The Farmer's Age*: *Agriculture*, 1815 – 1860, New York · Evanston · London, 1960.

Gibson, Charles M. , *Organized Labor in Texas from* 1890 – 1900, master's thesis, 1973. http: etd. lib. ttu. edu/theses/available/etd – 080720 0931295002267309/unrestricted/3129500226730.

Gragg, Josiah, *Commerce of the Prairies*, Norman, 1954.

Green, Donald E. , *Panhandle Pioneer*: *Henry C. Hitch*, *His Ranch*, *and His Family*, Norman, 1979.

Greever, William S. , *The Bonanza West*, *The Story of Western Mining Rushes*, 1848 – 1900, Norman, 1963.

Gressley, Gene M. , *Bankers and Cattlemen*, New York: University of Nebraska Press, 1966.

Grinnell, George B. , *Jack The Young Cowboy*: *an Eastern Boy's Expe-rience on a Western Round – up*, Frederick A. Stokes Company, 1913.

Hafen LeRoy R. , Hollon, W. Eugene, Rister, Carl. C. , *Western A-merica*, Englwood Cliffs: Prentice – Hall, Inc. , 1970.

Hagedorn, Hermann, *Roosevelt in the Bad Lands*, Boston, 1921.

Haley, J. Evetts, *George W. Little Field*, Texan, Norman: University of Oklahoma Press, 1943.

Haley, J. Evetts, *Goodnight, Charles, Cowman and Plainsman*, Boston, 1936.

Haley, J. Evetts, *The XIT Ranch of Texas and the Early Days of the Uano Estacado*, Norman: University of Oklahoma Press, 1953.

Haley, James E. , *Charles Goodnight: Cowman & Plainsman*, Boston: Houghton Mifflin, 1936.

Haley, James E. , *Charles Goodnight: Cowman and Plainsman*, Norman: University of Oklahoma Press, 1949.

Hamilton, James M. , *From Wilderness to Statehood, A History of Montana*, 1805 – 1900, Portland, 1957.

Hamlin, William L. , *The True Story of Billy the Kid, A Tale of the Lincoln County War*, Caldwell, 1959.

Haring, Clarence H. , *Argentina and the United States*, Boston, 1941.

Hastings, Frank S. , *A Ranchman's Recollections*, Chicago, 1921.

Heath, H. A. , *Condition of the Sheep Industry West of Mississippi*, Washington, 1891.

Henry, Stuart, *Conquering Our Great American Plains: A Historical Development*, New York, 1930.

Hine, Robert V. , *The American West: An Interpretive History*, Boston: Little Brown & Company, p. 1973, 1984.

Hofstadter, Richard, etc. , *The American Republic Since* 1865, vol. 2, Englewood Cliffs, 1959.

Hollon, W. Eugene, *Frontier Violence*, New York: Oxford University Press Inc. , 1974.

Hough, Emerson, *The Story of the Cowboy*, New York and London: D. Appleton Company, 1897, 1930.

Hudson, Wilson M. , *Andy Adams: His Life and Writings*, Dallas: Southern Methodist University Press, 1964.

Hunter, John Marvin, *The Trail Drivers of Texas*, Austin: University of Texas Press, 2000.

Jackson, W. Turrentine, *The Enterprising Scot*, *Investors in the American West after* 1873, Edinburgh, 1968.

Jamieson, Stuart M. , *Labor Unionism in American Agriculture*, Washington: Arno Press, 1976.

Jordan, Terresa, *Cowgirls*, *Women of the American West*, Garden City, 1982.

Jordan, Terry G. , *North American Cattle Ranching Frontier: Origins*, *Diffusion and Differentiation*, Albuquerque: University of New Mexico Press, 1993.

Jordan, Terry G. , *Trail to Texas: Southern Roots of Western Cattle Ranching*, Lincoln: University of Nebraska Press, 1981.

Katz, William L. , *The Black West*, Arden City, New York: Doubleday & Company, Inc. , 1971, Anchor Books Revised Edition, 1973.

Keith, Noel L. , *The Brites of Capote*, Fort Worth, 1950.

Kupper, Winifred, *Golden Hoof*, *The Story of the Sheep of the Southwest*, New York, 1945.

Lang, Lincoln A. , *Ranching with Roosevelt*, Philadelphia, 1926.

Laverder, David, *The Great West*, New York, 1965.

Lea, Tom, *The King Ranch*, vol. 2, Boston, 1957.

Lehmann, Valgene W. , *Forgotten Legions*, *Sheep in the Rio Grande Plain of Texas*, El Paso, 1969.

Lomax, John A. , *Cowboy Songs and Other Frontier Ballads*, New York: Macmillan Publishing Co. , 1918.

MacDowell, Bart, *The American Cowboy in Life and Legend*, Washington, D. C. : National Geographic Society, 1977.

Malone, Michael P. , *Historians and the American West*, Lincoln, 1984.

Malone, Michael P. , Roader, Richard B. , ed. , *Montana's Past Selected Essays*, Missoula, 1973.

Martin, James K. , Roberts, Randy, Mintz, Steven, *America and Its People*, London, 1989.

Massey, Sara R. , ed. , *Black Cowboys of Texas*, College Station: Texas A&M University Press, 2000.

McCarty, John L. , *Maverick Town: The Story of Old Tascosa*, Norman: University of Oklahoma Press, 1946.

McCauley, James E. , *A Stove – Up Cowboy's Story*, Dallas: Southern Methodist University Press, 1965.

McCoy, Joseph G. , *Cattle Trade of the West and Southwest*, Ann Arbor: University Microfilms Inc. , 1996.

McCoy, Joseph G. , *Historic Sketches of the Cattle Trade of the West and Southwest*, Kansas City: Amsey, Millett, and Hudson, 1874.

McDermott, John F. , ed. , *The Frontier Re-examined*, Urbana, 1967.

McGee, Patrick, *From Shane to Kill Bill: Rethinking the Western*, Hoboken: Wiley Blackwell Press, 2006.

McGregor, Alexander C. , *Coming Sheep*, *From Open Range to Agribusiness on the Columbia Plateau*, Seattle, 1982.

Mercer, A. S. , *The Banditti of the Plains*, *Or the Cattlemen's Invasion of Wyoming in* 1892, Norman: University of Oklahoma Press, 1954.

Miller, Harold, *New Zealand*, London, 1955.

Moor, John H. , *The Cheyenne*, Cambridge: Blackwell Publishing, 1996.

Morison, Samuel E. , *Admiral of Oceans*, Boston: Little, Brown and Company, 1942.

Myres, Sandra L. , *The Ranch in Spanish Texas*, 1690—1800, The University of Texas at EL Pasa: Texas Western Press, 1969.

Nichols, Roger L. , ed. , *American Frontier and Western Issues*, *A Historiographical Review*, New York · Westport · London, 1986.

Nordyke, Lewis, *Great Roundup: The Story of Texas and Southwestern Cowmen*, New York: William Morrow & Company, 1955.

Nye, Russel B. , *Midwestern Progressive Politics*, *A History Study of Origins and Development*, 1870 – 1958, East Lansing, 1959.

Oates, Stephen B. , ed. , *Portrait of America*, vol. 2, Boston, 1982.

Oden, Bill, *Early Days on the Texas – New Mexico Plains*, Canning, 1965.

Oliphant, J. Orin, *On the Cattle Ranges of the Oregon Country*, Seattle, 1968.

O' neil, Paul, *The End and the Myth*, Alexandria, Virginia: Time – Life Books, Inc. , 1979.

Osgood, Ernest S. , *The Day of the Cattleman*, Chicago and London: University of Chicago Press, Fifth Impression, 1968.

Pakenham, Thomas, *The Boer War*, Johannesburg, 1979.

Parkman, Francis, *The Oregon Trail*, New York, 1959.

Paul, Virginia, *This Was Sheep Ranching*, *Yesterday and Today*, Seattle, 1976.

Paxson, Frederick L. , *The Last American Frontier*, 1910.

Pelzer, Louis, *The Cattleman's Frontier: A Record of the Trans – Mississippi Cattle Industry*, 1850—1900, Glendale: Arthur H. Clark Company, 1936.

Pirtle, Caleb, ed. , *The American Cowboy*, Birmingham: Oxmoor House, Inc. , 1975.

Platt, D. C. M. , *Guido di Tella, Argentina, Australia and Canada, Studies in Comparative Development*, 1870—1965, Oxford, 1985.

Ponting, Thomas C. , *Life of Tom Candy Ponting, Autobiography*, Evanston, 1952.

Porter, Kenneth W. , *The Negro on the American Frontier*, New York: Arno Press, 1970.

Powers, Stephen, *Afoot and Alone*, Hartford, 1872.

Powers, Stephen, *The American Merino: For Wool and For Mutton*, New York, 1887.

Raine, William M. , Barnes, Will C. , *Cattle*, Garden City, 1930.

Reps, John W. , *Cities of American West*, Princeton, 1979.

Richard W. Slatta, *Comparing Cowboys and Frontiers*, Norman & London: University of Oklahoma Press, 1997.

Richardson, Rupert N. , Anderson, Adrian, Wallace, Ernest, *Texas: The Lone Star State*, Prentice – Hall Inc. , 1997.

Richardson, Rupert N. , Rister, Carl C. , *The Greater Southwest*, Glenn Dale, 1935.

Richthofen, Walter Baron Von, *Cattle – Raising in the Plains of North America*, Norman, 1964.

Ridge, Martin & Billington, Ray A. , ed. , *America's Frontier Story: A Document History of Western Expansion*, New York. Chicago: Holt Rincent Winstoy, 1969.

Riegel, Robert E. & Athearn, Robert G. , *America Moves West*, New York, Chicago: Holt, Rinehart and Winston, 1971, fifth edition.

Robbins, Roy M. , *Our Land Heritage*, *The Public Domain* 1776 – 1936, Lincoln, 1962.

Roenigk, Adolph, ed, *Pioneer History of Kansas*, Denver, 1933.

Rollins, Philip A. , *The Cowboy: An Unconventional History of Civilization on the Old – Time Cattle Range*, Norman: University of Oklahoma Press, 1997.

Rollins, Phillip A. , *The Cowboy*, New York: Charles Scribner's Sons, 1922; Revised and Enlarged Edition, 1963.

Rollinson, John K. , *Wyoming: Cattle Trails*, Idaho Caldwell: The Caxton Publishing Company, 1948.

Sandoz, Mari, *Old Jules*, Lincoln, 1962.

Sandoz, Mari, *The Buffalo Hunters*, Lincoln · London, 1954.

Sandoz, Mari, *The Cattle men From the Rio Grande Across the Far Marias*, New York, 1958.

Santee, Ross, *Cowboy*, New York: Grosset & Dunlap, 1928.

Santee, Ross, *Men and Horses*, New York and London: Century Co. , 1926.

Saunderson, Mont H. , *Western Stock Ranching*, Minneapolis, 1950.

Savage, William W. , Jr. , *Cowboy Life: Reconstructing an American Myth*, Norman: University of Oklahoma Press, 1974.

Savage, Jr. , William W. , ed. , *Cowboy Life, Reconstructing an American Myth*, Norman, 1975.

Savage, William W. , Jr. , *The Cowboy Hero: His Image in American History and Culture*, Norman: University of Oklahoma Press, 1979.

Schlebecker, John T. , *Cattle Raising on the Plains*, 1900 – 1961,

Lincoln, 1963.

Schmidt, Louis B. , Ross, Earle D. , *Readings in the Economic History of American Agriculture*, New York, 1925.

Schofield, Donald F. , *Indians, Cattle, Ships and Oil: The Story of W. M. D. Lee*, Austin: University of Texas, 1985.

Schofield, Donald F. , *The Story of W. M. D. Lee*, Austin: University of Texas Press, 1985.

Scott, John A. , *The Story of America*, Washington, 1984.

Seidman, Laurence I. , *Once in the Saddle: The Cowboy's Frontier*, 1866—1986, New York: Alfred A. Knopf, Inc. , 1973.

Shaner, Dolph, *John Baxter Springs: Picturesque Character of Frontier Days*, Baxter Springs, 1955.

Shannon, Fred A. , *The Farmer's Last Frontier, Agriculture*, 1860 – 1897, New York, 1945.

Sirrngo, Charles A. , *A Cowboy Dective*, New York: J. S. Orgilive Publishing Company, 1912.

Siringo, Charles A. , *A Lone Star Cowboy*, Santa Fe, New Mexico, 1919; Santa Fe: Sanstone Press, 2006 reprint.

Sirrngo, Charles A. , *A Texas Cowboy*, New York: William Sloane Associates, 1950.

Siringo, Charles A. , *Riata and Spurs: The Story of a Lifetime Spent in the Saddle as Cowboy and Ranger*, Boston: Houghton Mifflin, 1931.

Slatta, Richard W. , ed. , *Cowboy Encyclopedia*, Santa Barbara, California: ABC – CLIO, Inc. , 1994.

Slatta, Richard W. , *Cowboys of the Americas*, New Haven and London: Yale University Press, 1990.

Smith, Helena H. , *The War on Powder River*, New York: McGraw –

Hill Book Company, 1966.

Smith, Mark A. , *Tariff on Wool*, London, 1955.

Snell, Joseph W. , *Painted Ladies of the Cowtown Frontiers*, Kansas City, 1965.

Sonichson, Charles L. , *Cowboys and Cattle Kings: Life on the Range Today*, Norman: University of Oklahoma Press, 1950.

Spring, Agnes W. , *Cow Country Legacies*, Kansas City, 1976.

Stavrianos, L. S. , *The World Since* 1500, *A Global History*, Englewood Cliffs, 1982.

Steckmesser, Kent L. , *Western Hero in History and Legend*, Norman, 1965.

Steiner, Stan, *The Ranchers*, *A Book of Generations*, Norman, 1980.

Stewart, Paul W. & Ponce, Wallace Yvonne, *Black Cowboys*, Colorado, Denver: Black American West Museum and Heritage Center, 1986.

Strahorn, R. E. , *Handbook of Wyoming and Guide to the Black Hills and Big Horn Regions*, Cheyenne, 1877.

Stuart, Granville, *Forty Years on the Frontier*, vol. 2, Cleveland, 1925.

Stuart, Granville, *Pioneering in Montana*, *The Making of a State*, 1864 – 1887, Lincoln · London, 1925.

Sullivan, Dulcie, *The LS Ranch: The Story of a Texas Panhandle Ranch*, Austin & London: University of Texas, 1966.

Tanner, Ogden, *The Ranchers*, Alexandria, 1977.

Taussing, F. W. , *The Tariff History of the United States*, New York · London, 1931.

Terris, Robert G. , *Prospector, Cowhand, and Sodbuster: Historic Places Associated With the Mining, Ranching, and Farming Frontiers in the*

Trans − Mississippi West, Vol. 11, Washington: United States Depart of the Interior, National Park Service, 1967.

Thorp, N. Howard, *Whose Old Cow? N. Howard Thorp "Jack Thorp"*, *Songs of the Cowboys*, Boston · New York: Houghton Mifflin, 1921.

Tinkle, Lon, Maxwell, Allen, ed. , *The Cowboy Reader*, New York, 1959.

Todd, Bruce G. , Hooks, Bones, *Pioneer: Negro Cowboy*, Gretna: Pelican Publishing Company, Inc. , 2005.

Towne, Charles W. , *Edward N. Wentworth, Shepherd's Empire*, Norman, 1946.

Towne, Charles W. , Wentworth, Edward N. , *Cattle and Men*, Norman, 1955.

Townsend, R. B. , *The Tenderfoot in New Mexico*, London, 1923.

Turner, Frederick J. , *The Turner Thesis, Concerning The Rose of Frontier in American History*, Boston, 1949.

Tusba, Jon, *Billy the Kid, His Life and Legend*, Westport · London, 1994.

Urbanek, Mae, *Ghost Trails of Wyoming*, Boulder, 1978.

Utley, Robert M. , *Frontier Regulars, The United States Army and Indian*, Lincoln, 1967.

Wagner, Tricia Martineau, *Black Cowboys of the Old West*, Guilford: Two dot Book, 2011.

Wagoner, J. J. , *History of Cattle Industry in South Arizona*, 1540 − 1940, Tucson, 1952.

Ward, Don, *Cowboys and Cattle Country*, New York, American Heritage Publishing Co. , Inc. , 1961.

Ward, Fay E. , *The Cowboy at Work*, Norman and London: University of Oklahoma Press, 1958.

Webb, Walter Pescott, *The Great Plains*, Waltham, Massachusetts: Blasdell Publishing Company, 1931, 1959.

Wellman, Paul I. , *A Dynasty of Western Outlaws*, New York, 1961.

Wentworth, Edward N. , *America's Sheep Trails: History, Personalities*, Ames, 1948.

Westermeier, Clifford P. , ed. , *Trailing the Cowboy, His Life and Lore as Told by Frontier Journalists*, Caldwell, Idaho: The Caxton Printers, Ltd. , 1955.

Williams, D. B. , ed. , *Agriculture in Australian Economy*, Sydney, 1982.

Wister, Owen, *The Virginian*, New York, 1932.

Wood, Charles L. , *The Kansas Beef Industry*, Lawrence, 1980.

Woodman, David, Jr. , *Guide to Texas Emigrant*, Waco: Texan Press, 1974.

Wooton, E. O. , *The Range Problem in New Mexico*, Las Cruces, 1908.

Worcester, Don, *The Chisholm Trail: High Road of the Cattle Kingdom*, New York: Indian Head Books, 1980.

Wright, Chester W. , *Wool – Growing and Tariff*, Cambridge, 1910.

（二）论文

"A Cowboy Strike", *Texas Live Stock Journal*, March 12th 1883, Clifford P. Westermeier, ed. , *Trailing the Cowboy*, Caldwell, Idaho: The Caxton Printers, Ltd. , 1955.

"Great Southwest Railroad Strike", *History before* 1886, http: // www. labordallas. org/hist/1886. htm.

"Lewis Atherton", http: //shs. umsystem. edu/manuscripts/columbia/ 3603. pdf.

"Strikes", http: //www. tshaonline. org/handbookonline/articles/oes02.

"Texas Round – Up", *Denver Republican*, April 25th 1883, Clifford P. Westermeier, ed. , *Trailing the Cowboy*, Caldwell, Idaho: The Caxton Printers, Ltd. , 1955.

Atherton, Lewis, "Cattleman and Cowboy: Fact and Fancy", *Montana the Magazine of Western History*, vol. 11, N. 4, 1961.

Atherton, Lewis, "Cattleman and Cowboy: Fact and Fancy", Michael S. Kennedy ed. , *Cowboys and Cattlemen*, New York: Hastings House, Publisher, 1964.

Baker, Oliver E. , "Agricultural Regions of North America, part 10 – The Grazing and Irrigated Crops Region", *Economic Geography*, vol. 7, 1931.

Baumann, John, "On a Western Ranch", *Economist*, vol. 76, 1887.

Bowens, Doreen C. , "Black Cowboys Have Rich, Respectful History in South Texas", Apr. 11, 1999, http: //www. chautos. com/autocon. v/ newslocal/99/newslocal 1883. html.

Box, Thadis W. , "*Range Deterioration in West Texas*", *Southwestern Historical Quarterly*, vol. 71, 1967.

Brayer, Herbert O. , "The Influence of British Capital on the Western Range Cattle Industry", *Journal of Economic History*, vol. 9, 1949.

Briggs, Harold E. , "Ranching and Stock Raising in the Territory of South Dakota", *South Dakota Historical Collections*, vol. 14, 1928.

Brown, Amanda Wardin, "A Pioneer in Colorado and Wyoming", *Colorado Magazine*, Vol. 35, 1958, Oct.

Burton, Harley T. , "A History of the J. A. Ranch", *Southwestern Historical Quarterly*, vol. 31, 1927.

Carlson, Alvar Ward, New Mexico's Sheep Industry, 1850 – 1900: It's

Role in the History of the Territory, *New Mexico Historical Review*, vol. 64, 1969.

Carlson, Paul H. , "A Cowboy Bibliography", Paul H. Carlson, ed. , *The Cowboy Way: An Exploration of History and Culture*, Lubbock: Texas Tech University Press, 2000.

Cornyn, John, "The Cowboy Strike", September 9th, 2008, http: // www. calfarleysboysranch. org /visitors /Pages /The cowboy Strike. aspx.

Dale, Edward E. ,"Cow Country in Transition", *Mississippi Valley Historical Review*, vol. 24, No. 1, 1937.

Dale, Edward E. ,"Ranching on the Cheyenne – Arapaho Reservation", *Chronicles of Oklahoma*, 1928.

Dale, Edward E. , "The History of Range Cattle Industry in Oklahoma", *American Historical Association* , *Annual Report for* 1920, Washington, 1925.

Dale, Edward E. , "The Range Man's Last Frontier", *Mississippi Valley Historical Review*, vol. 10, 1923.

Davis, Rodney O. , "Before Barbed Wire: Herd Law Agitations in Early Kansas and Nebraska", *Journal of the West*, vol. 6, 1967.

Denhardt, Robert M. , "*The Horse in New Spain and Borderlands*", *Agricultural History*, vol. 25, 1951.

Dobie, J. Frank, "Andy Adams, Cowboy Chronider", *Southwest Review*, vol. 11, 1929.

Donald, C. M, "Innovation in Australian Agriculture in Australia", D. B. Williams, ed. , *Agriculture in Australian Economy*, Sydney, 1982.

Durham, Phillip & Jones, Everett L . , "Slave on Horseback", *The Pacific Historical Review*, Vol. 33, No. 4 (Nov. , 1964) .

Durham, Phillip & Jones, Everett L . , "The Negro Cowboy", *Ameri-*

can *Quarterly*, Vol. 7, No. 3 (Autumn, 1955).

Faulk, Odie B., "Ranching in Spanish Texas", *Hispanic American Historical Review*, vol. 14, 1965.

Fletcher, Robert S., "The End of the Open Range in Eastern Montana", *Mississippi Valley Historical Review*, vol. 16, 1929.

Fletcher, Robert S., "That Hard Winter in Montana, 1886 – 1887", *Agricultural History*, Vol. 4, No. 4, 1930.

Frantz, Joe B., "Cowboy Philosophy", MeDemott, John Francis, ed., *The Frontier Re – examined*, Urbana, 1967.

Fugate, Francis L., "Origins of the Range Cattle Era in South Texas", *Agriculture History*, Vol. 35, No. 3, 1961.

Galenson, David, "The End of the Chisholm Trail", *Journal of Economic History*, vol. 34, 1974.

Galenson, David, "The Profitability of the Long Drive", Agricultural History, vol. 51, 1977.

Gard, Wayne, "The Impact of the Cattle Trails", *Southwestern Historical Quarterly*, vol. 71, 1966.

Gard, Wayne, "The Shawnee Trail", *Southwestern Historical Quarterly*, vol. 16, 1953.

Gordon, Clarence W., "Report on Cattle, Sheep and Swine", *Report on the Production of Agriculture, Washington*, 1883.

Gracy, David B., II, "George Washington Littlefield, Portrait of a Cattleman", *Southwestern Historical Quarterly*, vol. 68, 1964.

Graham, Richard, "The Investment Boom in British – Texas Cattle Companies", *Business History Review*, vol. 34, No. 4, 1960.

Greever, William S., "Railway Development in the Southwest", *New Mexico Historical Review*, vol. 32, 1957.

Gressley, Gene M. , "Broker to the British: Francis Smith and Company", *Southwestern Historical Quarterly*, vol. 71, 1967.

Gresseley, Gene M. , "Teschemacher and deBiller Cattle Company, A Study of Eastern Capital on the Frontier", *Business History Review*, vol. 33, 1959.

Gressley, Gene M. , "The Cattle Trust: A Study in Protest", *The Pacific History Review*, vol. 30, 1961.

Grubbs, Frank H. , Bond, Frank, "Gentleman Sheepherder of Northern New Mexico, 1883 - 1915", *New Mexico Historical Review*, vol. 35, 1960.

Guthrie, W. E. ,"The Open Range Cattle Business in Wyoming ", *Annals of Wyoming*, vol. 5, 1927.

Haley, J. Evetts, ed. , "A Log of the Texas - California Cattle Trail, 1854", *Southwestern Historical Quarterly*, vol. 35, 1932.

Hardway, Roger D. , "African American Cowboys on the Western Frontier", *Negro History Bulletin*, Jan. - Dec. , 2001, http: //findarticles. com/plarticles/mim1175/is2001Jan - Dec/ai95149972.

Hart. J. S. , "Jesse Hart, Callahan Country Pioneer", *Frontier Times*, 1953, June.

Harvey, Charles M. , "The Dime Novel in American Life", *Atlantic Monthly*, vol. C, 1907.

Havens, T. R. , "Livestock and Texas Law", *West Texas Historical Association Year Book*, vol. 36, 1960.

Haywood, C. Robert, "No Less a Man: Blacks in Cow Town Dodge City, 1876—1886", *Western Historical Quarterly*, Vol. 19, No. 2, 1988.

Herrington, George S. , "An Early Cattle Drive from Texas to Illinois", *Southwestern Historical Quarterly*, vol. 55, 1951.

Holden, William C. , "The Problem of Hands on the Spur Ranch", *Southwestern Historical Quarterly*, Vol. 35, No. 3, 1932.

Hutchinson, W. H. , "The Cowboy and Karl Marx", *Pacific Historian*, vol. 20, No. 2, 1976.

Hutchinson, William H. , "The Cowboy and the Class Struggle (or, never Put Marx in the Saddle)", *Arizona and the West*, vol. 14, No. 4, 1972.

Jackson, W. Turrentine, "Railroad Relations of the Wyoming Stock Growers Association, 1873 – 1890", *Annals of Wyoming*, vol. 19, 1947.

Jackson, W. Tarrentine, " 'The Wyoming Stock Growers' Association: Its years Temporary Decline, 1886 – 1890", *Agriculture History*, vol. 22, No. 4, 1848.

Jackson, W. Tarrentine, " ' Wyoming Turrentine Growers' Association Political Power in Wyoming Territory", *Mississippi Valley Historical Review*, vol. 33, No. 4, 1947.

JBHE Foundation, "Deadwood Dick and the Black Cowboys", *The Journal of Blacks Education*, No. 26 (Winter, 1998 – 1999).

Jordan, Terry G. , "Early Northeast Texas and the Evolution of Western Ranching", *Annals of the American Geographers*, vol. 67, 1977.

Jordan, Terry G. , "The Origin and Distribution of Open – Range Cattle Ranching", *Social Science Quarterly*, Vol. 33, No. 1, Jan, 1972.

Jordan, Terry G. , "The Origin of Anglo – American Cattle Ranching in Texas: A Documentation of Diffusion from the Lower South", *Economic Geography*, Jan, 1969.

Kahn, Bertha M. , "The W – B Ranch on the Missouri Slope", *State Historical Society of North Dakota, Collections*, vol. 5, 1923.

Laumbach, Verna, "Las Vegas Before 1850", *New Mexico Historical*

Review, vol. 28, 1933.

Lilliencrantz, H. T., "Recollections of a California Cattleman", *California Historical Society Quarterly*, vol. 38, 1959.

Love, Clara M., "History of the Cattle in the Southwest", *Southwestern Historical Quarterly*, vol. 19 – 20, 1916.

Moore, Michael Rugeley, "Peter Martin: A Stockraiser of the Republic Period", Sara R. Massey, ed., *Black Cowboys of Texas*, 2000.

Muir, Andrew Forest, "The Free Negro in Jefferson and Orange Counties, Texas", *Journal of Negro History*, Vol. 35, No. 2, 1950.

Mundis, Jerrold J., "He Took the Bull by the Horns", *American Heritage*, Vol. XIX, December, 1967, http://www.americanheritage.com/articles/magazine/ah/1967/1/1967_1_50.shtml

Nash, Gerald D., "Rural Society in the Far West, A Comment on the Problem of Values", Agricultural History, vol. 49, 1975.

Nimmo, Joseph, Jr., "The American Cowboy", *Happer's New Monthly Magazine*, vol. 57, 1886.

O' Cornnor, Louise S., "Henrietta Williams Foster, Aunt Ruttie: A Cowgirl of the Texas Coastal Bend", Sara R. Massey, ed., *Black Cowboys of Texas*, 2000.

Parkins, John, "What Cowboy Ever Wished to Join a Union? Wild West Industrial Relations before 1914", *The Journal of Industrial Relations*, Vol. 36, No. 3, 1994.

Pelzer, Louis, "*A Cattlemen's Commonwealth on the Western Range*", *Mississippi Valley Historical Review*, vol. 10, 1963.

Perren, Richard, "The North American Beef and Cattle Trade with Great Britain, 1870 – 1914", *The Economic History Review*, vol. 14, 1971.

Porter, Kenneth W., "Black Cowboys – Part I", excerpt from the book

"*Negro on the American Frontier*", http: //www. coax. net/people/lwf/bk-cowboy. htm/and http: //www. coax. net/people/lwf/bkcowboy2. htm/.

Porter, Kenneth W. , "Negro Labor in the Western Cattle Industry, 1866 – 1900", *Labor History*, Vol. 10, No. 3 (Summer, 1969).

Pryor, Col. Ike T. ,"The Cost of Moving A Herd to Northern Markets", J. Marvin Hunter, ed. , *The Trail Drivers of Texas*, 2000.

Quintard & Taylor,"African American Men in the American West, 1528 – 1990", *Annals of the American Academy of Political and Social Science*, Vol. 569 (May, 2000).

Richard, J. A. , "Hazards of Ranching on South Plains", *Southwestern Historical Quarterly*, vol. 37, 1934.

Richardson, Rupert N. ,"The Future of Great Plains", *Mississippi Valley Historical Review*, vol. 30, 1943.

R. I. P. , *Black Cowboys*, http: // www. vincelwis. net/blackcowboys. html.

Rippy, J. Fred, "British Investments in Texas Lands and Livestock", *Southwestern Historical Quarterly*, vol. 58, No. 3, 1955.

Scheckel, Susan,"Home on the Train: Race and Mobility in the Life and Adventures of Nat Love", *American Literature*, Vol. 74, No. 2 (June, 2002), Duke University Press, 2002.

Shaw, A. G. L. , "History and Development of Australian Agriculture", Williams, D. B. , ed. , *Agriculture in Australian Economy*, Sydney, 1982.

Shelton, Emily J. , Johnson, Lizzie E. , "Cattle Queen of Texas", *Southwestern Historical Quarterly*, vol. 50, 1947.

Simpson, Peter K. , "The Social Side of the Cattle Industry", *Agricultural History*, vol. 49, 1975.

Skaggs, Jimmy M. , "John Thomas Lytle: Cattle Baron", *Southwestern Historical Quarterly*, vol. 71, 1967.

Thone, Frank, "'Deadwood Dick': Indian Version", *The Science News - Letter*, Vol. 27, No. 738 (Jun. 1, 1935), pp354 - 356, Stable UBL: http: //www. jstor. org/stable/3911195.

Turner, Frederick J. , "The Significance of the Frontier in America", *The Turner Thesis*, *Concerning the Rose of Frontier in American History*, Boston, 1949.

Utley, Robert M. , "The Range Cattle Industry in Big Ben of Texas", *Southwestern Historical Quarterly*, vol. 69, 1966.

Wentworth, Edward N. , "Eastward Sheep Drives from California and Oregon", *Mississippi Valley Historical Review*, vol. 28, 1928.

Westerneier, Clefford P. , "The Cowboy in His Home State", *Southwestern Historical Quarterly*, vol. 58, 1954.

Whitaker, James W. , "Agriculture and Livestock Production", Nichols, Roger L. , ed. , *American Frontier and Western Issues*, *A Historiographical Review*, New York · Westport · London, 1986.

Wilson, James A. , "West Texas Influence on Early Cattle Industry of Arizona", *Southwestern Historical Quarterly*, vol. 71, 1967.

Zeigler, Robert E. , "The Cowboy Strike of 1883: Its causes and Meaning", *West Texas Historical Association Yearbook*, vol. XLVII, 1971.

Zeigler, Robert E. , "The Cowboy Strike of 1883", Paul H. Carlson, ed. , *The Cowboy Way: An Exploration of History and Culture*, Labbock, Texas: Texas Tech University Press, 2000.

http: //oasis. lib. harvard. edu/oasis/dever/ ~ pea00048.

http: //shs. unsystem. edu/manuscripts/columbia/3603. pdt.

http: //www. accessgenealogy. com/kansas/biography - of - edward - norris - wentworth. htm.

http: //www. blackpast. org/contributors/slatta - richard.

http：//www. marvsvilleonline. net/articles/2015/02/11/news/obitua-ries/doc54c056bc9019691656174. txt.

http：//www. tshaonline. org/handbook/online/articles/fmymg.

三、中文论著

(一) 译著

丹尼尔·J. 布尔斯廷：《美国人——民主的历程》，北京：生活·读书·新知三联书店1993年版。

拉夫尔·布朗：《美国历史地理》（下册），北京：商务印书馆1990年版。

J. 布鲁姆等：《美国的历程》（下册第一分册），北京：商务印书馆1993年版。

哈罗德·福克纳：《美国经济史》（上、下册），北京：商务印书馆1993年版。

列宁：《关于农业资本主义发展规律的新材料》，《列宁全集》，第27卷，北京：人民出版社1990年版。

列宁：《帝国主义是资本主义的最高阶段》，北京：人民出版社1979年版。

马克思：《资本论》（第一卷），北京：人民出版社1975年版。

塞缪尔·埃利奥特·莫里森等：《美利坚共和国的成长》（下卷），天津：天津人民出版社1991年版。

本·巴鲁克·塞利格曼：《美国企业史》，上海：上海人民出版社1975年版。

H. N. 沙伊贝等：《近百年美国经济史》，彭松建等译，北京：中国社会科学出版社1983年中译本。

贝阿德·斯蒂尔：《美国西部开发纪实》，北京：光明日报出版社1988年版。

（二）专著

复旦大学资本主义国家经济研究所编：《美国垄断财团》，上海：上海人民出版社1977年版。

何顺果：《美国边疆史——西部开发模式研究》，北京：北京大学1992年版。

黄安年：《美国的崛起》，北京：中国社会科学出版社1992年版。

李剑鸣：《文化的边疆——美国印第安人与白人文化关系史论》，天津：天津人民出版社1994年版。

李剑鸣：《伟大的历险——西奥多·罗斯福传》，北京：世界知识出版社1994年版。

刘绪贻、杨生茂总主编，丁则民册主编：《美国通史丛书美国内战与镀金时代——1861—19世纪末》，北京：人民出版社1990年版。

刘绪贻、杨生茂总主编，张友伦卷主编：《美国通史第2卷美国的独立和初步繁荣（1775—1860)》，北京：人民出版社2002年版。

刘绪贻、杨生茂总主编，丁则民卷主编：《美国通史第3卷美国内战与镀金时代（1861—19世纪末)》，北京：人民出版社2002年版。

刘绪贻、杨生茂总主编，刘绪贻卷主编：《美国通史第6卷战后美国史（1945—2000)》，北京：人民出版社2002年。

王锦瑭、钟文范、李世洞：《美国现代化大企业与美国社会》，武汉：武汉大学出版社1995年版。

杨生茂、陆镜生：《美国史新编》，北京：中国人民大学出版社1990年版。

余志森：《美国史纲——从殖民地到超级大国》，上海：华东师范大学出版社1992年版。

周钢：《牧畜王国的兴衰：美国西部开放牧区发展研究》，北京：人民出版社2006年版。

（三）论文、文章

《温家宝总理答中外记者问》，《人民日报》2005 年 3 月 15 日。

段牧云：《美国西进运动简史》，《美国研究参考资料》1986 年第 11 期。

侯文蕙：《十九世纪的美国西进运动》，《兰州大学学报》1986 年第 6 期。

周钢：《美国历史上的牛仔罢工》，《史学月刊》2013 年第 2 期。